Katharina Ley

Versöhnung lernen – Versöhnung leben

Katharina Ley

Versöhnung lernen – Versöhnung leben

Wege zur inneren Freiheit

Patmos

6. Auflage der im Walter Verlag erschienenen Originalausgabe

Bibliografische Information der Deutschen Nationalbibliothek

Die Deutsche Nationalbibliothek verzeichnet diese Publikation in der
Deutschen Nationalbibliografie; detaillierte bibliografische Daten sind
im Internet unter http://www.dnb.d-nb.de abrufbar.

© 2009 Patmos Verlag GmbH & Co. KG, Düsseldorf
Alle Rechte vorbehalten
Umschlagmotiv: © Tommy Windecker / Photocase
Umschlaggestaltung: init . Büro für Gestaltung, Bielefeld
Printed in Germany
ISBN 978-3-491-40143-3
www.patmos.de

Versöhnung
ist eine der grundlegendsten Fähigkeiten,
um Konflikte zu überleben.
                    Antjie Krog

Versöhnung hat weniger mit der
gegenwärtigen Realität zu tun
als damit, was wir werden können.
                Njabulo Ndebele

Sei du selbst der Wandel,
den du sehen möchtest in der Welt.
                    Gandhi

Inhalt

Teil II: Versöhnung leben

Einleitung

Versöhnliche Gesten, ein versöhnlicher Blick, ein versöhnliches Wort, versöhnliche Erinnerungen – alle unsere Sinne sind angesprochen, wenn es um Versöhnliches geht. Ist es nicht so, dass Versöhnliches ein Lächeln auf unsere Lippen zaubert? Eine Geschichte nimmt eine unerwartete Wendung und erhält ein überraschendes, versöhnliches Ende. Es ist nie zu spät, daran zu glauben, dass Leiden, Schuld und Trotz, Angst und Ärger aufgelöst werden können und sich in eine versöhnliche Haltung dem Leben gegenüber verwandeln. Manchmal bleiben wir in unserem Leben irgendwo stecken. Wir sind es müde, uns ständig schlecht zu fühlen. Wir stecken in Gefühlen fest, die uns nicht gut tun. Wir quälen uns mit Unmut, Ärger, Trotz und Rechthaberei. Wir leben in Unfrieden mit uns und anderen. Wir fühlen uns ungerecht behandelt. Unsere Lebensenergien werden von schlechten Gefühlen aufgefressen. Wir gaukeln uns Wünsche und Fantasien vor, die uns Erleichterung und Frieden zu bringen scheinen. Nur, wie gelangen wir dort hin? Wie können wir uns aus unserem eigenen Gefängnis befreien?

Wir westlichen Menschen erheben heute den Anspruch auf ein eigenes unverwechselbares Leben. Es beginnt im familiären Kreis und setzt sich in vielen weiteren Kreisen fort. Die familiären Prägungen führen wir ein Leben lang mit uns und wir müssen uns immer wieder daran bewähren. Neben den Eltern haben in den letzten Jahren auch die Geschwister in der Betrachtung und Therapie von Familien einen eigenen Platz. Von den Geschwistern wird gleichwertig, aber anders gelernt als von den Eltern. Wieso rücken in diesem Buch neben den Geschwistern gerade die Eltern wieder in den Vordergrund? Es hat mit lebensgeschichtlichen und therapeutischen Erfahrungen zu tun, dass erwachsene Menschen ihren Eltern in inneren Bildern und äußeren Begegnungen immer wieder eine große, oft erdrückende Macht verleihen, und dies oft unbewusst, widerstrebend, unwillig, ärgerlich tun. Es ist es eine Macht, die die persönliche Freiheit und Lebensgestaltung einengt und die Beziehung belastet. Es tut also Not, sich auch noch im Erwachsenenalter mit der Beziehung zu den eigenen Eltern zu befassen, wenn sie nicht harmonisch und befriedigend verläuft. So sehr ich mir seit vielen Jahren wünsche, dass das Geschwisterliche – die Horizontale – in den Familien und in der Gesellschaft mehr Raum und Würdigung erhält, muss ich doch feststellen, dass das Elternthema immer noch zentral ist und dass kein Weg an der Versöhnung mit den Eltern vorbeiführt – ob sie noch leben oder schon verstorben sind. Nach der immer an erster Stelle stehenden Versöhnung mit sich selbst bildet die innere Versöhnung mit den Eltern sozusagen das Nadelöhr und die Vorbedingung für gelingende andere Beziehungen. Das geschwisterliche Erleben auf der gleichen Ebene derselben Generation ist grundlegend für die anerkennende Gestaltung menschlicher Beziehungen und insbesondere für die Entwicklung von Solidarität. Versöhnung mit den Eltern können wir als Metapher verstehen für die Versöhnung mit sich selbst, mit Eltern und Geschwistern und mit anderen Menschen.

Unser Erwachsenenleben geht weit über die Herkunftsfamilie hinaus. Versöhnung ist ein Thema, das in allen Bereichen, in denen wir uns als Erwachsene individuell und kollektiv bewegen, eine Rolle spielt. Streit und Konflikt sind in Freundschaften, in der Nachbarschaft, am Arbeitsplatz und in Institutionen an der Tagesordnung. Dasselbe betrifft auf der gesellschaftlichen Ebene auch politische Konflikte innerhalb von Nationen oder zwischen Nationen. Es ist interessant, dass man bei der Suche im Internet zum Thema Versöhnung die meisten Einträge über Versöhnung auf der Nationenebene findet – als wollte man den Nationen aufbürden, was auf der persönlichen Ebene so schwierig erscheint. Der Versöhnungsprozess ist ein schwieriger und langer Weg, sei es auf persönlicher und familiärer Ebene mit Eltern und Geschwistern und ihren Nachfahren, sei es auf politisch-gesellschaftlicher Ebene zwischen Ethnien und Nationen.

In den alltäglichen Beziehungen, wo Konflikte an der Tagesordnung sind, wird Versöhnung bisher wenig thematisiert. Versöhnung scheint in unserer Kultur und Gesellschaft kein Thema zu sein, das den Menschen auf den Nägeln brennt und am Herzen liegt – ein Grund, sich dieser Thematik zuzuwenden. Mein Ansatz kommt vom psychoanalytischen und soziologischen Denken her, entscheidend mitgeprägt von meinen persönlichen und beruflichen Erfahrungen in der Schweiz und in Südafrika, wo ich in den Jahren 2001–2004 gelebt und gearbeitet habe,[1] und von der langjährigen Beschäftigung mit buddhistischer Theorie und Praxis.

Die folgenden Kapitel laden dazu ein, an Entwicklungen von Menschen hin zur versöhnlichen Lebenshaltung mit sich selbst, mit ihren Eltern, mit ihren Mitmenschen Anteil zu nehmen, sie auf ihren Wegen zur inneren Freiheit zu begleiten. Das Freiwerden ist meist kein spektakulärer Prozess. Keine eisernen Ketten werden zerrissen. In einer menschlichen Seele wird eine Wandlung vollzogen, langsam, oft mit Rückfällen, leise, schließlich unaufhaltsam. Das Lesen dieser Geschichten kann unser Mitgefühl wecken für Menschen, die sich von Groll, Wut, Unfriede, Bitternis und Qual befreien. Die Wärme, die dabei entsteht, hat die Qualität von Versöhnung.

Es sind meine erwähnten persönlichen und beruflichen Erfahrungen, die mich bei der Gestaltung dieses Buches getragen haben. Psychoanalyse und Soziologie sind Konflikttheorien. Ohne die Analyse, Anerkennung und Durcharbeitung von Konflikten gibt es weder auf persönlicher noch gesellschaftlicher Ebene Lösungen. Dass ich es wage, mögliche Lösungen unter gewissen Vorzeichen mit dem Begriff Versöhnung zu bezeichnen, hat mit den erwähnten Prägungen wesentlich zu tun. Ebenso der Entschluss, dieses Lesebuch auch als Arbeitsbuch mit Übungen zu gestalten. Als Psychoanalytikerin und Psychotherapeutin glaube ich an die Kraft der therapeutischen Beziehung, um unbewusste psychische Prozesse und psychische Konflikte zu erkennen und zu bearbeiten. Die Frage, ob man beispielsweise tief verankerte Widerstände und Abwehr allein zu lösen vermag, ist berechtigt. Allein wahrscheinlich eben nicht; die therapeutische Beziehung hat ihren Sinn und ihre Notwendigkeit.

Gleichzeitig mache ich immer wieder die Erfahrung, dass Menschen mit einer guten Basis an Selbsterfahrung ihre Selbstheilungskräfte wesentlich aktivieren können. Das möchte ich unterstützen. Dieses Buch kann weder eine Psychoanalyse noch eine Psychotherapie ersetzen. Es wird jedoch Menschen, die Versöhnung suchen und in Selbsterfahrung geübt sind, unterstützen, entscheidende innere und vielleicht auch äußere Versöhnungsschritte zu gehen.

Dieses Buch ist also auch ein Arbeitsbuch, um sich der Versöhnung mit sich selbst, den Eltern, Geschwistern und Mitmenschen anzunähern – wenn das jemand wünscht. Die Freiwilligkeit ist elementar. Es wird dargelegt, welche Schritte gegangen werden können und welche Schritte unabdingbar notwendig sind, um weiterzukommen. Es gibt keine Wunderrezepte, um dahin zu gelangen. Ich zeige die Möglichkeit, eine vorhandene Motivation zu stützen und mit Hilfe von Übungen einen Weg zu gehen. Der Einstieg in die Übungen ist immer eine freiwillige Entscheidung eines Einzelnen. Das ist wichtig, genügt aber nicht immer. Wir Menschen sind als soziale Wesen nicht nur in unbewussten, sondern auch in gesellschaftlichen Machtstrukturen gefangen und äußerlich und innerlich tief davon geprägt (Politik, Arbeit, Sozialisation). Diese Strukturen sind allgegenwärtig und schwerfällig und machen der Mehrheit der Menschen schwer zu schaffen. Wir müssen uns ihrer bewusst sein, wenn wir am Thema Versöhnung arbeiten.

Ich möchte die versöhnungsbereiten und versöhnungskritischen Leserinnen und Leser einladen zur Mitarbeit mit mir als Autorin. Es wird eine Zusammenarbeit sein, die Vertrauen und Nähe erfordert. Meistens schreibe ich in der Wir-Form als Ausdruck einer solidarischen Begleitung. Es mag sein, dass gewisse Aufgaben zu schwierig erscheinen, um sie allein zu bewerkstelligen. Es ist wichtig, das zu erkennen. Dann ist es angebracht, sich eine freundschaftliche oder therapeutische Begleitung zu suchen, die einen über hohe Hürden und durch tiefe Täler begleitet.

Im ersten Teil dieses Buch geht es um die Versöhnung mit sich selbst und die Versöhnung mit den Eltern und Geschwistern. Beide Ebenen werden als Grundbedingungen von Versöhnung überhaupt angesehen. Der zweite Teil gilt der Versöhnlichkeit als Lebenshaltung: Es wird beschrieben, was gelebte Versöhnlichkeit bedeutet und wie man mehr und mehr sich einer versöhnlichen Lebenshaltung anzunähern vermag. In einem abschließenden Exkurs geht es um

Versöhnung in globalen Zusammenhängen. Hier werden Versöhnungsbeispiele aus dem südlichen Afrika und anderen Kontexten angeführt, von denen wir lernen können, wie Versöhnung alltagsnah und eindringlich verstanden und gelebt wird.

Der ganze Text kreist immer wieder um das zentrale Thema von Konflikt und Versöhnung in verschiedenen Zusammenhängen. Deshalb gibt es gewollte Wiederholungen, die einen vertiefenden Charakter haben sollen. Man kann sich von den einen besonders interessierenden Kapiteln her ins Zentrum des Themas hineinlesen. Ich empfehle aber, vor einem Einstieg in praktische Übungen das Buch vollständig durchzulesen.

Der Gebrauch der weiblichen und männlichen Form ist in der deutschen Sprache immer noch ein leidiges Thema. Ich gehe es auf die Art an, die ich in der englischen Sprache kennen gelernt habe: Ich spreche abwechselnd von Frauen und Männern und verwende auch die integrierte Schreibweise (z. B. LehrerInnen). Dies scheint mir die gerechteste und annehmbarste aller bis heute im Deutschen unbefriedigenden Versuche zu sein, beide Geschlechter gleichwertig zu berücksichtigen.

Mit einem Händedruck begrüßen und verabschieden wir uns. Und mit einem Händedruck können wir die Bereitschaft zur Versöhnung bekräftigen. Zwei solcher Gesten haben mein Leben verändert:

● Am Schluss einer Therapiesitzung reichten sich Mutter und Tochter die Hand. Es war wohl das erste Mal in ihrem Leben. Jahrzehnte des Trotzes und Hasses waren dieser berührenden Szene vorangegangen. Die erwachsene Tochter hatte in jahrelanger innerer Auseinandersetzung mit ihrer Vergangenheit erkannt, dass ihr Hass auf die Mutter sie innerlich zu vergiften drohte. Sie wollte endlich frei werden von den quälenden Gespenstern ihres bisherigen Lebens. Im Schutzraum ihrer Therapie suchte sie nun die Begegnung mit ihrer Mutter. Die Mutter erschien und erzählte von ihrer eigenen leidvollen Vergangenheit. Sie war sich nicht bewusst gewesen, was sie ihrer

Tochter angetan hatte. Mit Mühe erkannte sie, weshalb ihre Tochter den Kontakt abgebrochen hatte. Schließlich waren beide bereit für einen Schritt aufeinander zu. Sie reichten einander die Hände.

● Ein südafrikanischer Richter trifft den Mann, der ihm während der Apartheid eine Autobombe in seinen Wagen gelegt hat. Seither hat er einen verstümmelten Arm, ein blindes Auge und weitere gesundheitliche Beeinträchtigungen. Der Mann erzählt dem Richter, er hätte vor der Wahrheits- und Versöhnungskommission seine Tat gestanden und offen und ehrlich geschildert, wen er alles zu töten versuchte, tötete oder verstümmelte. Der Richter war beeindruckt. Er reichte dem Mörder die Hand. Später wird der Richter schildern, dass sein wichtigstes Anliegen sei, in der neuen Demokratie des Landes die Würde jedes einzelnen Menschen wiederherzustellen.

Ein Händedruck in der Schweiz, ein Händedruck in Südafrika. Ich versuche zu ermessen, wie viel Leid Menschen ertragen haben, bis in ihnen der Wunsch wächst, sich von der übergroßen Last von Angst, Groll und Hass zu befreien und die Hand zur Versöhnung auszustrecken. Gegenüber diesen Menschen fühle ich tiefe Dankbarkeit. Sie zeigen uns in unserer weithin friedlosen Welt einen Weg des Herzens, auf den ich aufmerksam machen möchte. Dieses Buch ist in Dankbarkeit für alle Menschen entstanden, die sich auf diesen Weg des Herzens begeben wollen und innere und äußere Schritte wagen.

Versöhnung ist auch mein persönliches Thema. Ich habe mit den wachsenden Jahresringen durch immer wieder auftauchende Konflikte erkannt, dass mir einige unversöhnt gebliebene nahe Beziehungen mehr zu schaffen machten als mir lieb war. Der Aufbruch zur Versöhnung dauerte lange und der Weg war schmerzhaft. Heute kann ich sagen, dass es sich gelohnt hat, Versöhnung mit mir selbst und diesen anderen Menschen anzustreben. Ich fühle mich ihnen heute in Mitgefühl und Dankbarkeit verbunden und habe gleichzeitig erkannt, dass der Weg zur Versöhnung ein Leben lang weitergeht. Durch meine eigenen Erfahrungen ist dieses Buch zu einer Gratwanderung zwischen Psychoanalyse/Psychotherapie und Spiritualität geworden. Ich kann mir das eine ohne das andere nicht mehr vorstellen.

Wieder einmal sind ungezählte Gefühle und Gedanken von ganz vielen Menschen in mein eigenes Denken, Fühlen und Schreiben eingeflossen. Mein Dank gilt allen Frauen und Männern und Jugendlichen, die ihre Lebenswelt mit mir geteilt haben und teilen. Es sind Freundinnen und Freunde, Klientinnen und Klienten meiner praktischen Arbeit in der Schweiz und in Südafrika, Kollegen und Kolleginnen hier wie dort, Familienangehörige und Buchautorinnen und -autoren. Mit ihnen allen bin ich in einen intensiven inneren und äußeren Dialog getreten, der mir den nötigen Mut verliehen hat, um dieses Buchprojekt überhaupt zu wagen.

Geri Pfister und Alfred Willener haben sich wohlwollend und kompetent in meine Texte vertieft und mir geholfen, mich klarer und präziser auszudrücken. Meine Lektorin Frau Dr. Mathilde Fischer und ihre Mitarbeiterin Frau Dr. Christiane Neuen haben mit sanftem Druck die Ausrichtung des Themas mitgelenkt. Wertvolle Anregungen verdanke ich Luise Reddemann, die mich auch während meines Südafrikaaufenthaltes interessiert und empathisch begleitete und ermutigte. Ihr eindrückliches Werk hat mein Fühlen und Denken sehr bereichert.

Es ist mir kaum möglich, alle Menschen namentlich zu nennen, die mich direkt und indirekt in meiner Arbeit inspiriert haben.

Mein Herzensdank gilt Regula Baeggli, Gisela Badstübner, Johann Binder, Elizabeth Bucher, Helmute Conzetti, Rachel Dimpe, Agnes Dubach, Katharina Flury Mwachotea, Marivic Garcia, Judith und Sergio Giovanelli-Blocher, Ursula Hophan, Denise Ibendie, Anne-Marie Käppeli, Cristina Karrer, Nora Kubli, Brigit Latif, Silvia Meyer, Geshe Legden, Nontsikelelo Masilo, Romy Mathys, Leonie Maré, Regula Reppas, Anna Roe, Ruth Regula Schreyer, Veronika Stefanini, Beatrice Stoffel, Adriano Vasella, Anette Voigt, Anita Walther und Maja Wicki.

Aus der Verbundenheit mit den Mitmenschen in meiner Familie

sind mir in vielfältiger Weise Erfahrungen möglich geworden. Auch sie haben mich zu dem gemacht, was ich heute bin. Dafür danke ich meinen erwachsenen Kindern Julia Weber und Florian Weber, meiner Schwester Marianne Dünki und meinem Bruder Jean-Jacques Dünki, meinen Eltern Hanni und Jakob Dünki-Simmen und allen jenen im familiären Umkreis, die in ihrer Einzigartigkeit dazugehören.

Es sind noch viel mehr Menschen, denen ich für ihr mitfühlendes Herz und ihren wachen Geist danken möchte. Ihnen allen verdanke ich Anregungen jeglicher Art. Last but not least: Mit jeder Autorin und jedem Autor der von mir erwähnten Bücher fühle ich mich verbunden. Ihre Bücher waren mir ein besonderes Leseerlebnis und eine spezifische Quelle der Inspiration. Ich habe mich um präzise und wertschätzende Verweise und Quellenangaben bemüht. Wenn Gedanken anderer zu meinen eigenen wurden, bitte ich um Nachsicht. Ein Buch ist das Werk all jener, die Anteil hatten an der Entwicklung der Gefühle, Inspirationen und Gedanken der Autorin. Dafür empfinde ich Dankbarkeit und Glück.

Bern, im Frühling 2005
Katharina Ley

Teil I
Versöhnung lernen

1. Was ist Versöhnung?

Versöhnung ist in unserer westlichen Kultur ein geschichtsträchtiger und provokanter Begriff. Provokant, weil sie als unerreichbares Ziel gilt und mit harmonistischen, verklärenden Vorstellungen verbunden zu sein scheint, die nicht zu unserer konfliktträchtigen Geschichte und Gegenwart passen. Der Blick auf die Geschichte zeigt, dass gewisse Gruppen und Institutionen die Versöhnung »vertreten«. Versöhnung ist jedoch für jeden Menschen lernbar und (über-)lebenswert; angefangen bei der Versöhnung mit sich selbst, in der Familie, in Partnerschaften, am Arbeitsplatz und im globalen Rahmen.

Versöhnung ist lernbar

Das Lernen von Versöhnung und Versöhnung als Geschenk schließen sich nicht aus. Sie ergänzen einander.

Versöhnungsbereitschaft und Versöhnung sind lernbar, gleichzeitig ist Versöhnung ein Geschenk – wie geht das? Zwei Beispiele sollen das scheinbare Paradox zwischen der Lernbarkeit und dem Geschenkcharakter von Versöhnung veranschaulichen.

- Ein Paar wünscht sich sehnlichst ein Kind und tut alles ihm Mögliche, damit die Frau schwanger wird. Wenn sie dann schwanger wird, ist es ein Geschenk. Und selbst wenn beide versuchen, die Schwangerschaft nach allen Regeln der Kunst zu gestalten, wird es ein Geschenk sein, wenn das Kind gesund zur Welt kommt.

- Drei Geschwister haben sich durch eine parteiische Erbschaftsaufteilung zermürbt und zerstritten. Beide Eltern sind gestorben. Nach einer langen Funkstille, in der alle drei sich intensiv mit sich selbst auseinandergesetzt haben, gestehen sie sich gegenseitig zu, dass sie sich den innigen Zusammenhalt wünschen, den sie früher so lange hatten und den sie jetzt schmerzlich vermissen. Eines der bevorzugten Geschwister schlägt vor, das Erbe geschwisterintern neu aufzuteilen. Doch dass sie sich schließlich wieder finden und versöhnen können, ist ein Geschenk.

Von Versöhnung wird geträumt, weil unversöhnte Beziehungen das Lebendige in uns auffressen. Versöhnung kann auch abgelehnt werden. Sie kann in keinem Fall therapeutisch oder anders verordnet werden. Aber sie kann in Freiwilligkeit und aus Einsicht erlernt werden. Ohne die Verarbeitung von Konflikt, Aggression oder gar Hass kann es keine Versöhnung geben. Eine konfliktfreie Gesellschaft, eine konfliktfreie Familie sind nicht denkbar. Dies ist auch nicht anzustreben, weil Konflikte dazu dienen, dass man sich miteinander auseinander setzt. Konflikte helfen, Probleme zu erkennen und nach einer Lösung zu suchen. Wer grundsätzlich versöhnungsbereit gestimmt ist, geht Konflikte anders an als einer, der Feindbilder hat und solche bejaht. Das Problem im Umgang mit Konflikten beginnt dort, wo wir uns vom anderen distanzieren, uns verweigern und den anderen zum Feind erklären und diffamieren.

Empfehlungen und Gebote irgendwelcher Art, und insbesondere solche nach Versöhnung, haben die fatale Eigenschaft, einen in Richtung einer harmonisierenden Mission zu manövrieren – im Sinne von »Wir sind für die Versöhnung, und ihr zieht in den Krieg«. Deshalb möchte ich nichts empfehlen oder verordnen. Ich sage aber, dass es ohne Respekt, Anerkennung, Liebe und Versöhnung keine sinnvollen, erfüllten sozialen Beziehungen und kein gutes soziales Leben gibt. Und zwar nicht im Sinne, dass wir das, was wir selbst nicht erleiden möchten, auch keinem anderen zufügen. Das wäre Egoismus und nicht Liebe. Liebe erwächst aus Mitgefühl: ich versöhne mich mit mir und mit dir, weil ich für die Liebe bin. Wir bringen die Welt hervor, die wir leben: »Dein Geist erschafft die Welt.«[2]

Versöhnung ist ein Akt zwischen Menschen und Gruppen von Menschen. Sie kann nur aus Einsicht in das Zerstörungspotenzial von Unversöhntem angestrebt werden. Diese Einsicht kann erlernt werden. Ein Mensch überwindet seine dunklen Seiten und Erfahrungen, wenn er sich mit sich selbst versöhnt und anderen Menschen Versöhnung anbieten kann. Er meistert damit seine nahe liegenden, oft auch berechtigten Gefühle von Rache, Hass und Groll in einem aufwändigen, schmerzvollen innerseelischen Trauer- und Versöhnungsprozess. Versöhnlichkeit als Lebenshaltung kann aus erfolgten Versöhnungen mit sich selbst und mit anderen entstehen. Versöhnlichkeit ist jedoch keine feste Größe und bedarf der ständigen Arbeit an sich selbst. Uns wirklich zu versöhnen können wir jeden Tag ein bisschen lernen.

Loslassen und Seinlassen

> *Wir haben, wo wir lieben, ja nur dies, einander lassen. Denn dass wir uns halten, das fällt uns leicht und ist nicht erst zu lernen.*
> *Rainer Maria Rilke*

Das Festhalten und Klammern ist im Leben eine natürliche Reaktion, die wir von Geburt an praktiziert und geübt haben. Damals waren wir klein, hilflos und ausgeliefert. Wir klammerten uns an das, was uns Halt und Sicherheit gab. Wir hielten fest, was uns wichtig schien für unser Überleben. Das Loslassen zur rechten Zeit müssen wir im Leben erst erlernen. Oft geschieht dies erst, wenn wir die Nachteile des Haltens erlebt haben. Beispielsweise wenn uns eine Partnerin, ein Kind unmissverständlich zeigen, dass die Beziehung darunter leidet, wenn wir uns anklammern. Oder wenn wir uns eingeengt fühlen durch jemanden, der sich an uns anklammert. Menschen sind verschieden. Wer wenig Vertrauen in sich selbst und in andere Menschen hat, tendiert dazu, sich an andere anzuklammern. Sowohl das Vertrauen in sich selbst als auch in andere kann gelernt und geübt werden. Es ist ein langer, schwieriger Prozess. Oft geht es auch hier wieder um das Überleben, jedoch auf eine neue Weise.

Mit der Versöhnung ist es ebenso. Konflikte sind selbstverständlich, weil wir Menschen alle unterschiedlich sind. Jeder Mensch ist anders, denkt anders, reagiert anders. Wir könnten uns freuen über diese menschliche Vielfalt. Stattdessen machen uns Konflikte meistens Mühe, und zwar in einem sehr ganzheitlichen Sinn. Sie absorbieren unsere Konzentration, unsere Kräfte und sie bringen auch unseren Körper auf Touren. Das Nachdenken über Versöhnung führt uns unweigerlich zu den Themen Zorn, Streit, Hass, Gewalt, Aggression. »Ohne Hass keine Versöhnung« heißt ein wichtiger Buchtitel.[3] Hass weckt Rachlust und Vergeltung. Hinzu kommt, dass Hass eine starke Bindung bedeutet, die ebenso stark ist wie bei der Liebe.

Zerstrittene Paare und Familien, Geschwister und Nachbarn, Gremien und Institutionen, wer kennt das nicht? Da wäre oft das Verzeihen von Unzulänglichkeiten, Fehlern und Kränkungen, von geschehenem Unrecht eine Möglichkeit weiterzugehen, auf eine Zukunft hin. Schuld erlassen, Schulden erlassen: das Thema gilt in der Familie und reicht bis in die Weltpolitik.

Ist es da nicht eine verheißungsvolle Botschaft, dass man Versöhnung bis zu einem gewissen Grad lernen kann?

Wir müssen uns nicht ein Leben lang in schlechten Gefühlen verstricken, die uns nicht gut tun und die uns gar krank machen. Versöhnung hat mit Loslassen und Seinlassen zu tun. Doch wie wir eben gesehen haben, sind das Festhalten und Klammern meistens zuerst da. Menschen sind in Bezug auf das Loslassen langsam und zögernd und verhalten sich gerne ganz gemäß dem Sprichwort »Lieber den Spatz in der Hand als die Taube auf dem Dach«. Was man hat, das hat man. Lieber das vertraute Unglück als etwas Neues. Um dies zu ändern, braucht es oft einen gewissen Leidensdruck. Wenn sich Konflikte zuspitzen und Ruhe und Schlaf rauben, kann es möglich werden, loszulassen. Wer loslassen kann, hat die Hände frei. Wer sich und andere lassen kann, hat die Hände und das Herz frei.[4] Versöhnung ist nicht etwas, das natürlich geschieht. Um Versöhnung muss man sich bemühen. Sie fällt uns nicht in den Schoß. Versöhnung ist etwas Aktives, das wir tun, indem wir uns und unsere Konflikte mit anderen erkennen und lösen wollen. Wir wünschen uns, im Einklang zu sein mit uns selber, mit anderen. Wir möchten ein offenes Herz haben für das gegenwärtige Leben. Wenn wir das wirklich wollen, können wir uns auf den Weg machen. Wir können lernen, aus unseren eigenen Quellen zu schöpfen, unseren Selbstwert und unser Selbstvertrauen auf tiefere Weise zu erfassen und uns für ein breiteres Lebensspektrum zu öffnen. Die innere Freiheit bringt Wachstum und verbindet uns letztlich mit allem um uns herum.

Eine kleine Episode: Ein Freund reagierte bei meiner Erwähnung, dass ich am Thema Versöhnung arbeite, mit der Bemerkung: »Wenn man da nur nicht zuviel hergeben muss!« Er hat Recht. Bei der Versöhnung gilt es, gewisse Dinge loszulassen. Wenn wir uns lange Jahre hinter Verteidigungshaltungen verschanzt und das »Festhalten« praktiziert haben, fällt das Loslassen schwer, selbst dann, wenn wir des Haltens schon längst überdrüssig sind. Möglicherweise hat es eben Halt gegeben, und wir hatten ja allen Grund, so zu sein, bei alledem, was uns angetan wurde. Schwelende Ressentiments machen das Loslassen schwer. Es braucht Vertrauen auf eine innere Kraft in uns selbst und in den anderen. Versöhnung ist ein Prozess mit verschiedenen Stufen. Wir können keine überspringen und wir wissen, dass immer wieder Rückfälle drohen. Wir haben herauszufinden, wie weit wir gehen wollen und können. Wenn wir uns wünschen, »dicke Luft« zu verdünnen, unseren Geist zu reinigen und uns mehr im Einklang mit uns selbst und der Welt zu erleben, dann möchten wir wachsen und uns weiterentwickeln. Zuvor müssen wir aber unseren Ballast entsorgen.

Wenn Versöhnung lernbar ist, braucht eine Person, die Versöhnung erlernen möchte, Anleitungen oder Lernschritte, die sie ausführen kann. Das ist nicht ganz einfach zu vermitteln. Versöhnung ist ein Lern- und vor allem auch Reifungsprozess, der sich ein Leben lang entfaltet. Versöhnung ist immer wieder ein Geschenk, das uns zufällt. Tatsächliche Versöhnungen sind Marken auf dem Weg, die sich mehr oder weniger spektakulär und verändernd auswirken. Die Übungen, die ich im Folgenden immer wieder anbiete, sind Möglichkeiten zum Lernen. Sie sind keinesfalls Rezepte, deren Befolgung zum Ziel der Versöhnung führt. Ich kann nicht genug darauf hinweisen, dass die Übungen möglicherweise intensive Selbsterfahrungsprozesse anstoßen, die gegebenenfalls entsprechender therapeutischer Begleitung bedürfen. Wie ich immer wieder betone, ist die innere Arbeit mit sich selbst das Entscheidende im ganzen Prozess. Das wird auch aus den vielen Beispielen von Menschen ersichtlich, die sich auf den Weg der Versöhnung gemacht haben. Auch ihre Geschichten verdeutlichen Lernschritte, denn als soziale Wesen können wir viel von unseren Mitmenschen lernen. Bei allem ist mir jedoch wichtig zu betonen, dass jeder Mensch seinen eigenen Weg finden kann und soll. Ein versöhnlicher Mensch geht gelassen mit den unvermeidlichen Konflikten um und bleibt nicht an ihnen kleben. Er wählt Konfliktbewältigungsstrategien, die eine Versöhnung am Horizont wünschenswert erscheinen lassen. Das ist das eigentliche Geheimnis und Geschenk.

Wozu Versöhnung?

Alles ist Wundenschlagen, und keiner hat keinem verziehen. Verletzt wie du und verletzend lebte ich auf dich hin.

Ingeborg Bachmann

Leben verletzt. Das ist wohl eine der schmerzlichsten Erfahrungen, die jeder Mensch meist schon früh in seinem Leben zu machen hat. Leben kränkt. Leben enttäuscht. Leben: das sind unsere Mitmenschen, zunächst unsere Eltern, unsere Geschwister, dann unsere Schulkameraden, Lehrerinnen und Lehrer, unsere Liebespartner-Innen, unsere Kinder, unsere Nachbarn und ArbeitskollegInnen. Leben: das sind unsere Bedürfnisse nach Liebe, nach Anerkennung, nach Würdigung unserer selbst und unseres Wirkens. Dazu ein Beispiel:

»Es ist nichts Außergewöhnliches geschehen, keine Schläge, keine Gewaltszenen, keine inzestuöse Vergewaltigung – nichts. Und doch so viel. Das Ungeheuerliche war das Vergessenwerden, das Übersehenwerden, das einfach nicht zur Kenntnis Genommenwerden, das Übergangenwerden, das Desinteresse, das Unbeantwortetsein und ihn, ihn nicht lieben dürfen! Vom Vater nicht beantwortet worden zu sein ist eine tödliche Wunde, an der eine Frau verbluten kann. Was

Frauen alles mit sich machen lassen, kann nur vor diesem Hintergrund erklärt werden, es ist ein elendes, armseliges Lumpensammlerdasein: Wir erbetteln Anerkennungsfetzen, um das dunkle, gähnende Vaterloch auszustopfen.«[5]

Mit diesen Worten beschreibt Julia Onken drastisch, wie es seelisch bei Töchtern mit gleichgültigen, abweisenden Vätern aussehen kann. So lässt es sich nicht gut leben.

Alles kann verletzen, je nachdem, was ein Mensch für eine Verletzungsgeschichte hat.

Verletzungen jeglicher Art und jeglichen Ausmaßes binden gewaltige Energien in unserem Gefühlshaushalt. Wir brauchen diese Energien, um die Verletzungen beiseite zu schieben, zu verdrängen, zu vergessen oder einen Umgang mit ihnen zu finden. Es ist ein ungesunder Vorgang, weil die negativen Energien auf uns selbst einwirken und unsere Seele und unseren Körper beeinträchtigen. Wir leben dann mehr in der Vergangenheit als in der Gegenwart.

Brauchen wir Feindbilder? Haben wir Vorurteile? Und wieso und wozu? Die Erfahrung zeigt, dass fast alle Menschen Feindbilder haben und sich mit Vorurteilen herumschlagen. Dies bedeutet, dass wir uns Bilder von Menschen und Gruppen machen, die uns feindselig stimmen. Die Frage ist nun, wie wir mit diesen Gefühle umgehen. Da haben wir nämlich verschiedene Möglichkeiten. Wir kennen uns selbst in der Regel nicht so gut, wie wir meinen. Wir haben unsere blinden Flecken (was wir nicht sehen) und unsere Schatten (was wir nicht akzeptieren wollen und können). Ein Feindbild entsteht durch die Projektion unseres eigenen Schattens auf andere, die sich dafür eignen. Dann müssen wir den Schatten bei uns selbst nicht mehr wahrnehmen.

Unsere blinden Flecken sind das, was wir bei uns nicht sehen können und was uns damit gar nicht bewusst ist. In gewisser Weise bleiben wir uns selbst fremd. Unsere Schatten sind Seiten an uns, die wir nicht akzeptieren können. Wenn wir diese dunklen Seiten kennen und akzeptieren lernen, brauchen wir sie nicht mehr zu verdrängen und müssen sie nicht als Vorurteile und Feindbilder auf andere projizieren und sie dort bekämpfen. Menschen, von denen wir uns abhängig fühlen, und fremde Menschen sind geeignete Zielobjekte für Projektionen. Sie scheinen uns unseren Platz streitig zu machen und uns Familie, Arbeit und alles Mögliche wegzunehmen. Mit Feindbildern stabilisieren wir unseren Selbstwert und kitten ein prekäres Wir-Gefühl in unserer eigenen, »viel besseren« Gruppe oder Familie.

Feindbilder sind ungerecht, menschenverachtend und destruktiv. Wir können sie nicht vermeiden, aber wir können uns mit ihnen auseinander setzen: Droht uns wirkliche Gefahr oder projizieren wir unsere Ängste? Wagen wir es, dem vermeintlichen Feind in die Augen zu schauen? Wagen wir es, ihn kennen zu lernen bzw. mit ihm zu sprechen? Stellen wir uns dem Fremden und Bedrohlichen in unserem Leben? Abgrenzung heißt nicht notwendigerweise Feindbilder aufzubauen. Wir können uns von Menschen abgrenzen und gleichzeitig ihre Andersartigkeit bewusst akzeptieren und respektieren. Dann können wir seelisch und geistig daran wachsen.

Dann können wir unsere Lebensenergien für eine lebensbejahende, versöhnliche Einstellung verwenden. Versöhnlich sein heißt verstehen – ohne zu verurteilen und ohne zu werten. Das gehört zum Schwierigsten, was es gibt. Verstehen bedeutet, ermessen zu können, was abgelaufen ist. Es bedeutet nicht, dies zu akzeptieren. Es heißt, Verständnis zu haben für die Andersartigkeit und die Lebenswege anderer. Und es bedeutet zuerst und zuletzt Versöhnung mit sich selbst, mit den Fehlern, die wir täglich machen, mit den Ungerechtigkeiten, die wir anderen unwissentlich zufügen. Weshalb also Versöhnung? Um unserer selbst willen, uns selbst zuliebe. Was geschehen ist, ist geschehen. Doch unser Blick, den wir auf das Geschehene werfen, kann sich ändern. Ein versöhnlicher Blick ist ein liebender Blick. Es lebt sich gut und friedvoll damit. Und wir werden merken, dass wir nichts dabei verlieren, im Gegenteil. Wir gewinnen innere Freiheit und Liebesfähigkeit.

Versöhnung – ein Begriff mit Geschichte

Mensch, was du liebst, in das wirst du verwandelt werden.

Angelus Silesius

Versöhnung hat eine religiöse und eine weltliche Bedeutung. Spricht man mit Menschen über Versöhnung, so wird der eine und/oder der andere Bedeutungshorizont angesprochen. Je nachdem weckt der Begriff dann unterschiedliche Gefühle und Vorstellungen. Vergebung und Versöhnung sind Begriffe, die in der heutigen Zeit einen altmodischen Klang haben. Unter Umständen wecken sie einen Widerwillen, weil sie zu suggerieren scheinen, dass man sich versöhnen muss, um ein guter Mensch zu sein. Hier sind wir dann bereits im Feld der religiösen und moralischen Assoziationen.

Die Etymologie des Begriffs verweist auf die Verwandtschaft von Sühne und Versöhnung. Die Quellen sind jedoch nicht eindeutig. In den verschiedenen Duden-Ausgaben lesen wir, dass durch Sühne Versöhnung angestrebt wird. Bei Sühne wird darauf hingewiesen, dass Verbindungen zu »opfern, töten« bestehen, dass es also um Sühneopfer gehe. Auch hier ist die weitere Etymologie unklar. Von der Wortgeschichte her werden Sühne, Schlichtung, Friede, Beschwichtigung und Beruhigung erwähnt und Sühnen mit Versöhnen gleichgesetzt. Im Duden-Bedeutungswörterbuch wird zum Stichwort »versöhnen« angegeben: »zwischen den Streitenden Frieden stiften, einen Streit beilegen, sich die Hand reichen«, »wir haben die Parteien miteinander versöhnt«, »sich wieder vertragen«. Versöhnlich wird erläutert als »zur Versöhnung und friedlichen Verständigung bereit«; es hat die Konnotation »tolerant, erfreulich, tröstlich und hoffnungsvoll«. Versöhnung kann man selber unternehmen, in dem man auf jemanden zugeht, der dieselbe Bereitschaft zeigt. Versöhnung kann auch von einer dritten Instanz versucht bzw. angeleitet werden.

Sühne und Versöhnung sind zusätzlich zu diesen säkularen Duden-Interpretationen religiös geprägt. Im Neuen Testament finden wir beispielsweise bei Matthäus 6,14: »Wenn ihr den anderen verzeiht, was sie euch angetan haben, dann wird auch euer Vater im Himmel euch eure Schuld vergeben.« Im Epheserbrief 4,26 heißt es:

»Versündigt euch nicht, wenn ihr in Zorn geratet, und versöhnt euch wieder miteinander, bevor die Sonne untergeht. Sonst bekommt der Teufel Macht über euch.« Zum Liebesgebot »Liebe deinen Nächsten wie dich selbst« gehört auch die Versöhnung, weil Selbstliebe das Einverständnis mit sich selbst voraussetzt. Das Neue Testament ist geprägt von Geboten der Liebe und Vergebung und zwar in Bezug auf einen selbst und andere. Was man anderen entgegenbringt, hat auch für einen selbst zu gelten. Im Vaterunser heißt es: »Und vergib uns unsere Schuld, wie auch wir vergeben unseren Schuldigern.« Was Gott und Christus den Menschen vermitteln, soll auch den Umgang mit den Mitmenschen prägen bzw. am Umgang mit den Mitmenschen erkennbar sein: Versöhnung als eine integrierende Leistung des Ichs selbst.

Am jüdischen Versöhnungsfest alljährlich im September, Jom Kippur, werden Priesterschaft, Volk und Heiligtum entsühnt. Früher wurde ein Bock, dem die Sünden des Volkes auferlegt worden waren, ein Sündenbock, in die Wüste gejagt. Versöhnungen beheben »Störungen« zwischen Gott und den Menschen.

Wenn wir jemanden verletzen, und sei es nur, dass wir ihn im Gedränge stoßen, sagen wir in der Regel »Entschuldigung« – wir bitten um Vergebung, um Versöhnung. Es sind keine ethischen Anforderungen, die uns dabei umtreiben. Es ist reine Konvention, im alltäglichen Leben ab und zu »Entschuldigung« zu sagen. Es kostet uns nichts. Dahinter steckt aber sehr wohl der Gedanke des Ausgleichs, der Versöhnung. Wir haben jemanden übersehen, gestoßen, lange warten lassen, und er oder sie könnte deshalb auf uns ärgerlich sein. Dem möchten wir begegnen und wir versuchen mit unserer Entschuldigung einen Ausgleich zu schaffen.

Im Osten, vor allem im buddhistischen Raum, wird diesem Ausgleich große Bedeutung beigemessen. Die einen nennen Versöhnung die Fähigkeit, Dinge anzunehmen wie sie sind, oder an nichts hängen zu bleiben, denn »hängen« bedeutet nichts anderes als die Spuren unseres Denkens und Handelns. Andere sprechen davon, Gelassenheit zu üben. Im Wort Gelassenheit steckt das Lassen, und zwar im buddhistischen Sinne das Lassen von Illusionen und negativen Gefühlen. Das Wichtigste ist der gegenwärtige Augenblick und darin die ebenso gegenwärtige Bereitschaft, die Dinge so anzunehmen wie sie sind. Die Dinge sollen angenommen werden wie gute Freunde. Dieses Gefühl ist das Annehmen der Welt, der Menschen, der Unterschiede und Andersartigkeiten, die Annahme seiner selbst – so wird die Seele ruhig. Dieses Annehmen ist zu unterscheiden von Gleichgültigkeit oder Abwendung; Mitgefühl bedeutet vielmehr Zugewandtheit und Engagement, allerdings auch das, ohne anzuhaften. Die folgenden Zitate buddhistischer Lehrer verdeutlichen das:

»Wenn wir andere Menschen voll akzeptieren, ohne das geringste Urteil und ohne Bedingungen, ebenso wie die erleuchteten Wesen uns akzeptieren, dann gibt es keinen Grund mehr für Probleme in den Beziehungen mit anderen. Probleme existieren nicht außerhalb unseres Geistes. Wenn wir also aufhören, andere Menschen als Probleme zu sehen, hören sie auf, Probleme zu sein. Ein Mensch, der ein Problem darstellt bei einem nicht akzeptierenden Geist, hört auf, ein Problem zu sein in der Begegnung mit einem klaren, ruhigen Geist von geduldiger Akzeptanz.«[6]

»Frieden und Mitgefühl gehen Hand in Hand mit Verstehen und Unterscheidungslosigkeit. Wir ziehen ein Ding dem anderen vor, wenn wir Unterschiede machen. Mit den Augen des Mitgefühls können wir in der lebendigen Wirklichkeit alles gleichzeitig betrachten. Ein Mensch voller Mitgefühl erkennt sich selbst in jedem Wesen und verhält sich in jeder Situation voller Mitgefühl. Das ist die höchste Bedeutung des Wortes Versöhnung. Versöhnung stellt sich allen Formen der Willkür entgegen, sie schlägt sich auf keine Seite.«[7]

Versöhnung entfaltet sich in einem breiten Spektrum von Spiritualität und Glaube bis hin zu weltlichem, pragmatischem Miteinander. Die weltliche Bedeutung von Versöhnung ist vor allem in den Versuch eingeflossen, eine konstruktive Zivilgesellschaft (Schulen, Strafrecht etc.) und eine friedliche Welt zu schaffen. Mit der modernen Mediation, die auch als »Conciliation« bezeichnet wird, ist eine Form von Problemlösung zwischen Parteien auf allen möglichen Ebenen entwickelt worden, die aktive Ermutigung und nachhaltige Befriedung oder Versöhnung beinhaltet. Zerstrittene Paare, Nachbarn, Kollegen, aber auch Ethnien und Nationen versuchen, mit einem Mediator als dritter Instanz eine versöhnliche Regelung ihrer Konflikte zu erarbeiten.[8]

Vergeben und verzeihen

Wir sehen der »Schlechtigkeit«, dem »Teuflischen« voll ins Gesicht, nennen es, was es ist, lassen uns durch das Entsetzliche schockieren, sind fassungslos und wütend, und eben dann, und nur dann, können wir vielleicht vergeben.

L. B. Smedes

Ärger, Bitterkeit und Hass sind im Leben unausweichlich. Meist werden wir dort am meisten verletzt, wo wir am tiefsten lieben. Dort sind wir abhängig von Verständnis und Anerkennung. Verletzungen spüren wir in mannigfaltiger Form. Sie können mit aggressiven Gefühlen wie Wut, Ärger, Empörung und Hass einhergehen oder mit stillen, im Inneren gehaltenen Gefühlen wie Schmerz und Angst. Es sind alles negative Gefühle, die unseren Seelenfrieden stören und das Erleben belasten. Vergeben ist eine persönliche Wahl. Wir treffen sie, um uns aus den Klauen der negativen Gefühle zu befreien. Zu vergeben ist somit eine bewusste Entscheidung und eine aktive Handlung und nicht etwas, worauf gewartet werden kann. Es ist meist eine schwierige, aber notwendige Wahl, um den Weg zum inneren Frieden zu finden.

Barbara erzählt:

● »Wie habe ich doch meine strengen, ja unerbittlichen und kalten Eltern gehasst. Meine ganze Kindheit und Jugend lang. Und schließlich habe ich die ganze Welt gehasst, und natürlich auch mich selbst. Das war kein Leben mehr. Ich wurde innerlich aufgefressen. Als meine Eltern kurz nacheinander starben, atmete ich auf. Ihnen vergeben? Ich weiß nicht. Aber ich habe eine große Sehnsucht, mit mir selbst Frieden zu schließen. Vielleicht werde ich ihnen dann vergeben, als Menschen, die selbst beschädigt waren. Sie taten, was sie konnten, und es war nicht gut. Aber um meiner selbst willen möchte ich das akzeptieren können und ihnen Frieden wünschen.«

Vergebung und Verzeihung sind große Worte, die Respekt ausstrahlen. »Irren ist menschlich und Vergeben ist göttlich« hat der englische Kritiker Pope geschrieben. Es mag dieser Dunstkreis des Göttlichen sein, der diese Begriffe so erhaben wirken lässt. Doch Vergeben gehört ins Alltagsleben und gehört zur Bewältigung von Vergangenheit. Vergebung ist ein Friedensschluss mit etwas Schlimmem, das uns angetan wurde oder das wir selbst jemandem angetan haben. In keiner Weise ist damit gemeint, dass etwas Schlimmes, was geschehen ist, aufgehoben wird. Wer vergibt, anerkennt jedoch, dass das Festhalten am Schlimmen den Seelenfrieden übermäßig und krankmachend strapaziert. Vergeben meint: Ja, es ist etwas Schlimmes geschehen, ich vergebe es, damit ich es nicht länger mit mir herumtragen muss, denn das tut mir nicht gut.

Was Vergebung nicht ist: klein beigeben und sich dabei schlecht fühlen; vergessen, auslöschen, leugnen, beschönigen oder rechtfertigen. Vergeben ist keine Verniedlichung von etwas, das schlimm ist für uns. Wenn wir vernachlässigt, geschlagen und misshandelt wurden, war und ist das schlimm. Es hat Jahre und Jahrzehnte geschmerzt und verletzt. Es hat uns geprägt. Die Seele und der Körper vergessen nichts. Das innere Kind in uns möchte nicht verraten werden. Doch wir möchten, dass die Wunden vernarben. Wir möchten uns endlich gut fühlen, unsere Identität soll nicht länger davon bestimmt sein, was uns in der Vergangenheit angetan wurde. Wenn wir vergeben, weisen wir dem Schlimmen, das uns geschehen ist, einen Platz in der Vergangenheit zu. Wir müssen kein emotional belastendes Gepäck durch die Gegenwart schleppen. Wir haben verstanden, dass wir uns selbst schädigen, wenn wir über die uns zugefügten Verletzungen und Ungerechtigkeiten immer noch Buch führen, unversöhnlich daran festhalten und nicht aufhören, uns mit Ärger, Wut und Hass zu quälen.

Der Weg der Vergebung ist ein Weg des Verstehens und Loslassens. Es ist der große Moment, ins Hier und Jetzt zu kommen. Nur so können innere Freiheit, Friede und seelisches Gleichgewicht erreicht werden. Es stellen sich schwierige Fragen: Soll eine Frau, die von ihrem Vater sexuell ausgebeutet und vergewaltigt wurde, dem Übeltäter verzeihen? Sollen Eltern, deren Kind ermordet wurde, dem Mörder verzeihen? Meine Antwort ist: Ja, sie sollen es tun, wenn sie es möchten und können – nur dann. Nicht deshalb, weil Täter Vergebung verdienen – sie verdienen sie nicht. Die Betroffenen sollen es tun, um frei zu werden: frei von negativen Gefühlen und frei von der negativen, starken Bindung an den Täter, frei also auch von der Perpetuierung ihres Opferstatus. Das ist ein langer und schwieriger Prozess. Viele Menschen spüren einen großen Widerwillen, einem Täter zu vergeben. Sie fürchten, dass Vergebung sie entehrt und dass dadurch das Verbrechen und die Verletzungen bagatellisiert werden. Das ist ein Missverständnis. Es geht um das Freiwerden des Opfers. Das Thema ist jedoch schwierig und nicht ein für allemal zu beantworten. Wir werden im Folgenden immer wieder darauf zurückkommen.

Verletzungen wollen und müssen anerkannt und gewürdigt werden. Menschen, die sie ein Leben lang herumtragen, sind überzeugt, dass sie nie im Leben die erlittenen Verletzungen vergessen und vergeben können. Die offenen Wunden signalisieren ein unabgeschlossenes Geschäft mit jemandem, dem die negativen Gefühle gelten. Oben wurde erwähnt, dass Vergebung eine Wahl ist und damit einer Entscheidung bedarf. Es ist die Entscheidung, frei zu werden von den negativen Gefühlen. Wir geben uns selber die Erlaubnis, zu heilen. Der Mensch bzw. die Menschen, die uns Schlimmes angetan haben, müssen ihren eigenen Weg finden. Ihre Verurteilung steht nicht uns zu. Wir haben sie einer Macht zu übergeben, die größer ist als wir.

Vergebung ist, und das kann nicht genug betont werden, nicht für »sie« oder »ihn«, sondern für uns selbst, für mich selbst. Sabine erzählt nach einer Vergewaltigung:

- »Ich verletze mich selbst mit meinem Ärger, meiner Wut, meinem Hass. Ich quäle mich, und das hilft mir selbst am allerwenigsten. Ich schade meiner Gesundheit, der seelischen und auch der körperlichen. Ich vergifte mein Herz. Und doch klammere ich mich an die Erniedrigung und die Verletzungen. Was will ich damit? Bin ich das? Bin ich nur noch Verletzung und Opfer? Ist das meine Identität? Wenn ich mir selbst lieb bin, muss ich weitergehen. Vergebung liegt in meinem eigenen Interesse. Nur so kann ich weiter wachsen. Die Kraft der Vergebung kommt mir selber zugute. Ich brauche die Energien, die ich im Widerstand gegen Vergebung gebunden habe, für mich selbst.«

Der Tiefpunkt im Vergebungsprozess ist die Opferphase. Ein Opfer fühlt sich abhängig von den Umständen. Es fühlt die Verletzung und leidet daran. Die Identifizierung mit der Verletzung fesselt an den oder die Täter. Hinter der Wut sitzt der Schmerz und es verbergen sich Ohnmacht und Selbstmitleid. Das macht zum Opfer, zum Hampelmann, zum verletzten Kind. Die Not muss hinausgeschrieen werden oder aber sie wird in die Tiefe des eigenen Inneren verbannt. Dazu können wir viel aus der Arbeit mit sexuell missbrauchten Frauen lernen. Es ist eine große Entscheidung, nicht in Leiden und Selbstmitleid zu versinken und die Opferphase zu beenden. Es ist die Erkenntnis, dass man mehr ist als seine Verletzungen und dass man sich als Mensch Achtung und Respekt verschaffen kann. Oft gelingt es jedoch trotz mehrerer Anläufe nicht, aus der Opferrolle auszusteigen und aktiv zu werden.[9]

Zur Vergebung gehört Abgrenzung:

- Eine dreißigjährige Frau sagt innerlich zu sich und zu ihren Eltern: »Ich bin eine erwachsene Frau. Ich bin die Tochter meiner Eltern, aber ich bin nicht mehr Kind. Ich bin erwachsen und führe mein eigenes Leben. Die Eltern brauchen nicht alles zu wissen, zu verstehen und gut zu finden, was ich tue. Aber sie sollen mich heute so akzeptieren, wie ich geworden bin. Einmischungen und Vorschriften kann ich nicht mehr annehmen. Ich übernehme die volle Verantwortung für mein eigenes Leben. Was ich für mich beanspruche, gestehe ich auch ihnen zu. Ich bin ihnen nicht mehr böse, dass sie mich lange bevormundet haben. Heute weiß ich, dass sie mir nicht bewusst schaden wollten. Sie wussten es damals nicht besser. Ich vergebe ihnen. Und seit ich diesen inneren Schritt getan habe, ist mir bedeutend wohler. Ich habe dadurch mich selbst auch lieber gewonnen.«

Abgrenzung in Liebe ist eine der hohen Künste im menschlichen Miteinander.

Vergeben heißt verstehen und einen Schritt tun. Vergeben heißt, aus dem Opferstatus herauszutreten. Vergeben heißt, seine eigenen Verletzungen und Schwächen anzuerkennen und Frieden schließen zu wollen mit sich und der Welt, um frei zu werden für das eigene unverwechselbare Leben. Wenn Menschen das erkennen können, übernehmen sie die Verantwortung für das eigene Leben.

Hannah Arendt beschreibt in *Vita activa* den Menschen als unergründlich und letztlich niemals völlig durchsichtig. Um unter diesen Voraussetzungen Zwischenmenschlichkeit überhaupt möglich zu machen, sind für sie Verzeihen und Versprechen unabdingbar. Das erst ermöglicht Kontinuität zwischen Menschen:

»Das Heilmittel gegen Unwiderruflichkeit – dagegen, dass man Getanes nicht rückgängig machen kann, obwohl man nicht wusste und nicht wissen konnte, was man tat – liegt in der menschlichen Fähigkeit zu verzeihen. Und das Heilmittel gegen Unabsehbarkeit, und damit gegen die chaotische Ungewissheit alles Zukünftigen, liegt in dem Vermögen, Versprechen zu geben und zu halten.«[10]

Klarer und engagierter kann man es kaum ausdrücken. So schrieb auch ein Freund nach ihrem Tod: »Sie war leidenschaftlich, wie es Menschen, die an Gerechtigkeit glauben, werden können; und wie die bleiben müssen, die an Vergebung glauben.«[11]

Die heilende Kraft der Versöhnung

I *Heilen ist ganz machen; »holos« (griech.) heißt ganz.*

Selbstversöhnung ist ein Anliegen aller heilenden Berufe, auch der Psychotherapie, wenn auch nicht immer im expliziten Sinn. Heilung im Sinne von Ganzwerden setzt ein Einverständnis mit sich selbst voraus. Heilwerden kann auch als Versöhnung mit sich selbst bezeichnet werden. Die Kraft zu heilen setzt ein Einverständnis mit sich selbst voraus und kommt von den positiven, versöhnten Gefühlen her und nicht vom gebannten Blick auf das Leiden.

Viele Seelen wohnen, ach, in meiner Brust, möchte ich den Ausspruch von Goethes Faust für unsere Zeit abändern. Psychotherapeutische Autorinnen und Autoren sprechen von den verschiedenen Selbstzuständen oder den inneren Kindern unterschiedlichen Alters, die in einem Menschen nebeneinander existieren, aber auch in Streit, Widerspruch und Konflikt miteinander verstrickt sein können. Viele Menschen sind in ihrem Inneren in einen erschöpfenden, zermürbenden Kampf verwickelt und ständig mit innerem Krisenmanagement und Konfliktdämpfung vollauf und kräftezehrend beschäftigt. Konflikte gehören zu jeder normalen Entwicklung. Können sie nicht gelöst werden, werden sie verdrängt, verschoben, abgespalten; d. h. sie unterliegen verschiedenen Abwehrvorgängen.

Heilende und psychotherapeutische Verfahren der unterschiedlichsten Ausrichtungen haben das Anliegen, dem leidenden Menschen einen Weg zu zeigen, wie er besser mit seinen Konflikten umgehen und im besten Fall heil, eben ganz werden kann. Jede Ausrichtung formuliert dies auf ihre eigene Art.

Das Vertrauen darauf, dass die Seele ihren Heilungsprozess zu einem guten Stück selbst bewirkt und steuert, ist vor allem in den psychoanalytischen und tiefenpsychologischen Richtungen in der Nachfolge Sigmund Freuds und C. G. Jungs ausgeprägt. Versöhnung mit der eigenen Existenz wird angestrebt, um den Dienst an der Seele zu erfüllen und »den Feind im eigenen Herzen zu lieben und zum Wolf ›Bruder‹ sagen zu können«[12]. Die Psychoanalyse ist eine Möglichkeit, die psychische, vor allem die unbewusste Wirklichkeit des Menschen, seine Konflikte, zu verstehen. Die Arbeit mit dem Unbewussten – das sich in Träumen, Fantasien, Beziehungsgestaltungen, Fehlleistungen äußert – wird als heilender Prozess verstanden. Verschüttete Kräfte werden freigesetzt und letztlich wird ein sinn- und genussvolles Leben möglich. Das braucht seine Zeit und vor allem eine intensive Arbeit an den eigenen dunklen Seiten. Die Psychoanalyse in ihren verschiedenen Ausprägungen ist in viele heutige psychotherapeutische Ansätze eingeflossen, beispielsweise in die imaginativen Verfahren.[13]

Ich denke, dass in einer Psychotherapie oder Psychoanalyse die Versöhnung mit sich selbst immer latent vorhanden ist, wenn die Konfliktarbeit einer Lösung entgegengeht. Wenn die Selbstheilungskräfte wirken und verschüttete Energien wieder in Fluss kommen, kann eine Versöhnung mit sich selbst möglich werden. Selbstversöhnung hat wiederum Auswirkungen auf die Bereitschaft zur Versöhnung mit anderen.

Wenn scheinbare Versöhnung zur Unterdrückung wird

Es ist wichtig, achtsam mit dem Thema Versöhnung umzugehen. Versöhnung betont, dass der innere und äußere Frieden höher zu schätzen sind als der Wunsch nach Rache und Vergeltung. Ohne Vergebung und Versöhnung lassen wir unser Leben von der Vergangenheit bestimmen, die sich immer und immer wieder auf unterschiedliche Weise wiederholt. Vergebung ist wie ein Lösungsmittel, das Urteile, Groll, Hass, Schuld auflöst. Es ist die Antriebskraft, die wir brauchen, um eine neue Seite in unserem Lebensbuch aufzuschlagen. Doch eben gerade das passiert oft nicht. Versöhnung bleibt eine scheinbare Versöhnung, die sich in Unterdrückung ver- kehren kann.

Dazu ein Beispiel: Häusliche Gewalt ist ein großes Problem nicht nur in unserer westlichen Gesellschaft, sondern weltweit. Frauen, die geschlagen werden, kehren sehr oft wieder zu ihren Peinigern zurück. Sie tun es in der Regel nicht unter dem Druck von Drohungen, sondern aufgrund von Entschuldigungen, von ver- meintlichen Liebesbeweisen und Besserungsversprechen der Peini- ger, denen sie Glauben schenken. Für einen prekären Moment schimmert in solchen Situationen ein Machtgleichgewicht in der Beziehung auf. Der Peiniger mag in solchen Momenten selbst glauben, dass er aus Liebe misshandelt. Er mag sogar behaupten, dass sein Schicksal in der Hand des Opfers liege und dass das Opfer durch das Erbringen von noch größeren Liebesbeweisen die Gewalt stoppen könne. Solche scheinbaren Versöhnungen tragen entschei- dend dazu bei, dass der psychische Widerstand einer geschlagenen Frau zerbricht. Die Erfahrung zeigt, dass solche Versöhnungen immer wieder vorkommen und für die Opfer fatale Auswirkungen haben. In guten Momenten vergessen die Frauen, dass es immer wie- der zu Gewaltakten kommt. Sie spalten ihre Persönlichkeit und führen zwei unterschiedliche Leben, eines als Partnerin und eines als Opfer. Solche Formen von »Versöhnung« stärken die Machtposition des Gewalttäters.

Ähnliche Beispiele sind aus dem Bereich von Folterungen bekannt. Unterwerfungsstrategien gehen auch hier einher mit einer Isolierung der Opfer von anderen Menschen und von Unterstüt- zungsmöglichkeiten. Je isolierter ein Opfer ist, desto abhängiger wird es von seinem Peiniger. Durch das Fehlen anderer menschlicher Kontakte wird die Beziehung des Opfers zum Täter immer größer. Im Extremfall sucht das Opfer die Menschlichkeit im Täter und identifiziert sich mit dem Aggressor. Doch das ist ein anderes Thema, das in der Literatur ausführlich behandelt wird.[14]

Kehren wir zur häuslichen Gewalt und zu Versöhnungsverspre- chen in sehr ungleichen und gewalttätigen Beziehungen zurück: zwischen Eltern und Kindern, zwischen Männern und Frauen.

Erfahrungsberichte zeigen immer wieder, dass geschlagene oder sexuell missbrauchte Mädchen und Frauen – unter Umständen können es auch Jungen oder Männer sein – die possessive Aufmerksamkeit der Peiniger oft als Zeichen von leidenschaftlicher Liebe werten. Da die meisten erwachsenen Opfer häuslicher Gewalt ihren Selbstwert aus ihrer Liebe und ihrer Beziehungsfähigkeit schöpfen, können Peiniger sie damit in eine Versöhnungsfalle locken. Und dann kehren Opfer immer wieder zu den Tätern zurück. Kindliche und jugendliche Opfer häuslicher Gewalt sind immer in der ohnmächtigen Position. Aus Not und Selbstschutz identifizieren sie sich in der Folge oft mit dem Aggressor, um überhaupt in ihren Ohnmachtspositionen zu überleben. Wir haben es in solchen Fällen mit schweren Traumatisierungen zu tun, die sehr oft jahrelange bis lebenslange harte Therapiearbeit bei den Betroffenen erfordert – ein trauriges Kapitel.[15]

Diese Ausführungen über die Pervertierung von Versöhnung sind mir deshalb wichtig, weil Versöhnung als »Einigung in Liebe« immer den erwähnten Schattenaspekt in sich trägt. Es ist sinnvoll, diesen Schatten angemessen zu würdigen. Ich vermute auch, dass Versöhnung gerade deswegen für viele Menschen einen suspekten Beigeschmack hat. In Beziehungen mit einem ungleichen Machtgefälle kann, muss aber nicht, die angebliche Versöhnung zur Unterdrückung der einen Seite durch die andere werden. Asymmetrische Beziehungen sind mächtige Gestalterinnen von Gefühlen und können einiges ermöglichen, aber auch anderes versperren. Neben den oben erwähnten dramatischen Beispielen lassen sich auch solche aus dem Alltagsleben anführen. Versöhnung ist ein komplexer Prozess, der immer auf mögliche Fallen hin geprüft werden muss.

Versöhnungsfallen im alltäglichen Umgang

Entschuldigungen sind Vorstufen von Versöhnungen. Sie stellen ein aus der Balance geratenes Ungleichgewicht in einer Beziehung wieder her. Deshalb ist es eigentlich wichtig zu lernen, sich zu entschuldigen, wenn man jemandem etwas angetan hat, sei es willentlich oder unabsichtlich. Nicht allen Menschen fällt das leicht. Das »Es tut mir Leid« kann ganz unterschiedliche Färbungen haben. Wenn es aufrichtig und ehrlich ausgesprochen wird, dann wird damit keine Schuld eingestanden (wie immer wieder missverstanden wird), sondern Verantwortung für die eigene Person und das eigene Handeln übernommen. Eine Person reagiert dann adäquat auf die andere Person und ihre Gefühle. Wenn sie sich hingegen entschuldigt, nur um Schuldgefühle loszuwerden und ohne sich ändern zu wollen, wird sie eben mit dem alten Verhalten weitermachen und sich dabei schuldig fühlen. Schuldgefühle können es erleichtern, mit dem für sich selbst und für andere schädlichen Verhalten weiterzumachen, weil man sich ja dann immer wieder dafür entschuldigen kann.

Wenn eine Entschuldigung bereits als Schuldeingeständnis aufgefasst wird, weckt sie unter Umständen schlummernde Versagensängste und Schuldgefühle aus der Kindheit. In einer solchen Situation ist es nicht mehr möglich, sich zu entschuldigen. Der Selbstschutz geht vor. Kommt es dann doch zu einer Entschuldigung, ist sie meist halbherzig und unecht – aus der eigenen Not heraus.

Es gibt gutherzige Menschen, die einfach nicht Nein sagen können. Sie versprechen Dinge, die sie nie einhalten können. Sie sagen zu, obwohl sie schon wissen, dass sie die Zusage nicht einhalten können. Sie entschuldigen sich täglich und immer wieder und fahren mit ihrem Verhalten fort. Wer sich entschuldigt, ohne es wirklich zu meinen, versucht unbewusst die Situation zu seinen Gunsten zu manipulieren – aus der Not des Nicht-Nein-sagen-Könnens heraus. Es ist schwierig, auf solche Menschen nicht ärgerlich zu reagieren, wenn man öfters mit ihnen zu tun hat. Versöhnung erscheint nicht möglich, wenn die sich entschuldigende Person nicht an einer Veränderung interessiert ist.

Hin und wieder scheint mir, als lebten wir in einer fatalen Entschuldigungskultur – ohne Folgen eben und vor allem ohne das Übernehmen von Verantwortung für sich selbst. Vielleicht werden deshalb in gewissen Situationen Entschuldigungen gar nicht als entlastend empfunden, sondern stimmen eher ärgerlich. Vielleicht sollten wir ausprobieren, uns bewusster zu entschuldigen oder es ganz sein zu lassen und in beiden Situationen für das eigene Verhalten geradezustehen.

2. Die Last der Vergangenheit

Erst wenn die Vergangenheit bereinigt ist, können wir uns der Gegenwart zuwenden und im Hier und Jetzt leben. In der Vergangenheit spielten unsere Eltern eine dominierende Rolle. Sie verkörperten die Welt. Heute sind wir erwachsen und vielleicht selbst Eltern. Doch wir haben möglicherweise noch Wünsche an die Eltern, haben ihnen einiges vorzuwerfen, müssen einiges mit uns und ihnen klären. Der Horizont einer Versöhnung mit den Eltern vermag unser Leben zu verändern. Wir fassen den Entschluss, mit den drückenden Altlasten umgehen zu lernen. Erst dann sind die Konflikte, die wir haben, auch jetzige, aktuelle Konflikte – und nicht vermischt mit alten, unerledigten. Und wenn der Konflikt am richtigen Ort erkannt wird, ist ihm wirksamer beizukommen.

Wünsche an die Eltern

Wir müssen akzeptieren, dass es letztlich nicht unsere Eltern sind und nicht Gott, die uns verlassen haben; wir haben uns selbst verlassen.
Oliver-Diaz/O'Gorman

Ein Leben lang wünschen wir uns, oft unbewusst, von unseren Eltern bzw. einem Elternteil geliebt zu werden. Wir sind zwar erwachsen geworden, doch den Eltern gegenüber verhalten wir uns oft weiterhin wie Kinder. Wir wünschen uns von ihnen noch als Erwachsene Liebe, Anerkennung, Belohnung – wir waren und sind doch gute Kinder. Im Erwachsenenalter stellen wir uns aufgrund dieser lebenslangen Wünsche spezifische Fragen: Warum habt ihr mir in meiner Kindheit dies und das angetan? Warum fragt ihr mich nie, wie es mir geht? Wann werdet ihr endlich großzügiger sein mit dem Geld? Wir wünschen uns Lob und Anerkennung und die klare

Bestätigung, dass wir gute Kinder waren und heute unser Leben gut meistern.

Es ist nichts Falsches an diesen Wünschen. Es sind natürliche Anliegen. Wir kommen jedoch in Schwierigkeiten, wenn wir sie unser Leben dominieren lassen. Auch unsere Eltern sind Menschen wie wir. Indem wir ein Leben lang unsere Vorwürfe und Ressentiments gegenüber den Eltern pflegen, sperren wir die Eltern in einen Käfig und bleiben in unserem Leben stecken, bleiben ewig das Kind, das Opfer, das Ungeliebte. Solange wir im Groll gegenüber einem Elternteil oder beiden Eltern verharren, klammern wir uns nicht bloß an diese primären Figuren, sondern an den *schlechten Teil von ihnen*. Und wir bleiben in dieser Verstrickung hängen und träumen davon, von ihnen gerettet zu werden.

Schlechte Erinnerungen und damit verbundene Gefühle von Hass, Groll und Schuld sind Klebstoffe, sind unsichtbare Fesseln, die uns intensiv mit diesen Personen verbinden. Sie führen zu konfliktvollen oder oberflächlichen oder entfremdeten Beziehungen zu den Eltern und häufig auch zu großer Distanz oder zu Beziehungsabbrüchen.

Ich spreche bewusst von Wünschen und nicht von Erwartungen. Als Kind, das noch nicht für sich sorgen kann, haben wir ein Anrecht auf Schutz und Sicherheit. Auch diese für ein Kind berechtigten Erwartungen gehen bekanntlich nicht immer in Erfüllung; doch das ist ein anderes Thema. Dürfen wir als Erwachsene Erwartungen haben an unsere Mitmenschen? Dürfen andere erwachsene Menschen Erwartungen haben an uns als Erwachsene? Als Erwachsene sind wir für uns selbst verantwortlich. Natürlich sind wir mit anderen Menschen in Beziehungen verbunden. Erwartungen binden uns Menschen ein in Pflichten: »Du hast dies und das für mich zu tun oder zu lassen.«

Wünsche lassen dagegen Optionen offen. Äußert jemand einen Wunsch an uns, dürfen wir Ja oder Nein sagen. Das ist unsere erwachsene Freiheit, die auf der Selbstverantwortlichkeit gründet. Gefühle lassen sich nicht erzwingen. Deshalb brauchen sie diesen freiheitlichen Raum.

Die primären Beziehungen zu Eltern und Geschwistern sind die prägendsten im Leben. Ein Blick auf Alltag, Therapie und Forschung zeigt, dass es die schwierigsten Beziehungen sind. Groll, Unfriede und Hass sind an der Tagesordnung, weil es so viele Erwartungen gibt. Dementsprechend sind auch viele Enttäuschungen vorprogrammiert. Negative Gefühle in diesen primären, von gegenseitiger Abhängigkeit geprägten Beziehungen dürfen allzu oft nicht ins Bewusstsein kommen. Die von Gesellschaft und Kirche getragenen Respektgebote »Ehre deine Eltern« und »Liebe deine Familie« führen dazu, dass der Groll unterschwellig bleibt. Vieles bleibt ungesagt und unausgetragen. Das behindert die persönliche Entfaltung und die Entwicklung von mehr Selbstakzeptanz und beeinträchtigt die familiären und weiteren Beziehungen im Leben.

Erwachsene Menschen erleben oft erst in den gestörten Beziehungen zu ihren Partnern, Kollegen und den eigenen Kindern, dass es in den primären Beziehungen zu den Eltern und Geschwistern unaufgelöste Verstrickungen gibt, die die persönliche Entfaltung behindern und gar blockieren können. Es ist jedoch möglich, solche unguten, ja vergiftenden emotionalen Abhängigkeiten zu erkennen. Man ist dort am verletzlichsten, wo man am meisten liebt. Die prägenden Erfahrungen unserer Kindheit lehren einen, dass Konflikte meist bedrohlich und überwältigend sind. Man war ziemlich hilflos und ausgeliefert in dieser Abhängigkeitsphase.

Im Jugendalter war es vielleicht ebenso oder anders. Zur Jugend und zum Erwachsenwerden gehören die Entidealisierung der Eltern, Rebellion und Anders-sein-Wollen. Es gilt, die Eltern innerlich und äußerlich zu verlassen, um zu sich selbst und zum eigenen Leben zu finden. Hier kann sich die frühere Abhängigkeit in eine Gegen-Abhängigkeit verwandeln. Die Phase, in der die Jugendlichen den Eltern den Rücken kehren, ist wichtig und notwendig. Sie ist umso fruchtbarer, je besser das vorherige Einverständnis war. Wenden sich jedoch vielleicht sogar beide Seiten voll Zorn und Hass ab, fehlt die Basis, damit sich die Gegen-Abhängigkeit in etwas Neues verwandeln kann. Trotzige Gegen-Abhängigkeit kann sich bis ins Erwachsenenalter erstrecken.

Echte Unabhängigkeit bedingt ein Einverständnis mit dem, was früher war, und den Entschluss, auf eigenen Füssen zu stehen. Wechselseitige Abhängigkeit von erwachsenen Kindern und den Eltern kann später im Leben zustande kommen, wenn die Kinder selbst Kinder haben, die Großeltern brauchen, und wenn die Eltern älter und abhängiger werden.

Diese normale und altersadäquate Entwicklung kann mannigfach gestört und behindert werden. Häufig dann, wenn sich das verletzte Kind, meist unbewusst, stark meldet. Erwachsene reagieren dann oft entsprechend dem verletzten Kind: sie fühlen sich ohnmächtig, werden gerade deshalb schnell wütend, beleidigt, aggressiv, hasserfüllt und möglicherweise auch destruktiv. Ein verletztes Kind tut sich schwer damit, ein gutes Selbstgefühl und Selbstbewusstsein zu entwickeln. Ein mangelndes Selbstbewusstsein kündet dann davon, dass früher lebenswichtige Aspekte der Person oder die ganze Person abgelehnt, herablassend behandelt, nicht zur Kenntnis genommen und nicht angenommen wurden und dass diese Wunde noch zutiefst schmerzt. Alles und jedes kann sie jederzeit wieder aufreißen. Das hat oft mit den Eltern zu tun; sie sind ein Teil von uns selbst. Was an ihnen bekämpft wird, wird in uns selbst bekämpft. Das tut nicht gut und bedroht die Identität. Konflikte werden erst lösbar, wenn sie dort ausgetragen werden, wo sie hingehören. Wenn sie zu den Eltern gehören, ist es wichtig, die Wünsche an die Eltern zu formulieren. Das ist zunächst ein innerer Prozess. Es braucht eine Identität in guter Abgrenzung, um innerlich zurückgehen zu können an den früheren Ort des Geschehens. Es kann uns stärken, wenn klar erkannt wird, dass Erwachsene für ihre Wünsche verantwortlich sind, insbesondere auch für die immer noch spürbaren kindlichen Wünsche im Erwachsenen.

Erste Erkundungen unserer Beziehung zu den Eltern

Wer eine längere Psychotherapie oder eine Psychoanalyse gemacht hat, hat sich meist eingehend – und wohl doch nie genug – mit seinen Eltern beschäftigt. Die Auseinandersetzung mit den folgenden Fragen ist keine Alternative zu dieser Art von Selbsterfahrung. Sie kann jedoch die geleistete Selbsterfahrung ergänzen, wenn jemand motiviert ist, mehr über sich und seine heutige Beziehung zu den Eltern zu erfahren. Es sei freigestellt, dies im Kopf und im Herzen zu tun oder sich die auftauchenden Gefühle und Erinnerungen aufzuschreiben. Ich empfehle, es schriftlich zu machen, weil dies der erste Schritt eines längeren Arbeitsprozesses ist. Es wird hilfreich sein, in bestimmten Phasen die früheren Notizen wieder hervornehmen zu können. So kann der Prozess immer wieder vergegenwärtigt werden. Man kann Unterbrechungen einlegen und dann dort fortfahren, wo man stehen geblieben ist. Vor allem aber ermöglicht das Aufschreiben, von außen auf innere Prozesse zu schauen. Das Papier wird zum Abbild dessen, was im Kopf und im Herzen abläuft.

Entscheiden wir uns für die schriftliche Form, nehmen wir ein ausreichend großes Blatt Papier und richten drei Kolumnen für die Mutter, den Vater und für die Eltern als Paar ein. Die Fragen gelten auch für verstorbene Eltern und abgebrochene Beziehungen. Wir unterscheiden in allen folgenden Fragen zwischen Mutter, Vater und Elternpaar, wenn uns das möglich erscheint.

Wie ist die heutige Beziehung zu meinem Vater, zu meiner Mutter, zu meinen Eltern?

Wir assoziieren frei, das heißt, wir schreiben auf, was uns einfällt. Wir notieren spontan, ohne groß zu überlegen. Wir vertrauen im Moment des Aufschreibens unseren Gefühlen.

Beispiel: Die heutige Beziehung zu unseren Eltern ist problemlos, oberflächlich, stumm, tief, von Auseinandersetzungen geprägt, vorwurfsvoll, angsterfüllt, hasserfüllt, von Wut geprägt, viel Wichtiges bleibt unausgesprochen etc.

So charakterisieren wir stichwortartig die heutige Beziehung zu den Eltern.

Im nächsten Schritt geht es darum, uns der Rolle bewusst zu werden, die unsere Eltern heute in unserem Leben spielen.

Welchen Einfluss gewähre ich meinen Eltern in meinem Leben?

Wiederum gilt es, so frei wie möglich zu assoziieren.

Beispiel: Sie haben einen sehr großen, einen großen, keinen großen, gar keinen Einfluss auf mich.

Wir notieren, in welchen Lebensbereichen der Einfluss gilt bzw. nicht gilt. Wir versuchen, so umfassend wie möglich zu antworten.

- Frage ich meine Eltern um Rat? In welchen Bereichen?
- Unterlasse ich bestimmte Dinge, weil sie ihnen nicht passen würden?
- Erzähle ich ihnen von mir? Wähle ich aus, was ich ihnen erzähle?
- Lasse ich mich von ihnen einschränken oder nicht?
- Fürchte ich ihre Ansichten, Kommentare und Kritik oder zeige ich mich so, wie ich bin?

Wir schreiben alles auf, was uns zum Einfluss unserer Eltern auf unser heutiges Leben einfällt. Wir zensieren nichts.

Wir kommen zur nächsten Frage. Seien wir uns bewusst, dass es hier und jetzt um uns und unser Erleben geht. Wir machen uns frei gegenüber Überlegungen, was unsere Eltern dazu denken könnten.

Welche meiner Bedürfnisse werden von den Eltern nicht ausreichend wahrgenommen?

Wir vertrauen darauf, dass uns einfällt, was für uns wichtig ist. Kein Mensch hat ideale Eltern. Auch wir selbst sind, falls wir Eltern sind, keine idealen Eltern. Das ist menschlich und normal.

Wir notieren uns Stichworte oder Sätze und nehmen uns genug Zeit dafür.

Dann gehen wir zur nächsten Frage über.

Welche Wünsche habe ich heute an meine Eltern?

Wünschen darf man sich alles. Man darf nur nicht erwarten, dass ein geäußerter Wunsch in Erfüllung gehen soll. Aber um Wunscherfüllung geht es hier gar nicht. Es geht um unsere persönlichen Wünsche an die Mutter, den Vater und an das Elternpaar. Es spielt keine Rolle, ob es realistische oder unrealistische Wünsche sind. Wünsche auszudrücken hat einen Wert für sich, denn dadurch lernen wir uns selbst besser kennen.

Welche Wünsche habe ich an mich selbst, wenn ich an die Beziehung zu meinen Eltern denke?

Wir schreiben so frei wie möglich, was uns einfällt.

Wir sind damit am Ende einer ersten Erkundung der Beziehung zu unseren Eltern. Wenn wir mögen, lesen wir unsere Einfälle und Gefühlsaussagen noch einmal durch. Wir ergänzen nur dort, wo es uns wirklich notwendig erscheint. Nachträgliche Korrekturen können nämlich aus Schuldgefühlen vorgenommen werden.

Wir versuchen zu spüren, wie wir uns fühlen, ob es schmerzt, ob wir traurig sind, ob wir Erleichterung spüren oder andere Gefühle erleben.

Wir lassen es damit vorerst bewenden und lassen ruhen und nachwirken, was wir herausgefunden haben.

Einblicke in andere Familien

Einblicke in andere Familie können uns als Anregung und Vertiefung unseres Nachdenkens und Nachspürens über unsere eigene Beziehung zu unseren Eltern dienen. Sie zeigen uns, dass wir nicht allein sind mit unserem Leiden, mit unseren Wünschen, unseren Bedürfnissen und Konflikten. Im Lesen und Bedenken der Geschichten anderer vermag sich die eigene anzureichern und zu vertiefen. Dieser Prozess wird zu einem geschwisterlichen Lernen unter seinesgleichen.[16]

Erstickende Konventionen

Familie um jeden Preis, Friede um jeden Preis, das haben viele Menschen in unterschiedlichen Ausprägungen erlebt. Marion erzählt:

• »Wenn ich meine heutige Beziehung zu meinen Eltern anschaue, kommen mir viele schlimme Erinnerungen in den Sinn. Ich kann sie nicht wegschieben. Wir haben seit meiner Jugendzeit nie mehr darüber gesprochen. Ich wünsche mir, dass ich meinen Eltern eines Tages erzählen kann, wie eng, bedrängend und erstickend ich vieles in unserer Familie erlebt habe. Es gibt auch anderes, aber das Einengende schiebt sich immer wieder in den Vordergrund. Ich muss etwas tun damit, es tut mir nicht gut. Es macht mir auch Angst, selber eine Familie zu gründen.

Mein Vater war einziges Kind von sehr anhänglichen Eltern. Sie wohnten zwei Zugstunden entfernt von meinem Elternhaus, wo ich mit meinen Geschwistern aufwuchs. Solange ich mich zurückerinnern kann, kamen meine Großeltern väterlicherseits jeden Sonntag zu uns zu Besuch. Um neun mussten wir zur Kirche gehen, und danach standen die Großeltern da, in Sonntagskleidern, strahlend, mit einer Schokoladetorte, jeden Sonntag dieselbe, über Jahre. Ich glaube nicht, dass sich jemand von uns über diesen Besuch freute. Das war keine Frage. Wir Kinder fühlten uns blockiert, unsere Sonntage waren besetzt. Auch bei unserer Mutter spürten wir einen leisen Unwillen, denn die Großeltern erwarteten ein großes Mittagessen. Beim Vater wussten wir nicht so recht, und wir fragten ihn auch gar nicht. Worüber wir sprachen? Wir sprachen gar nicht viel, und wenn, über Alltagsdinge, über das Essen, die Schule, das Wetter. Es war ein bisschen oberflächlich, etwas langweilig, meistens freundlich. Wenn mein Vater abends unsere Gäste zum Bahnhof brachte, atmeten wir alle auf, und der Sonntag war vorbei.

Dann starb die Großmutter. Nun kam der Großvater allein. Gelegentlich übernachtete er nun bei uns. Da er zunehmend schwerhörig wurde, brüllte er immer, wenn er sprach, und er machte ständig einen Riesenlärm im Haus. Die Spannung in unserer Familie stieg. Doch niemand redete darüber. Alle warteten einfach, bis der Großvater wieder abreiste. Jahre darauf wurde er krank und starb im Krankenhaus. Ich erinnere mich an einen Besuch bei ihm, mit meinem Vater – eine Pflichtübung, ohne große Gefühle.

Wenn ich heute zurückdenke, habe ich noch eine ganz andere Erinnerung an diesen Großvater. Ich war als Kind in den Ferien oft bei ihm und Großmutter. Er kochte wunderbar, hielt Hühner und hatte einen wunderbaren wilden Garten mit vielen Beeren. Diesen Großvater liebte ich. Es war derselbe und doch nicht derselbe. In Großvaters Reich wurde ich verwöhnt und war frei. In meiner Familie fühlte ich viel Zwang und Druck, was mir sogar die Beziehung zum Großvater vermieste. Da steigen unversöhnte Gefühle in mir hoch. Ich fühle Ärger, Wut, Empörung, vor allem auf meine Eltern, die das alles zuließen, auch auf mich, weil ich in der Hilflosigkeit erstarrte und mich nicht für meine Bedürfnisse einsetzen konnte. Das Erlebte hat mich allergisch gemacht gegen Pflichtübungen in der Familie. Das würde ich nie wollen. Dafür habe ich noch immer viel zu viel Groll in meiner Brust.«

Was Marion erzählt, ereignet sich in vielen Familien. Es sind die gut gemeinten Beziehungen, die aufrechterhalten werden, weil »man eben eine Familie ist«. Da ist eine gewisse Pflicht, wenn nicht gar ein Zwang dabei. Freundlichkeit und Frieden um jeden Preis. Die eingeforderten Anpassungsleistungen ersticken spontane Gefühle und Äußerungen im Keim. Es herrscht ein manchmal langweiliger, manchmal aggressiver Friede. Es fehlen Wärme, Harmonie, Freude und Genuss. Es fehlen Echtheit und Authentizität bei den Versammelten. »Unversöhnt« ist dafür kein zu großes Wort. In Marions Familie ballen die einen – jeder auf seine Weise – die Faust in der Tasche (sie und ihre Eltern und Geschwister), und die anderen scheinen gar nicht zu merken, was da abläuft, weil sie auf ihrem Recht beharren und niemand mit ihnen darüber spricht (die Großeltern). Dabei gibt es für Marion noch einen anderen Großvater, den sie liebt und bei dem sie gern in den Ferien war. Bei den Sonntagsritualen werden die persönlichen Beziehungen neutralisiert. Der Vergleich mit einer Arbeitssitzung im Büro liegt nahe. Die Regeln sind klar; die Tagesordnung ist vorbestimmt. Es geht um Familienfrieden um jeden Preis. Wie sich die Einzelnen dabei fühlen, kommt an zweiter Stelle. Schon gar nicht ist gefragt, dass die Einzelnen ihre Gefühle und Bedürfnisse, ihre Wünsche und Abneigungen zeigen. Das könnte den hochgehaltenen Familienfrieden stören.

Missbrauch

Ein Bett, es wächst in die Höhe. Die Decke drückt auf meinem Gesicht. Ich bin groß wie Tantes Bein. Ich liege zwischen ihren Schenkeln, drücke meinen Fuß ins Loch. Aus der Tante tropft Sirup.

Aglaja Veteranyi

Bei Missbrauch denken wir meist an sexuellen Missbrauch. Es gibt aber viele verschiedene Arten von Missbrauch. Ein Missbrauch fängt dort an, wo Eltern ihre eigenen Bedürfnisse an den Kindern befriedigen. Und dort, wo sie ihre eigene Bedürftigkeit den Kindern gegenüber ausleben. Ein cholerischer Vater missbraucht seine Kinder, wenn er sie aus eigenem unbewältigten Zorn immer wieder übermäßig beschimpft und bestraft. Ein Kind neigt in einer solchen Situation dazu, sich schuldig zu fühlen: Es ist nie gut genug, es ist schlecht, es ist undankbar. Erst die erwachsene Person erkennt mit den ihr nun zur Verfügung stehenden Möglichkeiten, dass die früheren Bestrafungen ungerecht und unverhältnismäßig waren. Die Wut bleibt.

● Franz hadert noch heute mit seinem Vater. Er reagiert von klein auf sehr empfindlich auf Ungerechtigkeiten. Und er rastet aus, wenn er sich ungerecht behandelt fühlt. Er spürt es zwar noch im selben Moment, doch dann ist die Wut schon draußen. Oft ist sie genauso unangemessen wie damals die Wut seines Vaters ihm gegenüber. Der Vater ist heute alt und gebrechlich. Er scheint sich nicht mehr daran zu erinnern, was er früher seinen Kindern angetan hat.

• Rita wurde von ihrer Mutter eine Kindheit lang grundlos geschlagen, auf den Mund, auf die Ohren, immer traf es den Kopf. Sie hatte keine Chance, die Schläge zu verhindern. »Ich wollte um keinen Preis, dass sie sah, wie ich an den Schmerzen und der Beschämung litt. Ich gewöhnte mir an, nichts mehr zu spüren, und tat auch so. Ich flüchtete in mein Inneres und erfand Geschichten, die mir halfen, das Schlimme zu überleben. Ich habe überlebt, aber ich lebe nicht gut damit. Mein Herz ist steinhart, und ich leide darunter.«

Rita hat ihren Körper innerlich verlassen und sich eine eigene Welt geschaffen. Sie hat sich damals geschützt und schützt sich heute noch mit ihrem Körperpanzer. Sonst müsste sie das Leiden und die Scham wieder spüren. Zur Mutter hat sie den Kontakt abgebrochen. Sie leidet, und zwar nicht nur an den Erinnerungen an Gewalt und Schmerz. Sie leidet an sich selbst. Der Kontaktabbruch zur Mutter verhilft ihr nicht zu einem besseren Leben. Es muss etwas anderes geschehen, damit Rita zur Lebendigkeit findet. Sie spürt, dass etwas ansteht. Noch kann sie sich nichts wünschen, weder für sich selbst noch für ihre Beziehung zur Mutter. Sie spürt nur, dass sie sich aus dieser Erstarrung befreien möchte.[17]

Das Fatale am Missbrauch in der Familie sind der fehlende Respekt der missbrauchenden Elternperson gegenüber der Integrität des Kindes und oft auch eine Ignoranz im Bezug auf das eigene Tun. Das Kind wird nicht als eigenständige Person wahrgenommen, sondern zur Befriedigung eigener Bedürfnisse und zur Verdeckung eigener Schmerzen missbraucht. Das erhöht die Beschämung und Wut bzw. Erstarrung beim missbrauchten Kind ins Unermessliche. Ist da je an Versöhnung zu denken? Diese Frage wird uns weiter beschäftigen. Sie ist auch bei Folteropfern sowie vergewaltigten Frauen und Männer hochbrisant.

• Elena erzählt: »Ich wurde meine ganze Kindheit über fast täglich von der Mutter geschlagen. Ich versuchte immer herauszufinden, weshalb ich geschlagen wurde und wie ich es vermeiden könnte. Das war ganz und gar unmöglich. Die Regeln änderten sich ständig. Wenn sie mich schlug, änderte sich ihr Gesichtsausdruck. Manchmal hatte ich den Eindruck, sie schlage gar nicht mich, sondern jemand anderen. Wenn sie wieder ruhig war, zeigte ich ihr manchmal meine Blutergüsse. Dann konnte es sein, dass sie mich fragte, woher die denn kämen.«

Elena entwickelte Wut und Hass auf die Mutter und mörderische Rachefantasien. Es war eine normale Antwort auf diese jahrelange, abnormale Erfahrung von Missbrauch und Gewalt. Als sie zur Therapie kam, bildete die Versöhnung mit sich selbst das zentrale Anliegen. In Bezug auf die Mutter stellte sich die Frage, ob an eine Versöhnung überhaupt zu denken ist.

Die Last, ein Lieblingskind zu sein

• Renate war das Lieblingskind ihrer Mutter. Die Geschwister wurden lieblos und ungerecht behandelt und gegeneinander ausgespielt. Das war schwer für Renate. Lieblingskind zu sein war eine belastende Hypothek. Es geschahen schlimme Misshandlungen und Missbräuche in der Familie. Renate, die davon ausgenommen war, hielt es nicht mehr aus. Sie konnte auch nicht eingreifen, niemandem helfen. So ist sie mit fünfzehn Jahren mit einer Höllenwut auf die böse Mutter und den passiven Vater und mit vielen Schuldgefühlen gegenüber ihren Geschwistern von zu Hause weggegangen und hat den Kontakt zur Mutter abgebrochen. Auf beiden Seiten herrscht seit Jahren Funkstille. Die Wut auf ihre Mutter scheint ihr berechtigt. Aber was soll sie mit ihr tun? Zu den Geschwistern und dem mittlerweile geschiedenen Vater ist der Kontakt spärlich.

Renate hat einen Beruf, der sie mit Befriedigung erfüllt. In ihrem persönlichen Leben hat sie gute Freunde und Freundinnen, auf die sie sich verlassen kann. Sie ist heute 45 Jahre alt und hatte in ihren Erwachsenenjahren zweimal eine kurze, schwierige Liebesbeziehung. Dem Vater nimmt sie noch immer sehr übel, dass er sich damals nicht auf die Seite der Kinder stellte und es auch heute nicht tut. Auf ihre Mutter hat sie eine große Wut. Renate kehrt die Wut gegen sich selbst. Sie hat die böse Mutter verinnerlicht und leidet daran. Es vergiftet ihre Liebesbeziehungen, als müsste sie unbewusst das negative Bild, das sie von sich hat, bestätigen. Sie kann sich überhaupt nicht vorstellen, mit ihrer inneren Mutter, die sie in sich trägt, je Frieden zu schließen. Noch weniger kann sie sich vorstellen, je wieder einmal mit ihrer realen Mutter zu reden. Sie beobachtet voll Sorge, wie ihre Mutter unter ihren Geschwistern und deren Kindern weiterhin Schaden anrichtet. Die andauernde Wut frisst Energien auf, die Renate für eine Liebesbeziehung, die sie sich sehnlich wünscht, brauchen könnte. An dieser Stelle stagniert ihr persönliches Leben.

Wir wissen nicht, ob sich Renates Eltern bewusst sind, was sie ihren Kindern auf unterschiedliche Art zugemutet haben. Ziemlich sicher haben sie es aus eigenen Verletzungen heraus getan und verharren selbst in ihrem Leiden. Die Rachegefühle von Renate sind stark. Sie kann sie nicht loslassen. Wir können vermuten, dass ihr die Wut- und Rachegefühle innerlich Halt geben. Sie hat seit mehr als drei Jahrzehnten damit gelebt. Sie braucht diesen Halt, aber sie leidet auch daran.

Renate ist ein Beispiel. Andere Erwachsene empfinden aus anderen Gründen eine Wut über das, was ihnen die Eltern angetan haben. Mag die Wut noch so berechtigt sein, so stellen sich doch einige Fragen. Erkennt eine leidende Person wie Renate, dass sie sich mit dieser Wut selbst bestraft? Ist es ihr bewusst, dass sie sich mit dieser Wut selbst mehr Schmerzen zufügt als den Eltern? Um solche Fragen wird es im Folgenden gehen. Es gibt viele Väter und Mütter, die ihren Kindern großes Leid zugefügt haben. Das kann geschehen sein, auch wenn sie es eigentlich »gut« meinten. Das Gutgemeinte ist oft das Allerschlimmste. Meistens haben sie es aus eigenen Schwierigkeiten heraus getan. Doch das kann das Kind nicht erkennen. Wenn das Kind erwachsen geworden ist, mag alles anders aussehen. Erwachsene, die ihr verletztes Kind in sich spüren, gewinnen neue Fähigkeiten zu erkennen, was war und ist und werden kann.

Lieblosigkeit, Überforderung und Gewalt der Eltern

Schlaf ein, schlaf ein / Wenn du brav bist / Bring ich dir ein Vöglein mit / Hab keine Angst vor den Gespenstern / Vor Maulwürfen und Maulwürfinnen

Aglaja Veteranyi

● Marie-Rose ist nach dem Krieg in einfachen Verhältnissen aufgewachsen. »Es macht mir Mühe, über die Zeit zu reden, in der ich aufwuchs, weil alles so schlimm war. Ich denke auch nicht gern an meine Kindheit zurück. Nicht weil wir arm waren. Das wäre noch gegangen. Nein, weil die Liebe fehlte und eine gewalttätige Stimmung herrschte. Ich habe mich immer nach ein bisschen Aufmerksamkeit und Zärtlichkeit gesehnt. Wenn ich wegen einer schlechten Note ausgeschimpft wurde, hätte ich mir Trost und Verständnis gewünscht. Ich konnte ja nie in Ruhe die Aufgaben machen, weil die Eltern ständig stritten und sich manchmal auch schlugen. Ich weiß nicht, ob meine Eltern mich je geliebt haben. Jedenfalls haben mich beide nie gelobt. Ich glaube, dass mein Vater bösartig und meine Mutter schwach war. An Vaters Bösartigkeit bin ich auch ein Stück gewachsen, aber ich konnte mich bisher zu wenig von ihm lösen. Vielleicht weil er an einem Unfall starb als ich elf Jahre alt war. Ich hatte fürchterliche Schuldgefühle und fühlte mich verantwortlich. Mein Vater war mit dem Fahrrad unglücklich gestürzt. In meiner kindlichen Not und Bedürftigkeit begann ich mich zurückzuziehen von allen. Ich begann meine Mutter zu hassen, weil sie meinem Bruder und mir die Schuld an Vaters Tod geben wollte. Unsere Mutter nahm sich kaum Zeit für uns. Ich erinnere mich an kein einziges liebevolles Wort. Mit sechzehn verließ ich das Haus, mein Bruder ein Jahr später. Heute bin ich allein, mein Bruder auch. Ich stelle mir vor, dass er vor Heirat und Kinder-Bekommen denselben Horror hat wie ich. Vielleicht sollten wir uns einmal treffen und über alles das miteinander reden. Mein Herz ist hart, wenn ich an meine Eltern denke und an das, was sie uns angetan haben.«

Gewalt kann auch indirekt, ohne Schläge, ausgeübt werden. Wenn ein Vater oder eine Mutter kalte Gleichgültigkeit zeigen, ungerecht bestrafen, ein Kind im Stich lassen – dann erleidet ein Kind in seiner Abhängigkeit von den Eltern Gewalt und nimmt Schaden an seinem Selbstgefühl und Selbstwert. Der erste Mann und die erste Frau im Leben eines Menschen – Vater und Mutter – hinterlassen trotzige oder schmerzhafte Gefühle, und dies beeinträchtigt das weitere Leben. Manchmal können Geschwister, die zueinander halten, den Zugriff der Eltern abdämpfen, oder eine weitere erwachsene Bezugsperson, eine Nachbarin, ein Lehrer, vermögen einem Kind zu zeigen, dass es auch noch andere Erwachsene gibt.

Gibt es keinen väterlichen Gegenpol mehr, wenn ein Vater die Familie verlässt oder wenn er stirbt, ist das Kind der Mutter im Guten und Unguten ausgeliefert. Dasselbe gilt, wenn die Mutter in der Familie wegfällt. Beides ist schwer zu ertragen. Es scheint, dass Vater-Wunden und Mutter-Wunden bei Kindern mit den steigenden Scheidungsraten noch häufiger werden können. Es ist keine unausweichliche Folge, aber eine Möglichkeit. Viele allein erziehende Mütter – auch Väter – leben unter bedrängenden existenziellen Bedingungen und fühlen sich überfordert und allein gelassen mit ihrer Belastung.

Lieblosigkeit und Überforderung der Eltern haben mit deren eigener Bedürftigkeit zu tun. Der Weg zu Gewalttätigkeit ist dann oft nicht weit. Wird ein Kind aus solchen Verhältnissen erwachsen, kann sein »Herz hart geworden sein«, wie es Marie-Rose beschreibt. Es bleibt auch dann hart, wenn es sich nicht mehr vor weiteren Verletzungen schützen muss. Wenn die Eltern abwehrend und uneinsichtig bleiben, scheinen Vergebung und Versöhnung mit ihnen aussichtslos.

Wie trotz allem der Wunsch nach Versöhnung mit den Eltern entstehen kann

> *Nur die Tapferen können verzeihen. Ein Feigling vergibt niemals; das liegt nicht in seiner Natur.*
>
> Laurence Sterne

Es wurden vier Arten von konflikthaften und verletzenden Beziehungen zwischen Erwachsenen und ihren Eltern bzw. dem Vater oder der Mutter geschildert: erstickende Konventionen, Missbrauch, das Ausspielen von Geschwistern durch die Eltern und ein Aufwachsen in Lieblosigkeit und Gewalt. Es gibt natürlich noch viele andere Arten. Kinder sind immer in einer schwächeren Position als ihre Eltern. Verletzte Kinder, die erwachsen geworden sind, fühlen weiterhin das verletzte innere Kind in sich, das in der erwachsenen Person weiterlebt.

Wenn massive direkte Gewalt im Spiel war, kann ein Kind ernsthaft und nachhaltig traumatisiert und geschädigt worden sein. Dann ist die Heilung des Traumas oberstes und vordringliches Ziel. Dazu bedarf es professioneller Hilfe. Bis die eigene Geschichte angenommen und in das Leben integriert werden kann, sind in der Regel Jahre anstrengender Therapiearbeit notwendig. In günstigen Fällen kann allmählich die Einsicht entstehen, dass die schmerzhaften Erfahrungen zu einem seelischen Wachstum geführt haben. Aus einer Versöhnung mit dem eigenen Schicksal kann unter Umständen der Wunsch nach Versöhnung mit den Eltern entstehen – sich selbst zuliebe. Das ist aber nicht immer der Fall. Eine mögliche Versöhnung kann als erneute Verletzung gefürchtet werden. Man würde es dann den Eltern zu leicht machen und fürchtet deshalb, seinen Groll und seine Rachegefühle loszulassen. Die negativen Gefühle sind Teil von einem selbst geworden. Man hat sich an sie gewöhnt, selbst wenn sie todunglücklich machen. Das kann in extremer Not bis zu Selbstzerstörung und Selbstmord führen – »Dann werden die Eltern endlich merken, was sie mir angetan haben.«

Manchmal ist Versöhnung mit den Eltern undenkbar. Luise Reddemann bezeichnet das ausdrückliche Hinarbeiten auf Versöhnung bei Gewaltopfern als eine weitere Gewaltanwendung. Psychotherapie solle zur Versöhnung mit sich selbst befähigen. Versöhnung mit anderen ergebe sich oder auch nicht.[18]

Schmerzvolle Erfahrungen und Gefühle sind in familiären bzw. in nahen Beziehungen kaum vermeidbar. Verletzungen können auch unbeabsichtigt zugefügt werden, weil Menschen unterschiedlich empfinden und handeln. Was für die einen eine Kleinigkeit ist, ist für die anderen eine Katastrophe. Jeder erwachsene Mensch hat ein verletztes inneres Kind in sich. Wenn die Eltern früher das Kind nicht getröstet haben, lebt das verletzte, ungetröstete Kind in einem selbst weiter. Es braucht Trost. Und es wird nie zu spät sein, auch als erwachsener Mensch seinem inneren Kind Gutes zu tun. Wenn dieses innere Kind Zuwendung und Trost erfährt, kann möglicherweise langsam ein Spielraum entstehen für die Entscheidung, die Verletzungen für das eigene Wachstum nutzen zu wollen, anstatt durch Hader, Groll und Wut die eigenen Lebensenergien auffressen zu lassen. Der Impuls, seine Eltern ein Leben lang für das bestrafen zu wollen, was sie einem angetan haben, ist selbstverletzend und schädlich. Der Stich geht ins eigene Herz. Die erwähnten Beispiele zeigen, dass es sich mit der Wut im Bauch und mit einem harten Herzen nicht gut leben lässt. Es vergiftet einen selbst und verbraucht Energien, die für das eigene Leben als Erwachsener gebraucht werden. Deshalb ist Versöhnung mit sich selbst – sich selbst zuliebe – so wichtig. Wenn weitere Versöhnungsschritte den früheren, verinnerlichten Eltern und möglicherweise auch den heutigen Eltern gelten, sollte man dies auch sich selbst zuliebe tun.

Nicht immer entsteht der Wunsch, sich mit den Eltern zu versöhnen. Es gibt Täter-Eltern, denen kaum oder gar nicht im hier gemeinten Sinn verziehen werden kann. Was die Eltern dem Kind angetan haben, wiegt zu schwer, zum einen auf der Ebene der persönlichen Eltern-Kind-Beziehung, zum anderen auf der Ebene dessen, was in unserer Gesellschaft und Moral erlaubt ist oder nicht. Es kann in solchen Situationen auch zu schwierig sein, sich um seiner selbst, seiner inneren Freiheit und seines inneren Friedens willen zu versöhnen. Das betrifft Menschen in Härtesituationen, die eine besondere Betrachtung verdienen und eine spezialisierte therapeutische Bearbeitung erfordern. Dies geht über die Möglichkeiten dieses Buches hinaus.[19]

Der Wunsch, sich mit den Eltern zu versöhnen, trägt in seinem Kern den Wunsch nach Selbstversöhnung. Es mag viele Jahre dauern, bis ein solcher Wunsch gegenüber den Eltern entsteht. Es ist meistens ein sehr langer Weg. Wir werden diesen Weg in den folgenden Kapiteln sehr langsam gehen, immer wieder stehen bleiben, zurückschauen, nach vorn schauen, uns stärken und einige Schritte weitergehen. Es ist kein geradliniger Weg, sondern er beinhaltet Kurven, Umwege, Schlaufen, Aufstiege und Abstiege.

Ein wichtiger Schritt besteht im Erkennen und in der Anerkennung dessen, was mit den Eltern im bisherigen Leben und bis heute erlebt wurde.

»Der Tag ist hin und kommet nimmer wieder mit Lust und Last. Er sei auch wie er sei, bös oder gut, es heißt: er ist vorbei. Die Zeit vergeht und wir mit ihren Stunden; wohl dem, der sich in diese Zeit gefunden und, was die Welt in Torheit zugebracht, aus wahrer Klugheit sich zu nutz gemacht.«

So lautet ein Abendlied, das J. S. Bach vertont hat. Was darin anrührt, ist die Akzeptanz des Geschehenen. Anerkennen ist ein Schritt mehr als nur zu erkennen. »Der Tag ist hin und kommet nimmer wieder.« So ist es auch mit der Kindheit: sie ist vorbei. Doch möglicherweise schmerzen die Wunden immer noch. Und da Schmerzen hinderlich und beschwerlich sind, möchte man sie am liebsten ignorieren oder ganz loswerden. Doch das geht nicht, sie melden sich immer wieder, und zwar oft in unerwarteten Momenten, in denen sie irritieren, verunsichern und stören.

Anerkennen was ist: das ist etwas vom Schwierigsten.

Anerkennen was ist: das geht.

Anerkennen was ist: ja, es war und es ist so.

Anerkennen was ist: ohne Wenn und Aber.

Anerkennen was ist: es ist, aber heute bin ich erwachsen.

Anerkennen was ist: ich lebe.

Anerkennen was ist: ich will glücklich sein.

Anerkennen was ist: ich möchte in Frieden leben.

Wir anerkennen, dass wir eine schwierige Kindheit hatten und dass wir heute erwachsen sind. Wir anerkennen möglicherweise, dass die Mutter oder der Vater aus eigenen Verletzungen so mit uns umgegangen ist, wie es eben war. Wir anerkennen unsere Verletzungen. Wir anerkennen, dass wir uns nach Glück und Frieden sehnen. Vielleicht lassen wir sogar zu, dass wir uns ein friedvolles Miteinander mit unseren Eltern wünschen, uns selbst zuliebe. Es wird ein langer Weg mit vielen Stationen sein, ein Weg mit Abgrenzung, mit Wut, mit Trauer, ein Weg mit Rückschlägen und Umwegen. Er ist selten geradlinig zu gehen.

»Uns selbst zuliebe« ist der entscheidende Dreh- und Angelpunkt im Umgang mit unserer Vergangenheit. Aus dem »uns selbst zuliebe« kann der Wunsch nach einer Versöhnung mit den Eltern am Horizont auftauchen. Meistens ist dies nur mit den verinnerlichten früheren Eltern, den heutigen inneren Eltern vorstellbar. »Uns selbst zuliebe« erfordert ein achtsames Vorgehen in voller Verantwortung für uns selbst. Das bedeutet, dass wir nicht einfach mit unserer Wut, unseren Vorwürfen und unserem Hass auf die Eltern, auch nicht auf die inneren, zugehen können. Sie würden vermutlich zurückschlagen. Ein chinesisches Sprichwort lautet: »Jeder der sich zur Rache entschließt, soll zwei Gräber graben.« Es liegt in unserer Verantwortung, zuerst einmal mit uns selbst und unseren Gefühlen ins Reine zu kommen. Der Wunsch nach einer möglichen Versöhnung mit den Eltern kann uns dabei begleiten. Es ist der Wunsch nach einem Geschenk, das sich ergibt oder eben auch nicht. Mit dem Wunsch kann man sich auf den weiteren Weg des Versöhnung-Lernens machen. Auch wenn der Wunsch (noch) nicht gespürt wird, geht das Leben weiter. Es ist ohnehin der Wunsch, mit sich selbst ins Reine zu kommen, der am wichtigsten ist.

3. Konflikt und Versöhnung mit sich selbst

Es macht Sinn, Konflikt und Versöhnung zusammenzudenken. Konflikt und Versöhnung sind nicht Gegensätze – ähnlich wie Liebe und Hass –, sondern sie sind von verschiedener Natur. Dies zu bedenken schützt vor Einseitigkeit, Voreiligkeit, Verklärung und falscher Harmonie. Ein Konflikt mit seinen vielen verschiedenen Namen bedarf der Anerkennung. Dies ist eine Vorbereitung zur Versöhnung. Ohne die Anerkennung von Hass gibt es keine Versöhnung. Der Hass ist eine starke Bindung, die Liebe auch. Ohne Liebe gibt es auch keine Versöhnung.

Versöhnung mit sich selbst und mit der Vergangenheit

Love is an angry scar / The pain of instruction / Love is a violation, a mutilation, capitulation / Love is annihilation / I climb this tower inside my head / A spiral stair above my head / I dream the stairs don't ask me why / I throw myself into the sky

Sting (Rocksänger)

Konflikte und unversöhnte Beziehungen üben Macht auf einen aus. Sie fesseln an die Vergangenheit. Sie drängen alte, schmerzvolle Bilder auf und rauben den inneren Frieden. Es scheint, als gäbe es kein Entrinnen und keine Erlösung. Die Seele hat keine Ruhe, bis man sich mit alten Verletzungen, Aggressionen, Enttäuschungen, unerfüllten Wünschen und ungestillten Sehnsüchten auseinander gesetzt hat.

Und gleich taucht die Frage auf, ob wir uns heute jenen Begegnungen und Auseinandersetzungen stellen können, die damals nicht möglich waren. Mit den folgenden Lebensgeschichten möchte ich zur eigenen Reise einladen, wohl wissend, dass der eigene Weg selbst zu gehen ist. Ein nährender Proviant aus Interesse und Mitgefühl für die Erfahrungen und das Leben anderer kann dabei jedoch hilfreich sein. Es geht wieder um geschwisterliches Lernen.

Demütigung, Wiederholung und Befreiung

• Daniel, ältester Sohn eines als cholerisch und despotisch bezeichneten Vaters erzählt, wie er ein Leben lang versucht hat, dem Vater zu gefallen. Nichts war genug. Er hat arbeitete hart auf dem Bauernhof, leistete Zusatzarbeiten – es genügte nicht. Der Vater schlug ihn, und Daniel durfte keine Gefühle zeigen. Als er acht Jahre alt war, wurde er von einem Traktor verletzt. Der Vater verbot ihm zu weinen und hänselte ihn »kleines Mädchen«. Daniel sank schluchzend zu Boden und der Vater stieß ihn mit seinen Stiefeln. Daniel lernte, hart zu werden. Er wollte seinem Vater zeigen, dass er ein Mann war. Kurz vor seiner Heirat ereignete sich wieder ein Zwischenfall mit dem Traktor. Der Vater fuhr ihn fast zu Tode. Daniel war außer sich vor Wut; für Jahre. Dann starb der Vater, ohne Daniel je gezeigt zu haben, dass er ihn liebte und dass sein Sohn ein guter Mann war. Daniel war gefangen in seiner Wut und in seinem Hass. Der Tod des Vaters hatte ihm die Möglichkeit geraubt, je Anerkennung zu erhalten und endlich Frieden zu schließen. Die Wut wurde eingekapselt, damit sie Daniel nicht ständig schmerzte.

Daniel lebte mit seiner Frau und seinem Sohn zusammen. Seine Frau war sehr besorgt, wie ihr Mann den dreijährigen Sohn behandelte. Er erlaubte ihm nicht, ein Kind zu sein und seine Gefühle zu zeigen. Oft schimpfte er mit ihm unmäßig über Kleinigkeiten. Der Sohn fürchtete seinen Vater und begann sich vor ihm zurückzuziehen. Die Frau bat Daniel, in einer Therapie Hilfe zu suchen.

Dort ging es darum, die erlittenen Verletzungen nochmals anzuschauen. Das tat weh. Daniel spürte, dass sein Vater ihn in einem Gefängnis von Hass und Wut eingesperrt hatte, und er hatte es zugelassen. Nochmals erlebte er alle die kränkenden Situationen und seine Erniedrigung, Schmach und Wut. Er hätte sich nie ohne Begleitung nochmals in seine Vergangenheit gewagt. Er fürchtete seine Gefühle. Aber er steckte sie nicht mehr weg. Nach langen Phasen der Wut und des Hasses konnte er endlich auch seinen eigenen Anteil in dieser unglücklichen Beziehung zum Vater verstehen. Nun folgte ein langer Trauerprozess um alles Erlittene. Daniel begann zu spüren, dass er seine eigene Kraft zurückhaben wollte, für sich und seine Familie. Er erkannte, was er unbewusst seinem Sohn angetan hatte, und wünschte sich zutiefst eine gute Beziehung zu ihm. Daniel verstand endlich, dass er seinen Vater nicht brauchte, um sich mit ihm zu versöhnen. Die Versöhnung, die anstand, war Daniels eigene mit sich selbst.

Es ging weiter darum, alles das bei sich selbst anzuerkennen, was sein Vater nicht gewürdigt hatte: seinen Einsatz, seine Leistungen, seine Arbeit. Er schrieb sich selbst Briefe, in denen stand, dass er ein guter Mann sei, dass er Gefühle haben und ein glückliches, harmonisches Leben führen dürfe. So erfuhr Daniel, dass er sich heute selbst das zugestehen und geben konnte, was er früher vom Vater erwartet hatte. Er fühlte dabei, dass sein Vater wahrscheinlich sein Leben lang ebenso gefangen war in Hass und Wut, wie Daniel sein bisheriges Leben verbracht hatte. Das teilte er ihm in langen Briefen mit. Nun fühlte er sich bereit, sich mit seinem inneren Vater zu versöhnen. Er ging dazu hinaus aufs Feld, wo sie zusammen gearbeitet hatten, und sprach die Worte laut vor sich hin. Er erzählte seinem Vater auf dem Feld, dass er heute Mitgefühl habe für dessen Leiden und dass er, sein Sohn, sich nicht länger selbst vergiften und quälen wolle mit den früheren Demütigungen und Aggressionen. Er wolle nicht ein Leben lang unglücklich an ihn, seinen Vater gekettet sein und verzeihe ihm um seiner selbst willen und seiner Frau und seinem Sohn zuliebe. Daniel fühlte, dass er nur durch diese Versöhnung mit seinem inneren Vater sich selbst und seine Familie liebevoller und zugewandter behandeln konnte. Zum Abschluss machte er ein Feuer und verbrannte alle Briefe, die er auf seinem Heilungsweg geschrieben hatte. Das war sein eigenes Versöhnungsritual.

Vielleicht hätte es Daniel als Kind verstanden, wenn ihm gesagt worden wäre, dass sein Vater in seiner eigenen Kindheit kleingemacht, geschlagen und gedemütigt worden war. Dann hätte er verstehen können, dass Wut und Demütigungen ihn zwar trafen, aber nicht, weil er ein böses oder faules Kind war. Die Schläge, die er bekam, waren die Rache des Vaters für das Unglück, das ihm als Kind selbst zugefügt worden war. Es war wohl die einzige Möglichkeit des Vaters gewesen, seine ständige Wut mitzuteilen. Und ohne es zu wollen, hatte sich dasselbe unselige Muster bei Daniel und seinem Sohn wiederholt.

»Heute fühle ich einen großen inneren Frieden«

● »Mit meinen 52 Jahren fühle ich, dass ich jedem Menschen in meinem Leben verzeihen und jeden ehren kann. Heute fühle ich einen großen inneren Frieden in mir«. Das waren die Worte des Rocksängers Sting in einem Fernsehinterview. Sie ließen mich aufhorchen: Wie hat er das geschafft? Ich erinnere mich gut an diesen Augenblick. Da saß dieser blonde, immer leicht zerzauste Sänger mit seinem ernsten, hageren Gesicht ruhig in seinem Sessel und sprach große Worte gelassen aus. In mir breitete sich bei seinen Worten ein fühlbarer Friede aus. Zugleich erfüllte mich Freude darüber, dass ein Mensch sich mit seiner Vergangenheit und Gegenwart versöhnen kann. Sting kam dann ausführlich auf sein bisheriges, nicht leichtes Leben zu sprechen. Er scheute sich nicht davor, zu erzählen, wie er lange Jahre mit Enttäuschungen und Verbitterungen verbracht hatte. Liebesbeziehungen und Freundschaften waren daran zugrunde gegangen. Seine Vergangenheit war eine Fessel um sein Herz.

Seine Eltern hatten sich getrennt, nachdem die Mutter

bereits seit vielen Jahren einen Liebhaber hatte. Dieses Liebes-verhältnis hatte Sting »in flagranti« beobachtet, als er sechs-jährig war. Er hatte nicht verstanden, was los war, aber gefühlt, dass etwas nicht stimmte. Stings Vater liebte seine Frau ein Leben lang, lebte nach der Scheidung allein und starb kurz nach ihrem frühen Krebstod. Sting konnte seiner Mutter nicht verzeihen, dass sie sich vom Vater getrennt hatte, um ihr weiteres Leben mit ihrem Liebhaber zu verbringen. Als seine beiden Eltern kurz nacheinander im Sterben lagen, beide erst in ihren Fünfzigern, hatte er den Wunsch, sie nochmals mit seiner Frau und seinen Kindern zu besuchen. Er war sich seiner Verletzungen bewusst geworden, hatte Wut und Hass auf seine Eltern zugelassen und sehnte sich nach innerem Frieden. Er wollte seine Verantwortung als Sohn den Eltern gegenüber bewusst übernehmen. Das bedeutete, sie in ihrem Leiden anzuerkennen.

Nach einem bisherigen Leben voller Ressentiments fühlte Sting am Bett der sterbenden Mutter ihr lebenslanges Leiden, das sie nun auch körperlich zerstörte. Aufgrund der Einsichten in sein eigenes Leben und Leiden in Beziehungen war Sting nun fähig, ihr von Mensch zu Mensch zu begegnen. Er fühlte sich nicht länger als ihr Richter und auch nicht mehr als Anwalt seines Vaters. »Ich liebe dich, Mum, ich habe dich immer geliebt«, waren Stings letzte Worte an sie. Beide lächelten und weinten.

Wenig später stand er am Sterbebett seines Vaters. Er ergriff dessen Hände und entdeckte, dass er dieselben Hände hatte. Als er es ihm sagte, meine sein Vater: »Ja, mein Sohn, aber du hast die deinen besser gebraucht als ich meine.« Sting konnte sich nicht erinnern, dass sein Vater ihm je ein solches Kompliment gemacht hatte und ihn, den Sohn, gewürdigt, ja anerkannt hatte mit dem, was er war, was er tat, was er erreicht hatte, und was es ihn gekostet hatte. Der Vater hatte bis zu diesem letzten Augenblick gewartet. Sting küsste seinen Vater auf die Stirn und flüsterte ihm zu, dass er ein guter Mann sei, und dass er, sein Sohn, ihn liebe.

Sting ging weder zur Beerdigung seiner Mutter noch zu

der seines Vaters. Er fand fadenscheinige Ausreden, dass die Massenmedien diese Abschiede vermarkten würden, und dass er sich ja noch von den Lebenden verabschiedet hatte. Doch das hatte seinen Preis. Er konnte nicht richtig trauern und trug den Schmerz Jahre mit sich herum. Er fühlte sich innerlich gebrochen, auch wenn seine Karriere äußerlich auf dem Höhepunkt war. In einer Drogenerfahrung fühlte er, dass seine Halluzinationen Alpträume waren; er fühlte sich von Geistern umgeben. Neben ihm sitzend hatte seine Frau gleichzeitig eine friedvolle, tief beglückende innere Reise gemacht. Sting fühlte, dass er noch ein Stück Entwicklung anpacken musste. Die Verabschiedung von seinen Eltern stand an.

Da wurde auf einem seiner Landsitze bei Ausgrabungsarbeiten für einen künstlichen See ein Frauenskelett ausgegraben, offenbar das Opfer eines Ritualmordes im Mittelalter. Das beschäftigte Sting zutiefst. Er und seine Familie organisierten eine würdige Beerdigung, und Sting wurde klar, dass er mit diesem Ritual für die junge Frau auch seine Eltern beerdigte. Nun konnte er endlich in Frieden Abschied nehmen. Der Bann war gebrochen. Solange das verletzte und verwirrte Kind in ihm dominiert hatte, fühlte er sich von Geistern umgeben. Er hatte Angst, fühlte Ärger, empfand Rache. Diese Gefühle flossen wie Gift in alle seine nahen Beziehungen. Es bedurfte mehr als eines Anlaufs, um sich selber und seinen Eltern verzeihen zu können. Dann wurde es möglich, jenen Satz auszusprechen, dass er in seinem jetzigen Alter jedem Menschen verzeihen und jeden Menschen ehren könne.[20]

Keine Versöhnung ohne Anerkennung der Konflikte

Es wäre konstruktiv, wenn Menschen ihre vermeintlichen Feinde besser zu verstehen suchten, anstatt einen Stein auf sie zu schleudern. Auch unter den größten Widrigkeiten gibt es die Kraft und die Möglichkeit, Gutes zu tun – für sich selbst und andere.

Dalai Lama

Beim Lesen der beiden Lebensgeschichten fällt auf, wie die Versöhnung mit sich selbst eng verschränkt ist mit der Versöhnung mit den Eltern bzw. mit dem Vater. Versöhnung mit sich selbst ist die Voraussetzung für Versöhnung mit den Eltern. In der inneren Welt von Daniel und Sting leben alle Erfahrungen mit den Eltern unbewusst weiter und werden erst durch eigene Konflikte im Erwachsenenalter allmählich bewusst. Das Unbewusste umfasst den seelischen Bereich, zu dem das Bewusstsein keinen unmittelbaren, aber einen mittelbaren Zugang hat. Das Unbewusste teilt sich nämlich indirekt mit über Einfälle und Fantasien, Wünsche, Fehlleistungen, Konflikte, Ahnungen, Stimmungen, Erinnerungen, Bilder und Träume. Wenn man versucht, sie zu erschließen und zu verstehen, entsteht eine Brücke zwischen Bewusstsein und Unbewusstem.

Das Bewusstsein lebt in der Gegenwart, in den täglichen Aufgaben und Erledigungen. Das Unbewusste umfasst Vergangenheit und Gegenwart und kann einen Schatten auf die Zukunft werfen. Selbst wenn vergangene Ereignisse vergessen gehen, bleiben die mit ihnen verbundenen Gefühle erhalten. Sie besuchen einen, überfallen einen, erfreuen oder schmerzen, quälen und beunruhigen. Sie warten darauf, dass ein Mensch sich mit ihnen auseinander setzt. Sonst können sie keine Ruhe geben. Es ist, als ob es einen geheimen inneren Ordnungsdrang in der menschlichen Seele gäbe, immer wieder aufzuräumen, abzustauben, zu entrümpeln und zu polieren, so wie man es eben in der eigenen Wohnung, im Keller und auf dem Dachboden immer wieder zu tun hat. Versöhnung mit der Vergangenheit meint dieses Aufräumen und Reinigen auf der Seelenbühne, in der Seelenwohnung. Dort bewegen sich – als innere Figuren – die Menschen, die in der Vergangenheit wichtig waren und gewürdigt werden möchten. Diese inneren Figuren sind oft die Eltern, die damals, als man klein und ihnen ausgeliefert war, die ersten waren, die im Guten und im Bösen wirkten und Einfluss ausübten.

Es geht jetzt um die eigene innere Bühne. Auch wenn die Eltern noch leben, wirken sie in der Seele als innere, oft noch von der Vergangenheit geprägte Bilder weiter. Mit ihnen werden die noch lebenden oder erinnerten Eltern wahrgenommen. Sind es gute innere

Eltern, kann es möglich sein, mit ihnen in Frieden zu leben. Sind es verletzende, kränkende oder demütigende innere Eltern, haben sie seelischen Unfrieden zur Folge. Sie lassen einen nicht in Ruhe, können schwer beschwichtigt werden; die alten Wunden bleiben aufgerissen. Das unversöhnte Leben mit den inneren Eltern lässt die Verletzungen nicht heilen.

In einem früheren Abschnitt habe ich zu ersten Erkundungen der heutigen Beziehung zu den Eltern eingeladen. In der Regel gelten die heutigen schwierigen und negativen Gefühle den konflikt- und schmerzgeladenen Erinnerungen an eine alte, vergangene Zeit und haben mit den inneren Eltern in einem selbst zu tun. Wir wissen aus der Geschwisterforschung, dass jedes Kind seine eigene Familie hat und über eigene innere Bilder der familiären Personen verfügt. Das wird deutlich, wenn Geschwister miteinander über ihre Eltern sprechen. Die inneren Bilder können viel oder auch wenig mit den heutigen Personen zu tun haben. Sie haben mit einem selbst zu tun, mit den Erinnerungen, mit dem inneren Kind und vor allem damit, ob ein Mensch sich mit seiner Vergangenheit auseinander gesetzt hat. Ist dies bisher nicht geschehen, fühlt man sich der Erinnerung ausgeliefert. Wenn Bilder früherer Zeiten sich aufdrängen, geschieht dies meist unfreiwillig. In Sekundenschnelle verändern sie die Gegenwart und vermiesen die Stimmung.

Es ist möglich, dass vergangenes Erleben und Erleiden tief schlummert bzw. verdrängt ist, – ein Versuch, sich vor schmerzlichen Gefühlen zu schützen. Das Verdrängte tritt dann aber irgendwann wieder zutage. Um ein Bild zu Hilfe zu nehmen: das gestaute Wasser der schmerzlichen Erinnerungen hat sich einen unterirdischen Weg gesucht und sprudelt an einer unvorgesehenen und unerwünschten Stelle wieder hervor. So erklärt sich beispielsweise der Zwang, die Situation, unter der ein Mensch als Kind gelitten hat, beim eigenen Kind zu wiederholen. So hat Daniel erst auf qualvollen Umwegen über den Druck auf seinen Sohn nach und nach den Weg zu seinem eigenen inneren Kind gefunden. Dies wurde dadurch möglich, dass er seinen aktuellen Konflikt als übermäßig strafender Vater anerkannte. Selbstversöhnung und Versöhnung mit dem inneren Vater gehörten zusammen. Sting hatte lange nicht erkannt, weshalb seine Liebesbeziehungen und Freundschaften immer wieder unglücklich endeten. Auch für ihn war die Selbstversöhnung eng verschränkt mit der inneren und auch der konkreten Versöhnung mit seinen Eltern.

Sich mit der eigenen Vergangenheit auseinander zu setzen bedeutet, mit den heutigen Möglichkeiten des Erwachsenen zurückzugehen an die alten, dunklen Orte voller Konflikte und Schmerzen. Es gilt, das Schlimme aufzudecken und dann nachzuholen, was früher nicht möglich war. Es wird den meisten Menschen irgendwie bewusst, wenn sie die frühere Geschichte nicht gewürdigt und anerkannt haben. Wer in einer bestimmten aktuellen Konfliktsituation immer unverhältnismäßig heftig reagiert und von Erinnerungen überwältigt wird, tut gut daran, sich mit den früheren Konflikten auseinander zu setzen.

Ursula berichtet von einer solchen Gelegenheit:

- Ursula erzählt ihrer Freundin erstmals, wie es war, als sie sich zum ersten Mal verliebte und bald darauf entzweite. Sie sieht diesen Mann vor sich, sie riecht seinen Duft, sie hört seine Stimme, sie sieht die Seepromenade, wo sie sich zum ersten Mal küssten, und sie sieht den Tisch im Restaurant, wo er sie zum ersten Mal mit seinen Worten verletzte. Alle ihre Sinne sind beteiligt beim Erzählen dieser Erinnerungen. Und genau wie damals krampft sich in ihr alles zusammen, und im Gefühl erstarrt sie und verlässt in ihrer Vorstellung wortlos Tisch und Restaurant. Sie sieht sich durch die Gassen irren, bis endlich die erlösenden Tränen fließen und sie das Salz auf den Lippen spürt. Und jetzt, beim langen Erzählen in der Küche ihrer besten Freundin, wird Ursula wütend und findet endlich dafür Worte. Das war früher nicht möglich. Es erleichtert sie. Sie hat auch Mitgefühl für die damalige Ursula, und sie spürt die Trauer um das Verlorene auf eine neue Weise. Blitzartig erkennt sie, wie dieser Mann damals ihren Vaternerv, ihren Vaterschmerz, getroffen hatte. Das hatte sie damals nicht erkannt. Nun spürt sie auch Mitgefühl für diesen Mann, den sie verlassen musste an jenem Abend. Sie versteht etwas, das bisher als eine nicht vernarbte Wunde und schlechte Erinnerung da war. Sie spürt, dass diese Erinnerung sie nicht mehr so belastet wie bisher. Sie hat damals getan, was möglich war. Heute ist es anders. Sie hat im vertrauten Erzählen und im Erinnern einiges nacherleben und verstehen können.

Es ist ein Glücksfall, wenn wir uns im vertraulichen Gespräch mit einer Freundin, einem Freund, mit etwas Belastendem aus unserer Vergangenheit auseinander setzen und uns allmählich damit versöhnen können. Es kann auch in einer Therapie geschehen, in einer Selbsterfahrungsgruppe, möglicherweise auch allein, im Schreiben eines Tagebuches oder im Verfassen von Briefen an sich selbst und an frühere Personen. Entscheidend ist in solchen Momenten, dass die Differenz zwischen früher und heute entdeckt und erkannt werden kann. Damals fühlte und handelte man anders als es heute möglich wäre. Heute haben wir mehr Möglichkeiten zur Verfügung. Das verändert den Blick auf das Frühere und ermöglicht einem heute, früher Verletzendes, Ärgerliches, Schmerzliches zu überwinden und es sein lassen zu können.

Wir sind erwachsen geworden. Doch möglicherweise geht uns diese Tatsache und das entsprechende Gefühl unseren Eltern gegenüber immer wieder verloren. Wenn wir an sie denken und im Kontakt mit ihnen sind, fallen wir in unsere alte Kinderrolle zurück. Wir sehen nur uns selbst und haben Erwartungen, die in Erfüllung gehen sollten. Haben wir uns je überlegt, welche Bedürfnisse und Wünsche unsere Eltern haben – oder stellen sich uns da schon die Nackenhaare auf, weil wir früher von den Eltern ständig kontrolliert wurden? Für Erwachsene wäre es an der Zeit, den Eltern auf gleicher Ebene zu begegnen. Als Erwachsene haben wir allen Grund, uns gleichberechtigt mit unseren Eltern zu sehen.

Die Verdrängung früherer Verletzungen

Der liebevolle Erwachsene, der lieblose Erwachsene, das geliebte Kind und das verlassene Kind: es sind mindestens vier verschiedene innere Stimmen zu unterscheiden.

Erika J. Chopich

Die unvermeidlichen Verletzungen, die ein Kind beim Aufwachsen erlebt, werden dann zum Problem, wenn ein Kind sein Leiden und seine Wut nicht zum Ausdruck bringen kann, wenn Wut und Protest untersagt sind, wenn sich die Eltern und andere Autoritäten ständig rechtfertigen und vielleicht gar Dankbarkeit verlangen. Dann vergisst oder verdrängt das Kind, damit es den Schmerz und die Demütigung nicht ständig spüren muss. Es schafft sich seine eigene Geschichte und idealisiert beispielsweise den Vater, d. h. es identifiziert sich mit der Macht seines Angreifers und nimmt dadurch an dessen Stärke teil. Das Kind vergisst die Schmach, die Strafen. Die Verletzungen bleiben verborgen. Da aber die Seele und der Körper nicht vergessen, suchen sich die Verletzungen einen anderen Weg. Die vergessenen Verletzungen äußern sich in einem Seelenpanzer, einem Körperpanzer, in tief sitzender Wut, Körperschmerzen oder Albträumen. Zu den verdrängten Verletzungen gehört auch, dass sie sich vom Ursprung ablösen und sich verselbstständigen. Irene vermittelt uns einen Einblick in diese Problematik:

- Irene schildert sich als eine sanfte Frau. Sie hat nie in ihrem Leben aufbegehrt, sich nie aufgelehnt und protestiert. Sie wirkt freundlich und etwas schüchtern. Es beschäftigt sie, dass in ihren Träumen viel Gewalt vorkommt. Einbrecher bedrohen sie. Flüsse geraten über die Ufer. Soldaten marschieren durch die Straßen. Auch tagsüber macht ihr ihre blühende Fantasie oft Angst. Sie fühlt sich verfolgt und fürchtet, jederzeit angegriffen zu werden. Immer sind es die anderen, die Gewalttätigkeit ausstrahlen und sie in Angst versetzen. Ihre Kindheit bleibt zunächst unter Verschluss, sie sei normal gewesen, nichts Auffälliges. Es kostet sie dann große Anstrengungen und viel Zeit, über Fotos, Gespräche mit den Geschwistern sich bewusst zu machen, dass ihre Kindheit von Gewalt geprägt war. Die Eltern waren beide sehr streng bis hin zu ungerecht. Der Vater schlug und demütigte die Kinder. Die Mutter setzte die Kinder ständig verbal herab. Langsam kamen diese Erinnerungen auf. Es schmerzte. Kein Wunder, dass sie ihre Kindheit vergessen bzw. verdrängt hatte. Sie hatte damals keine Möglichkeit, ihren Schmerz zu äußern oder sich zu wehren.

Nun war Irene erwachsen. Jetzt fühlte sie erstmals in ihrem Leben eine große Wut. In ihrer Vorstellung schlug sie die Eltern bzw. deren Untaten, damit es ihr selbst weniger wehtat. Sie besprach sowohl für den Vater als auch die Mutter je eine Tonbandkassette, auf der sie ihnen – zuerst wütend, dann traurig – erzählte, wie sie als Kind unter ihnen gelitten und wie sie die Mutter und den Vater jeweils erlebt hatte. Ihre Eltern waren bereits gestorben. Dies erleichterte Irene, ihre Gefühle auszudrücken. Es wurde ihr bei dieser Arbeit immer klarer, wie sie ihre Wut ein Leben lang verdrängt hatte. Wut hätte bedeutet zu sagen: »Ihr tut mir weh, ihr seid nicht gerecht, ich bin doch ein gutes Kind.« Da ihr das damals so aussichtslos erschien, flüchtete sie sich in das liebe, sanfte, stille und schüchterne Kind. So konnte sie sich lange einen Rest Würde erhalten. Sie war immer voller Vorwürfe, Anschuldigungen und Anklagen gewesen. Doch diese durften nicht bewusst werden und äußerten sich später in ihren gewalttätigen Träumen und ihrer Angst, verfolgt zu werden. Als ihr nach langer therapeutischer Arbeit diese Zusammenhänge bewusst wurden, hörten die Träume und Ängste allmählich auf. Irene bedurfte einer mitfühlenden Begleitung, um sich ihren Kindheitsverletzungen anzunähern. Allein hätte sie es nicht gewagt.

Es gibt verschiedene Abwehr- und Bewältigungsstrategien von verletzten Kindern, ihre Aggression, die ihnen gefährlich erscheint, zu entschärfen. Die Aggression kann auf andere, die aggressiv sind, projiziert werden. Es sind dann immer die anderen, die schuld sind, vor allem andere, die einem nicht gefährlich werden können. Die Projektion kann auch mit einer so genannten Reaktionsbildung einhergehen: Man ist besorgt um andere, denen es noch schlechter geht, und die Aggression wird auf die anonyme böse Welt und auf vermeintliche Feinde projiziert. Die Aggression kann auch masochistisch, selbstschädigend gegen sich selbst gewendet werden. Ein Mensch leidet dann unter Schuldgefühlen und denkt, er dürfe überhaupt nicht ärgerlich und wütend werden. Und wenn man dann für irgendeine Kleinigkeit bestraft wird, ist man fast froh darüber, dass man für seine angebliche Boshaftigkeit bestraft wird. Dann hat man nicht mehr so schlimme Schuldgefühle. Aus solch einem sadistisch-masochistischen Teufelskreis ist es sehr schwer auszusteigen.

Ein Kind kann sich auch mit dem Aggressor, z. B. der Mutter, identifizieren. Es schlüpft aus seiner Rolle und versetzt sich in die strafende Mutter, die völlig Recht hat, es zu bestrafen. Damit verlässt ein Kind sich selbst, seine Wut, alle seine Gefühle. Die Identifikation mit der Angreiferin wird zur Möglichkeit, ein Stück Selbstwert zu retten. Eine Identifikation mit dem Angreifer lässt sich oft bei Opfern von Vergewaltigungen und Folterungen beobachten.[21] Sie meinen dann, selbst schuld zu sein, dass ihnen dieses Unheil passiert ist. Die Identifikation mit dem Angreifer ist ein gefährlicher Bewältigungsversuch von erlittenem Unrecht, weil man sich selbst dabei im Stich lässt und sich der übermächtigen Autorität beugt. Es ist wichtig zu wissen, dass dies aufgrund von enormer Angst und aus Ohnmacht geschieht, um das grausame Geschehen überhaupt auszuhalten. Solche so genannte Täterintrojekte haben, wenn sie entstehen, eine wichtige Schutzfunktion. Doch wird damit die Realität verleugnet und das Leben wird auf die Länge zur Qual.

Das verletzte Kind kann seine Aggression auch auf andere, schwächere Personen verschieben, andere Kinder quälen, um den eigenen Schmerz nicht mehr spüren zu müssen. Oder es weint, anstatt zu schreien, es wird traurig, anstatt wütend zu werden, und es verliert dabei sich selbst, um seine eigene Verletzung nicht mehr zu spüren. Das Verdrängen und Vergessen von erlittenen Schlägen und

Demütigungen dient dem Überleben in einer als ohnmächtig erlebten Situation. Es ist eine Bewältigungsstrategie, die so lange ihre Wichtigkeit und Richtigkeit hat, wie nichts Besseres in Sicht ist. Für Erwachsene mit anderen Bewältigungsmöglichkeiten als denjenigen, über die das Kind verfügte, ist jedoch der Zeitpunkt gekommen, nach einer Anerkennung und einem adäquaterem Umgang mit dem verletzten Kind in sich zu suchen.[22]

Das verletzte Kind wahrnehmen

Wenn wir nicht Frieden schließen, verharren wir ein Leben lang in der Situation des verletzten Kindes. Das lässt uns erstarren und bringt uns nicht weiter. Liebe kann man lernen.

Erika J. Chopich

Wir alle waren einmal verletzte Kinder, ob wir uns daran erinnern oder nicht. Es ist undenkbar aufzuwachsen, ohne Verletzungen zu erleiden. Es macht allerdings einen Unterschied für das spätere Leben, ob diese Verletzungen bearbeitet werden konnten oder unterschwellig bzw. verinnerlicht weiter wirken.

In der erwähnten Szene hat Ursula im Restaurant nur noch den Schmerz des verletzten Kindes gespürt und das tun müssen, was sie wohl unzählige Male in ihrem Kinderleben getan hat: erstarren, weglaufen und dann langsam im Schmerz auftauen und weinen, schließlich mit offener Wunde weiterleben, bis zur nächsten Verletzung, die sie in ihrer heutigen Erinnerung mit dem Vater assoziiert. Daniel hat ein verletztes, gedemütigtes und erniedrigtes Kind in sich, das er lange Jahre in einem Panzer aus Hass und Wut versteckt hatte. Intuitiv wollte er es schützen. Doch als er selbst ein Kind hatte, konnte er ihm nur mit diesem Panzer und entsprechend unterdrückend und aggressiv begegnen. Sein inneres Kind und sein Sohn drohten, daran zu ersticken. Sting hatte ein verwirrtes, verletztes Kind in sich. Seit der Beobachtung jener unverständlichen, aber für ihn verhängnisvollen Szene seiner Mutter mit einem Liebhaber war er mit Aggressionen erfüllt. Er und sein Vater waren die Verlassenen. Er konnte es seiner Mutter lange nicht verzeihen. Das Kind in ihm schmerzte zu sehr. Schwierigkeiten, Enttäuschungen und Missverständnisse in seinen eigenen Beziehungen als Erwachsener waren die Folge.

Das innere Kind wird meist auf indirekte Weise entdeckt. Es ist oft eher bei einem anderen Menschen als bei sich selbst zu erkennen. Ein Freund beispielsweise reagiert bei einer Bagatelle mit heftigsten Gefühlen, die weder zu ihm, so wie wir ihn kennen und er sich kennt, noch zur Situation passen. Hinter einer solchen unangemessenen Reaktion steckt das verletzte innere Kind. Es wird meist von der erwachsenen Person unbewusst kontrolliert, meldet sich aber in heftiger Art in Situationen, die den früheren unaufgelösten Konflikten ähneln. Das verletzte Kind kann man auch bei sich selbst entdecken, wenn man auf ein eigentlich geringfügiges Ereignis ungewöhnlich heftig reagiert. Jemand hat mich z. B. übersehen, vergessen, missverstanden oder ungerecht behandelt, und ich reagiere mit einer Heftigkeit, die überhaupt nicht zur Situation passt. Eine alte Schublade im eigenen Inneren ist aufgegangen, und sie enthält Kränkungen und Verletzungen. Das verletzte Kind ist in voller Aktion und zieht der erwachsenen Person den Boden unter den Füßen weg. Das verletzte Kind schreit nach Anerkennung und Betreuung.

Das verletzte Kind ist auch zu erkennen, wenn das Verhalten anderer immer wieder so erlebt wird, dass man selbst schwach oder wütend oder verletzt zurückbleibt. Man braucht in der Regel die anderen, um die eigenen Verletzungen wahrzunehmen. Wer hat einen das gelehrt? Es ist auch das verletzte Kind, wenn sich eine erwachsene Person zurückzieht und unfähig ist, sich zu wehren. Oder wenn sie wegläuft und damit noch größeren Schaden anrichtet. Der alte Konflikt bleibt unbewusst. Hinter dem Rückzug liegt die Angst vor neuen Verletzungen. Unter der Wut ist immer der Schmerz verborgen. Der tiefste Schmerz ist das Alleinsein. Oder die Verachtung des Kindes, das man einmal war. Dies ist möglicherweise die Perspektive der Eltern, die zur eigenen geworden ist. Es ist der frühere Blick des Vaters, der Mutter auf das Kind, das dumm, störrisch und böse ist. Da muss der Konflikt erkannt und die elterliche Sicht aufgegeben werden.

Eine erwachsene Person drückt in ihrem Empfinden und Handeln immer die Bedürfnisse und Gefühle des früheren Kindes und des heutigen Erwachsenen aus. Das ist den meisten Menschen gar nicht bewusst. Wenn der wohlwollende Erwachsene und das geliebte Kind zusammenarbeiten, sind wir mit uns selbst im Einklang. Das ist der Idealfall. Es geht darum, von und mit dem inneren Kind zu fühlen und zu lernen. Als Erwachsener hat man die Verantwortung für die Gefühle des inneren Kindes zu übernehmen. Das bedeutet, dass selbstdestruktiv oder aber kreativ und liebevoll mit diesen Gefühlen umgegangen werden kann. Die damaligen realen Kinder konnten das nicht. Für Erwachsene wird das möglich. Erwachsene können auch trauern um das, was erlitten wurde. Dann sind sie in Verbindung mit sich selbst. Wenn nicht, ist der Schmerz schrecklich. Im Kontakt mit dem inneren Kind fühlt sich der Schmerz jedoch anders an, milder und aushaltbar. Der Schmerz verwandelt sich mit der Zeit in Trauer, und Trauer ist ein natürlicher Prozess, erlittene Schmerzen in Erinnerung zu rufen und mit ihnen umzugehen. Das Urteil weicht dem Mitgefühl. Es werden möglicherweise nach und nach Zärtlichkeit, Mitgefühl, Respekt, Achtung, ja Liebe möglich. Der Blick zurück verändert sich. Licht und Schatten – beides hat seinen Wert und will gewürdigt werden.

Chopich verdeutlicht in einem sehr schönen Beispiel, wie das Kind und die Erwachsene behutsam miteinander umgehen können:

● Bei einem ihrer gelegentlichen Besuche von »Sea World« in San Diego vermisste Chopich ihren Lieblingswal, den Killerwal Orky. Plötzlich schwante ihr, dass er tot ist. Sie fragte verzweifelt die Wärter, die sagten, es sei alles in Ordnung, Orky sei dort, und sie zeigten auf einen großen Wal. Chopich wusste haargenau, dass das nicht Orky war. Sie fand schließlich heraus, dass Orky tot war. Sie war vor Kummer und Trauer wie gelähmt. Das Kind in ihr und die Erwachsene waren traurig und weinten, aber beide auf unterschiedlichen Ebenen. Die Erwachsene war auch wütend und empört, dass man sie angelogen hatte und dass Orky vermutlich vernachlässigt worden war. Sonst hätten ihr die Wärter ja die Wahrheit sagen können. Der erste Impuls der Erwachsenen war, etwas zu tun. Dann hörte sie die Stimme ihres inneren Kindes. Ihm war egal, wer in die Sache verwickelt war und wie das hatte passieren können. Sein Schmerz war so groß, dass es im Augenblick keine Wut spüren konnte. Es wusste nur, dass es einen Freund für immer verloren hatte. Chopich entschied sich, zuerst die Verantwortung für ihr inneres Kind zu übernehmen, ihm zu erlauben, Kind zu sein und den Kummer zu durchleben. Sie setzte sich auf eine Bank und schluchzte bitterlich. Im Nachhinein war sie froh, dass sie sich entschieden hatte, mit ihren Nachforschungen zu warten, bis sich das Kind in ihr ausgeweint hatte. Sonst wäre es ihr viel schwerer gefallen, mit dem Schmerz fertig zu werden. Ihr inneres Kind hätte dann nicht nur unter dem Verlust von Orky gelitten, sondern auch unter dem Mangel an Mitgefühl, Zuwendung und Fürsorge.[23]

Das verletzte Kind in sich selbst wahrzunehmen hilft zu erkennen, dass auch die Eltern verletzte Kinder waren. Vieles von ihrem Fehlverhalten war ihr Selbstschutz vor ihren eigenen Verletzungen. Das ist eine große, alles verändernde Erkenntnis, die jetzt aus der Erwachsenenperspektive möglich wird. Wenn ein Mensch dies mit dem Herzen und in Liebe erkennt, dann verwandelt sich Schmerz in Mitgefühl, Respekt und Nähe, trotz aller erlittenen Not und trotz der Misshandlungen. Die Eltern werden als Menschen mit ihren Schwächen anerkannt. Wie alle Menschen sind sie unvollkommen. Es ist kein Mitleid, wenn man wahrnimmt, dass auch die Eltern gelitten haben. Das wäre egoistisch und herablassend und würde einem selbst am allerwenigsten nützen. Man hat vielmehr *Mitgefühl* für sie und darf ihnen gleichzeitig böse sein. Man sieht klar, was nicht gut war. In ihrer Elternrolle haben sie Schaden angerichtet. Man kann anerkennen, dass einen früher möglicherweise etwas verletzt hat, das die Eltern niemals als Verletzung gemeint und auch nicht als solche erahnt haben. Kinder empfinden anders als Erwachsene. Ein Hundebiss, ein Treppensturz und eine Beule am Kopf werden in unterschiedlichen Lebensaltern völlig verschieden erlebt. Aus der Sicht eines Kindes kann eine scheinbare Bagatelle ein Drama sein. Alles will entsprechend gewürdigt werden.

Das verletzte Kind fühlt sich oft in seinem Gerechtigkeitsgefühl verletzt. Es erlebt als ungerecht, was ihm in der Familie widerfahren ist. Gerechtigkeit ist keine individuelle, sondern eine relative und systemische Größe: Gerechtigkeit oder eben ihr Fehlen werden erlebt, wenn man sich mit anderen vergleicht. Benachteiligung unter Geschwistern ist eines der frühesten Gerechtigkeitsthemen. Das »Gib mir, damit ich mich besser fühle« müsste eigentlich durch ein »Wir geben uns, was wir brauchen« ersetzt werden. Was die Eltern nicht zu geben vermögen, geben die Geschwister einander. Das ist nicht immer möglich. Sei es, weil damals weder die Geschwister noch die Eltern dazu bereit waren, sei es, weil bei ihnen auch heute noch die Einsicht nicht da ist, dass bestimmte Dinge aus der Vergangenheit anerkannt werden müssen.

Wenn man erwachsen wird, werden hinter der Rolle der Mutter und des Vaters die Menschen mit ihren Schwächen und Stärken wahrgenommen. Man erkennt, dass die Eltern selbst Eltern gehabt haben, von denen sie geprägt bzw. verletzt wurden, und dass auch wir möglicherweise Eltern sind und unsere eigenen Kinder unbeabsichtigt verletzen. Den ganzen Stammbaum hinauf und hinunter kann man Menschen mit ihren Verletzungen und Gefühlen hinter den Rollen sehen. Wenn wir heute als Erwachsene diese Differenzierung zwischen Rollen und Menschen-als-verletzten-Kindern leisten können, müssen wir weniger werten und verurteilen. Gleichzeitig nehmen wir unseren eigenen Schmerz und unsere eigene Trauer wahr. Der Umgang damit ist nun unser größtes Anliegen.[24]

Wege zur Versöhnung mit sich selbst

Schläft ein Lied in allen Dingen, die da träumen fort und fort, und die Welt fängt an zu singen, triffst du nur das Zauberwort.

Joseph von Eichendorf

Einfach sein zu dürfen, sich selbst anzunehmen und akzeptiert zu werden – das wäre doch das Schönste. Es tönt so einfach und ist etwas vom Schwierigsten. Anerkennung liegt sehr nahe bei Versöhnung.

Sich selbst und andere mit ihren Stärken und Schwächen anzunehmen – soll das sein? Ist das wünschenswert? Ist das nicht zu idealistisch? Stabilisiert dies nicht unerwünschtes Verhalten bei sich und anderen? Ist es nicht unsere Aufgabe, uns zu entwickeln und zu verändern? Alle diese Fragen sind berechtigt. Ich möchte den Vorschlag machen, diese vernünftigen Fragen für einen Moment beiseite zu tun.

Wir probieren etwas aus.

Wir setzen uns bequem hin und schließen vielleicht die Augen. Wir haben Zeit und Ruhe für ein paar Minuten oder auch länger.

Wir fragen uns: Was wäre jetzt, wenn wir uns selbst einfach so annehmen wie wir sind?

Wir lassen unsere Einfälle spontan kommen, ohne zu werten. Wir achten auf unsere Atmung. Wir sammeln alles, was uns in den Sinn kommt. Alles ist willkommen, alles ist gleich wichtig. Wir lassen uns überraschen von unseren Einfällen. Wenn zuerst nichts kommen will, wiederholen wir die Frage: Was wäre jetzt, wenn wir uns selbst einfach so annehmen wie wir sind? Ohne Wenn und Aber. Wir sind, was wir sind, und es ist gut so. Wir nehmen uns so an, wie wir sind. Was wäre jetzt?

Beispiele: Es wäre wunderbar, wenn es so wäre ... Ich fühle Erleichterung ... Keine Kämpfe und Krämpfe mehr mit mir selbst ... Mich selbst einfach annehmen, daran habe ich noch nie gedacht ... Mir wird warm ums Herz.

Mich annehmen? Nein, das kann ich nicht ... Ich mag mich nicht, habe mich nicht gern ... Ich gefalle mir nicht ... Ich kann mich unmöglich annehmen ... Aber die Frage ist ja, wie es wäre, wenn es tatsächlich so wäre, – dann wäre es eigentlich angenehm ... Es ist nicht so, aber es könnte sein ... Darauf kann ich mich einlassen ... Es wäre wunderbar,

> wenn es so wäre ... Ich wäre glücklich und froh ... Es wäre ein schönes
> Lebensgefühl, einfach im Frieden mit mir selbst zu sein.
>
> Wir können diese Übung noch vertiefen.
> *Wir nehmen uns an, wie wir sind, und wir betrachten uns mit*
> *einem wohlwollenden und liebevollen Blick.*

Liebevoll? Wohlwollend? Einfach in Ordnung sein? Einfach gut? »Ich betrachte mich liebevoll und wohlwollend ...« – ja, warum nicht? Ich fange an, mir zu gefallen. Ich bin gar nicht so schlecht und so hässlich und so böse. Ich habe Qualitäten. Es waren die Eltern, die uns kritisierten. Niemand zwingt uns, diesen elterlichen kritischen Blick auf uns ein Leben lang beizubehalten.

Erst wenn wir uns annehmen, können wir uns verändern. Solange wir im Kampf mit uns selbst verharren, brauchen wir unsere Energien für diesen Kampf. Deshalb ist der wohlwollende und liebevolle Blick auf uns selbst so wichtig. Wenn wir uns selbst annehmen, können wir die freigewordenen Energien für unsere Veränderung nutzen.

Die Spontaneität und das Nichtwerten sind wichtig bei dieser Übung. Wir möchten unser Unbewusstes sprechen lassen. Uns selbst so lassen wie wir sind? Uns selbst wohlwollend und liebevoll betrachten? Setzt da nicht nach einigem Zögern ein bunter Tanz von schönen Dingen ein? Ich muss mich nicht mehr verstellen. Ich habe weniger Angst. Ich fühle mich leicht. Ich bin so wie ich bin, und ich bin jetzt in Ordnung, so wie ich bin.

Oder aber: Nein, es geht einfach nicht, ich bin doch unmöglich, schlecht und hässlich.

In solchen Fällen können wir die Übung immer wieder versuchen. Wir überfordern uns nicht. Vielleicht müssen wir zuerst ganz tief die Gewissheit haben, dass wir uns selbst Schaden zufügen, die Fassung rauben lassen, uns um Schlaf und Konzentration bringen, wenn wir uns nicht annehmen können. Möglicherweise ist es für uns zu schwierig, diese Übungen allein zu machen. Dann suchen wir uns einen Freund, eine Freundin, eine Schwester, einen Bruder, eine Psychotherapeutin oder einen Psychotherapeuten. Wir wissen, was wir brauchen, wenn wir uns Zeit damit lassen, uns anzunehmen, so wie wir eben sind.

Uns selbst zu bejahen und zu akzeptieren betrifft uns als ganze Menschen mit unseren Stärken und Schwächen, unseren Erfolgen und Misserfolgen, unseren Idealen und Wünschen, Ängsten und Nöten, Schönheiten und Unvollkommenheiten, Ambivalenzen und Spannungen. Das ist unser gegenwärtiges Sein. Erst wenn wir uns selbst akzeptieren, haben wir die Möglichkeit, uns zu entfalten und zu entwickeln. Dann mögen wir uns öffnen, dann trauen wir uns selbst. Noch wissen wir, dass ein langer Weg vor uns liegt. Wenn wir immer wieder Frieden schließen mit uns selbst, werden wir uns weniger ärgern und werden wir weniger Angst haben. Wir glauben an das Leben. Wir glauben an uns selbst.

Wir trauen uns selbst. Und wir trauen auch den anderen etwas zu. Dieser Punkt ist sehr wichtig. Nicht jede Kritik, die jemand an unsere Adresse richtet, hat mit uns zu tun. Es gilt also sorgfältig zu prüfen, was zu uns und was zu einer anderen Person gehört. Je besser wir uns selbst kennen, desto besser kann uns diese wichtige Unterscheidung gelingen.

Selbstgespräch

- Ich will den anderen ihre eigene Verantwortung zugestehen.
  Das Leben bringt täglich Kränkungen, Enttäuschungen und Verletzungen mit sich. Nicht alle Kränkungen, die mich treffen, sind berechtigt. Wenn eine Kritik nicht gerechtfertigt ist, gibt mir mein inneres Wissen davon Klarheit und Gelassenheit. Ich muss mich nicht wehren, muss nicht agieren, ich bleibe ruhig.
- Das war schon früher, im Elternhaus, so.
  Ich kenne das von damals. Gewisse Kritik oder gar Beleidigungen von anderen erinnern mich an meine Kindheit. Sie treffen alte Wunden in mir. Man macht mir Vorwürfe, aber ich weiß heute, wann ich tatsächlich Fehler gemacht habe und dafür verantwortlich bin und wann nicht. Wenn es nicht der Fall ist, kann ich ruhig und besonnen

bleiben. Manchmal treffen Vorwürfe zwar mich, gehören aber zur anderen Person und haben mit deren eigenen Problemen zu tun. Ich darf in solchen Fällen Nein sagen und unberechtigte Kränkungen freundlich und souverän ablehnen.

- Das habe ich früher nicht gewagt.
Den anderen ihre eigene Verantwortung zuzugestehen meint, ihnen zu geben und gegebenenfalls zurückzugeben, was ihnen gehört. Dies ist ein innerer Prozess. Vielleicht will ich ihnen auch etwas von ihren Problemen zurückgeben, die ich irrtümlich auf mich genommen habe. Es gehört nicht zu mir. Früher habe ich das nicht gewagt und nur die Faust in der Tasche geballt. Heute traue ich mir zu, mich dagegen abzugrenzen.

Die Suche von Wegen zur Versöhnung mit sich selbst ist ein lebenslanger Prozess. Wir haben uns immer wieder darum zu bemühen, von Wertungen und von Verurteilungen frei zu werden, verstehen zu lernen, was mit uns geschieht und was wir tun und nicht tun. Wir können unser Leiden als Kind und als erwachsene Person ohne Aggression wahrnehmen. Wir wissen, was zu uns und was zu anderen gehört; was wir zu bearbeiten haben und was wir den anderen getrost überlassen können. Dann können wir die innere Verwandtschaft mit allen Dingen, mit allen Menschen fühlen. Wir sind ein Teil von ihnen. Dann fängt die Welt an zu singen und zu klingen. In allem begegnen wir dem Lebendigen – in uns und in allem, was uns umgibt und begegnet.

4. Praxis der Versöhnung mit den Eltern

Es gibt Verletzungen, Nöte, Mängel, Irrtümer, Unwissen und Leiden bei allen Menschen. Eltern können ihre Kinder aus eigenen Nöten heraus verletzen. Das Kind erlebt sie als böse. Es gibt keine guten oder bösen Eltern. Vielmehr sind unbewusste, mächtige, über die Generationen hinaus wirksame psychische Kräfte am Werk, die Verletzungen und

Leiden schaffen. »*Ich habe schlimme Erinnerungen an früher. Ein Versuch, mit meinem Vater darüber zu reden, ist nicht gelungen. Er streitet alles ab. Ich habe trotzdem versucht, mit ihm Frieden zu schließen. Ich fühle, dass es nicht reicht. Ich weiß gar nicht, wie das gehen könnte, dass wir uns versöhnen könnten, er und ich. Ich sehne mich nach Frieden, mit mir und mit ihm.*« *So kann es sich anhören, wenn ein neuer Schritt ansteht. Die Praxis der Versöhnung mit den Eltern setzt die Versöhnung mit sich selbst voraus. Erst dann kann im eigenen Inneren die Versöhnung mit den Eltern vorbereitet werden.*

Stufen der Versöhnung

Unsere Liebe und unser Hass enthalten immer auch ein Moment des Wollens. Nicht in der Bedeutung von Vorsätzlichkeit, also von bewusster, eigensinniger Entscheidung, sondern im Sinne einer Eigenwilligkeit, unter deren Anleitung wir unser Leben andauernd gestalten.

Stephen A. Mitchell

Es gibt Menschen, die eine Versöhnung mit dem Vater, der Mutter, nicht für nötig halten. Sie sind mit sich selbst im Einklang und verfügen über ein gutes Maß an Abgrenzung und Selbstbewusstsein. Sie haben aufgehört, ständig auf die Eltern wütend zu sein und sich in einer permanenten Verteidigungshaltung zu befinden. Sie können die Eltern sein lassen, wie sie sind, auch wenn es frühere und heutige Verletzungen und Differenzen gibt. Die Vergangenheit liegt hinter ihnen und mit der Gegenwart können sie umgehen. Es liegt ihnen fern, die Eltern zu verklären und zu idealisieren. Sie können ihnen zuweilen böse sein und sich ihnen doch nahe fühlen.

»Es ist doch klar, dass meine Eltern auch Menschen sind, was denn sonst?« antwortet lachend ein Freund auf meine Frage, ob er sich mit den Eltern versöhnt habe. »Wir wollen einander nicht mehr verändern. So sind unsere Beziehungen heiter und locker geworden.« Es gibt eine Möglichkeit, diesem Freund, der so überzeugend wirkt, noch ein wenig auf den Zahn zu fühlen. Verhält er sich gegenüber seinen Eltern gleich wie gegenüber seinen Freunden und anderen Menschen? Ist es wirklich eine Beziehung zwischen Erwachsenen oder ist es immer noch eine Eltern-Kind-Beziehung mit speziellen Ängsten und Rücksichten? Fühlt er sich den Eltern gleichwertig? Das wäre der Test; jede und jeder kann ihn selbst machen.

Unter den Menschen, die eine Versöhnung mit den Eltern nicht nötig finden, gibt es auch jene, die sich mit einem Beziehungsabbruch abgefunden haben oder die die Beziehung auf einem oberflächlichen, neutralen Niveau halten. Wenn die Eltern einem nicht geben, was man von ihnen erwartet, dann vielleicht deshalb, weil wir es ihnen nie gesagt haben. Wenn sie sich übermäßig einmischen, dann möglicherweise auch deshalb, weil ihnen niemand ehrlich den Spiegel vorgehalten hat. Es ist nie zu spät, eingefrorene Beziehungen aufzutauen.

Früher repräsentierte die Beziehung zu den Eltern die Welt, eine sprachlose Beziehung, eine Reiß-dich-zusammen-Beziehung, eine gewalttätige Beziehung, um einige Beispiele zu nennen; sie alle prägen den Bezug zur Welt, solange der Mensch sich nicht von seiner Vergangenheit befreit hat.

Es kann sein, dass unsere Eltern oder die Mutter bzw. der Vater nicht mehr in der Lage sind, gemeinsam mit den erwachsen gewordenen Kindern unerledigte Dinge in der Vergangenheit nochmals zu betrachten und eine neue Sicht auf die Beziehung zu entwickeln. Wenn sie gestorben sind, liegt es an uns, die eigene innere Haltung zu den Eltern zu überdenken und zu verändern. Es kann Jahre dauern, bis es soweit ist. Doch wie viel Energie und Zeit es auch kosten mag, es ist für unsere Selbstachtung entscheidend, dass wir uns selbst annehmen, wie wir sind, und dass wir uns eines Tages gegenüber den Eltern als vollwertige, gleichberechtigte Erwachsene fühlen.

Zu den folgenden Übungen

Die Übungen in diesem Buch sind Einladungen, sich mit sich selbst und mit den Beziehungen zu wichtigen Menschen zu beschäftigen. Die Arbeit an sich selbst steht dabei im Mittelpunkt und bildet die Achse, um die sich alles dreht. Die Übungen setzen eine gewisse Erfahrung im Umgang mit sich selbst voraus. Es hilft, wenn Selbsterfahrungsarbeit bereits bekannt ist (Psychotherapie, Gruppentherapie, vergleichbare Erfahrungen). Es ist nicht meine Vorstellung, dass sich jemand allein durch alle diese Übungen durcharbeiten muss. Es mag beruhigen und kann auch wichtig sein, sich dabei eine freundschaftliche, geschwisterliche oder therapeutische Begleitung zu suchen.

Die Übungen sollen inspirieren, sich auf das Thema Versöhnung mit sich selbst einzulassen und sachte die ersten Schritte zu wagen, wenn die Zeit dazu reif erscheint. Es ist nicht möglich und auch nicht wünschenswert, dass die Übungen sofort zu einem spürbaren Ergebnis führen. Es ist nicht alles machbar in unserem Leben. Es ist schon viel, wenn wir uns selbst und unsere Konflikte erkennen und besser verstehen lernen. Und wenn wir uns versöhnen möchten, wenn es ansteht. Wir sind nicht völlig Herr und Herrin in unserem eigenen Lebenshaus. Wenn wir das wissen, fällt uns einiges leichter. Vielleicht können wir gar unbelasteter von Erfolgsdruck das versuchen, was uns ein Bedürfnis ist. Die Übungen entstanden im Wissen und aus der Erfahrung, dass viele Menschen in unversöhnten Beziehungen sehr leiden. Nicht-Versöhnung frisst die Lebensenergie auf.

Wiederholen wir nochmals die wichtigsten, aufeinander folgenden Stufen der Versöhnung mit den Eltern. Am Anfang steht die Versöhnung mit sich selbst. Das verletzte innere Kind will angenommen und die Verantwortung für es übernommen werden. Die Versöhnung mit dem inneren Kind ist ein lebenslanger Prozess, der nie ein für allemal abgeschlossen werden kann. Als Nächstes folgen die Kontaktaufnahme, der Dialog und die Versöhnung mit den inneren Eltern. Es ist möglich, dass sich dadurch die reale Beziehung zu den Eltern bereits verändert. Erst dann folgt unter günstigen Umständen die Versöhnung mit den realen Eltern. Dabei ist der Wunsch leitend, mehr Nähe, Wärme, Lebendigkeit, ja Liebe mit den Eltern verwirklichen zu können.

Arbeit mit dem inneren Kind

Wer mit Ungeheuern kämpft, mag zusehen, dass er nicht dabei zum Ungeheuer wird. Und wenn du lange in einen Abgrund blickst, blickt der Abgrund auch in dich hinein.

Friedrich Nietzsche

Es braucht sorgfältige Vorbereitungen, um die schmerzvollen Erinnerungen an die Vergangenheit an sich heran lassen zu können. Viele Erwachsenen vermeiden solche Erinnerungen. Sie stellen sich ihnen erst dann, wenn sie im Erwachsenenleben auf unangenehme Weise mit ihnen konfrontiert werden, z. B. indem sie etwas bei sich selbst beobachten, das sie den Eltern anlasten: keine Sprache zu finden für die eigenen Gefühle, übermäßig zu reagieren, dreinzuschlagen oder indem sich die Erinnerungen in Träumen, Symptomen oder Krankheiten melden. Es gibt viele Beispiele solcher Wiederholungen von Generation zu Generation. Was früh erlebt wurde, prägt mehr, als einem lieb und willkommen ist.

Vorerst geht es darum, zu unserem inneren Kind zurückzufinden. Dass wir seine Verletzungen immer noch spüren, ist ja mit ein Grund dafür, uns mit dem Thema Versöhnung zu beschäftigen. Wir können uns nur dann mit unserem inneren Kind auseinander setzen, wenn wir uns als erwachsene Person mit unseren heutigen Möglichkeiten gut spüren. Unsere erwachsenen Kompetenzen sind wichtig im Umgang mit unserem inneren Kind. Das innere Kind in uns braucht einen verlässlichen Partner, eine zugewandte liebevolle Partnerin.

Wenn wir uns die Arbeit mit dem inneren Kind nicht zutrauen, lassen wir sie sein und beschränken uns auf die Übungsteile, die uns möglich erscheinen, oder wir suchen uns eine therapeutische Begleitperson. Was früher innerhalb einer Beziehung geschah – in der früheren Eltern-Kind-Beziehung –, ist oft am sinnvollsten erneut innerhalb einer Beziehung zu bearbeiten. Wer gravierende seelische Verletzungen erlitten hat, sexuell missbraucht wurde und sich schwach und krank fühlt, sollte sich nicht auf eine Einzelarbeit einlassen, sondern Begleitung suchen. Die Arbeit mit dem inneren Kind setzt einen verlässlichen erwachsenen Partner voraus, damit dieses Kind nicht erneut verletzt und allein gelassen wird.[25]

Wir können das innere Kind auch als unser jüngeres Ich bezeichnen. Es ist auch möglich, dass wir verschiedene jüngere Ichs in uns spüren, jüngere und etwas ältere. Wir sind und haben nicht nur ein inneres Kind, sondern können vielleicht mehrere innere Kinder bzw. Ichs verschiedener Altersstufen in uns erkennen.

Wir können der Erinnerung nachhelfen, indem wir uns vergegenwärtigen, was in den verschiedenen Altersphasen passierte:

1–5 Jahre: Leben mit den Eltern, Geschwistern, KameradInnen, eventuell mit der Nachbarschaft. Laufen und sprechen lernen. Spielen. Im Dunkeln einschlafen lernen. Geschichten hören. Natur. Kindergarten. Mit SpielkameradInnen und allein spielen.

6–12 Jahre: Zur Schule kommen. Schuljahre. LehrerInnen. MitschülerInnen. Freunde und Freundinnen. Sich in Gruppen behaupten. Schulleistungen.

13–20 Jahre: Adoleszenz. Körperliche Reifungsprozesse. Erwachen der Sexualität. Liebesgefühle. Schule bzw. Lehre/Ausbildung/Studium. Berufswahl. Abnabelung vom Elternhaus. Erwachsenwerden lernen.

Wir können alte Tagebücher hervorholen, lesen und darüber nachdenken, wie wir die Dinge früher erlebt haben. Es mag dabei klärend sein, die eigene kindliche Haltung auch aus der Erwachsenenperspektive anzuschauen. Vielleicht haben wir damals auch Träume aufgeschrieben. Wir können uns frühere Fotos anschauen. Oft sind Schmerz oder Traurigkeit, Ärger und Trotz auf Fotos deutlich zu erkennen. Vielleicht mögen wir mit Geschwistern und alten Freunden über die Vergangenheit reden. Auf diese Weise werden weitere Erinnerungen aktiviert. Texte und Bilder können helfen, Kontakt zu den verdrängten seelischen Schmerzen zu bekommen.

Vielleicht erinnern wir uns nicht nur an unser verletztes Kind, sondern auch an das glückliche Kind. Alle Erinnerungen sind willkommen. Glückliche erinnerte Momente löschen die unglücklichen nicht aus und umgekehrt. Beides will gleichermaßen gewürdigt werden.

Fragen an unser inneres Kind:
- Wie haben meine Eltern mit mir gesprochen?
- Hatten sie Zeit für mich?
- Haben sie mit mir gespielt?
- Haben sie mich bestraft? Wie?
- Wie war es mit den Geschwistern?
- Wie verbrachte ich die Ferien?
- Wie feierten wir in der Familie Feste?
- Gibt es Fotos von mir aus diesen Jahren?
- Wenn etwas Schlimmes in der Erinnerung auftaucht:
  - Wie reagierte ich?
  - Wie fühlte ich mich? Hat mir jemand geholfen? Wer? Wie?
  - Was habe ich damals vermisst, entbehrt, verloren?
- Gab es Situationen, in denen ich nicht reagierte?

Wir führen je eine Liste mit Erinnerungen und Notizen für das, was wir mit der Mutter, mit dem Vater und mit den Eltern als Paar erlebt haben.

Wir schreiben in der Ich-Form unseres inneren Kindes. Unser inneres Kind ist Teil von uns. Gleichzeitig können wir mit ihm sprechen – wir sprechen also nicht für das Kind, sondern mit ihm.

Wir listen unsere Erinnerungen sorgsam und detailliert auf. Wir sind dabei unsere eigenen Chronisten. Wir zeichnen auf, doch wir vertiefen unseren Schmerz nicht. Wichtig ist die Anerkennung dessen, was wir erlebt haben.

Die Arbeit mit dem inneren Kind ermöglicht uns zum einen eine Form von Distanz: wir betrachten es; zum anderen eine Einladung zur Fürsorge für es.

Falls die Gefühle zu stark werden, tun wir uns etwas Gutes: Wir legen eine kürzere oder längere Pause ein, verankern uns im Alltag, machen eine Übung zur Stabilisierung wie z.B. atmen oder Gegenbilder suchen (vgl. den weiter unten folgenden Abschnitt zum Umgang mit schwierigen Gefühlen). Möglicherweise möchten wir nicht allein weiterfahren und suchen uns eine Begleitung. Vielleicht lesen wir in diesem Buch weiter und lassen uns vor allem erst einmal Zeit.

Es ist wichtig, die erlittenen Verletzungen anzuerkennen und zu würdigen: Ja, so war es früher, und das macht mir immer noch zu schaffen. Die Anerkennung des Schmerzes vertieft den Schmerz nicht. Die heute erwachsene Person kann dem inneren Kind erklären, dass heute eine andere Zeit ist. Die Klärung der Bedürfnisse des inneren Kindes ist wichtig: Was hätte es damals gebraucht? Was hat es damals nicht bekommen? Was hätte es in jenem Augenblick, in jenem Alter benötigt, um die Situation besser zu überstehen und zu bewältigen? Heute, als erwachsene Person, sind wir in der Lage, unserem inneren Kind das zu geben, was es früher nicht erhalten und schmerzlich vermisst hat. Wir tun dies in unserer Vorstellung: Wir umarmen es, wir sprechen mit ihm, wir beruhigen es, wir holen es aus der schwierigen Situation heraus und bringen es in Sicherheit, wir geben ihm einen Teddybär in den Arm, eine Katze auf den Schoß, wir geben ihm etwas Feines zum Essen, wir legen es schlafen und singen ihm ein Lied. Vielleicht gehen wir mit ihm spazieren und versichern ihm, dass wir da sind. Unser Kind ist immer noch in uns lebendig. Wir können es trösten und ihm unsere Begleitung anbieten. Vielleicht spüren wir Erleichterung, und dass es gut so ist. Vielleicht merken wir auch, dass es nicht ausreicht, wenn wir selbst es sind, die unser Kind trösten. Es braucht mehr, und es braucht dies von den Eltern. Das nehmen wir wahr und lassen es im Moment so stehen.

Wir geben dem inneren Kind alle Liebe und Fürsorglichkeit, die wir haben. Und wir wissen die ganze Zeit, dass wir die Kleine *und* die Große, der Kleine *und* der Große, eben beides sind. Und die Große kann der Kleinen heute helfen. Das alles tun wir nicht nur einmal, sondern immer wieder. Vielleicht spüren wir, dass wir es für den ganzen nächsten Monat, für das ganze kommende Jahr täglich tun wollen. Wenn wir unser inneres verletztes Kind gut versorgen können, tut uns das als Erwachsener gut. Wir können üben, uns immer besser um unser Kind zu kümmern. Es wird sich immer wieder melden und sagen, was es braucht. Wir sind dann in einem kontinuierlichen Dialog mit ihm. Der dialogische Kontakt ist deshalb wichtig, weil wir als nun Erwachsene nicht unbedingt wissen, was für unser inneres Kind notwendig ist. Wir können das innere Kind jeden Morgen neu fragen, was es braucht.

Wir gelangen schließlich zu einem Entscheid für uns selbst. Was geschehen ist, ist geschehen. Es ist vorbei. Heute können wir wählen, wie wir damit umgehen wollen. Das ist unsere Verantwortung, die wir klar und ohne Wenn und Aber zu bejahen haben. Wir entscheiden uns dafür, gut für unser inneres Kind zu sorgen. Es gibt niemanden, der das sonst machen könnte. Es ist unsere ureigenste Aufgabe. In New York steht auf einer Hauswand »Be yourself, nobody else will« – sei du selbst, denn niemand anders wird es sein.[26]

Mangelnder Respekt und fehlende Einfühlung

Das Gutmeinen ist das allerschlimmste.

Klaus Merz

Wenn eine Mutter oder ein Vater ein Kind verletzt, geschieht es nicht unbedingt aus böser Absicht. Es kann sogar aus guter Absicht geschehen. Etwas gut zu meinen bedeutet aber nicht, respektvoll und einfühlend zu sein. Es können ganz egoistische oder ängstliche Motive dahinter stecken. So kann das Gutgemeinte tatsächlich für die andere Person zum Allerschlimmsten werden.

Ein Kind kann die Absicht hinter etwas, das ihm Vater oder Mutter antun, noch nicht erahnen. Es spürt einfach, dass es verletzt wird. Es spürt die schmerzvollen Folgen *mangelnden Respekts* und *fehlender Einfühlung* und leidet daran. Eine solche Verletzung kann ein Leben lang wehtun. Vielleicht ist es erst viel später die erwachsen gewordene Person, die dieses Kind verstehen und trösten kann. Im folgenden Beispiel musste es nicht so lange dauern, bis sich die Situation auflöste. Es ist ein Beispiel, das wohl jeden Tag in unzähligen Küchen passiert.

- Die neunjährige Mina wollte für ihre Freundinnen Apfelschnitze im Ofen backen. Die Mutter ging am Backofen vorbei und schaute auf den Thermostat. Ohne gefragt worden zu sein, mischte sie sich ein. »Das muss heißer sein«, sagte sie und drehte den Knopf weiter. Mina wandte ein, dass sie vergangene Woche, als die Mutter weg war, schon einmal Äpfel gebacken habe, was gut gelungen sei. Die Mutter hört nicht zu. Mina wollte getrocknete Apfelschnitze für ihre Freundinnen machen. Mit der von der Mutter eigenmächtig gesetzten Temperatur wurden die Schnitze jedoch weich. Die Temperatur war zu hoch gewesen. Mina weinte vor Wut und Enttäuschung. Die Mutter entschuldigte sich und versprach, sich in Zukunft nicht mehr einzumischen. Sie würde ihr helfen, nochmals Apfelschnitze zu backen. Die Tochter weinte jedoch weiter und ließ sich nicht trösten.

Die Mutter: »Ich habe mich doch bei dir entschuldigt. Ich weiß jetzt, dass es nicht richtig von mir war. Was willst du noch? Wie kann ich das wieder gut machen?«

Die neunjährige Tochter: »Ich weiß nicht, Mama, ob du überhaupt verstehst, weshalb ich traurig und wütend bin. Ich höre zwar, dass du dich entschuldigst, aber das hilft mir überhaupt nicht.«

Die Mutter hörte mit offenem Sinn zu und verstand plötzlich, wie Recht ihre Tochter hatte. Zwar hatte sie sich entschuldigt und ihre Einmischung bereut. Aber es stimmte, sie hatte nicht richtig nachfühlen können, wie es der Tochter ging.

Die Mutter zur Tochter: »Es stimmt, ich kann es nicht verstehen. Erzähl mir mehr. Sag mir, was du erlebt hast und wie du dich fühlst.«

Die Mutter hat dann richtig zugehört. Sie hat sich in ihre Tochter hinein versetzt. Nicht nur konnte Mina ihren Freundinnen nichts mitbringen. Sie musste auch zugeben, dass die Apfelschnitze, die sie ihnen angekündigt hatte, misslungen waren. Und es blieb keine Zeit, neue zu backen. Die Mutter hatte ihrer Tochter einen Misserfolg beschert und erkannte, dass sie das nicht hätte tun dürfen. Es waren nicht nur die Äpfel verdorben, sondern die Mutter-Tochter-Beziehung hatte Schaden genommen. Die Mutter hatte ihrer Tochter kein Vertrauen

geschenkt, ihr nicht zugehört und ihre wachsende Selbstständigkeit sabotiert. Sie hatte sie unwillentlich gedemütigt und
Macht ausgeübt. Was hätte eine Tochter von neun Jahren
gegenüber einer so selbstsicher auftretenden Mutter sagen
können? Sie hatte nicht gewagt, sich ihr zu widersetzen. Als die
Mutter das alles realisierte, erzählte sie es Mina. Mina war
bewegt und die beiden umarmten sich zärtlich.[27]

Entschuldigungen allein reichen nicht, um eine Verletzung wieder gutzumachen. Erst echte Empathie, die eine Verletzung wirklich
wahrnimmt, kann wieder gutmachen. Um ihre verbrannten Äpfel
zu verschmerzen, musste Mina wütend werden. Um die Beziehung
zwischen Mutter und Tochter zu heilen und das Vertrauen wieder
herzustellen, war die Empathie der Mutter unabdingbar.

Versuch in Empathie

*Empathie gibt das Gefühl, man habe ein Recht zu leben, und ermög-
licht zu fühlen, was man fühlt. Man fühlt sich wieder hergestellt und
heil.*

Isabelle Filliozat

Empathie bedeutet, die Gefühle des anderen anzuerkennen und
zu empfinden, was der andere Mensch fühlt – selbst wenn wir es aus
unserer Sicht nicht verstehen. Wenn wir empathisch sind, versetzen
wir uns in die andere Person und ihr Erleben hinein. Wir fühlen uns
gern ein in eine gute Freundin, die unser offenes Ohr und Herz
braucht. Doch aus welchen Gründen sollen wir uns in einen Menschen einfühlen, der uns Ungutes angetan oder uns geärgert hat?
Oder weshalb reicht eine Entschuldigung in gewissen Situationen
nicht aus, wie das Beispiel von Mina und ihrer Mutter gezeigt hat? In
konfliktvollen Beziehungen gibt es tausend Gründe, sich nicht in
Empathie versuchen zu können oder zu wollen. Empathie erfordert
von uns Achtung und Respekt vor der Individualität und den
Gefühlen der anderen.

Vielleicht hat die Geschichte von Mina und ihrer Mutter bei uns Erinnerungen an eine Situation geweckt, in der wir uns in Minas Position befanden.

Versuchen wir uns zu erinnern, und wecken wir unsere Empathie für »die andere Seite«. Wenn wir Empathie von anderen erwarten, sollten wir auch bereit sein, sie selbst zu leisten. Gute Beziehungen bedürfen der Balance und der Gegenseitigkeit.

Übung in Empathie

Weiter oben haben wir die seelischen und vielleicht körperlichen Verletzungen aufgeschrieben, die uns in unserer Kindheit zugefügt wurden. Unser inneres Kind hat gelitten an diesen Verletzungen und leidet vielleicht immer noch. Heute, da wir erwachsen sind, können wir zu diesem Kind hinschauen. Wir sichern ihm unsere Unterstützung und unsere Liebe zu. Wir werden es nicht verlassen.

Wir rufen uns eine bestimmte Situation in Erinnerung, in der wir verletzt wurden. Es kann hilfreich sein, wenn wir diese Arbeit anhand konkreter Erinnerungen leisten: damals, als mein Vater explodierte und mich schlug; damals, als mich meine Mutter strafte, weil ich zu spät heimkam und nichts dafür konnte; damals, als mir beide nicht zuhören wollten; damals, als mich die Mutter vom Esstisch wegschickte, obwohl mein Bruder schuld war etc.

Heute ist das damalige Kind sicher und gut aufgehoben in unseren Armen, in unserem Herzen. Diese Selbstvergewisserung ist wichtig.

Nun wenden wir uns der Person zu, die uns verletzt hat. Wir können sie darstellen in Form eines inneren Bildes, eines Fotos, eines Gegenstandes. Unsere Mutter, unser Vater hatten eine eigene Individualität, und sie hatten Gefühle. Sie trugen, wie wir heute, ihre verletzten Kinder in sich. Deshalb und aus anderen Gründen haben sie uns diese Verletzungen zugefügt (wir wissen, welche wir jetzt meinen). Und die Mutter bzw. der Vater hat unseren Schmerz gar nicht wahrgenommen, hat nicht mit uns gesprochen, möglicherweise sogar Dankbarkeit von uns erwartet, es zu unserem »Besten« getan und dergleichen.

Heute ist eine andere Zeit. Das Kind von damals ist erwachsen geworden. Die heute erwachsene Person stellt sich jetzt der folgenden Situation:

Ich versuche, die Seite der Mutter oder des Vaters zu beschreiben (sie war überlastet, von der Arbeit genervt, er war unbewusst impulsiv etc.).

Es mag uns widerstreben, das Ganze aus der Sicht der anderen Seite zu betrachten, doch es ist einen Versuch wert. Wenn wir nicht geübt sind, ist es sehr schwierig, Empathie zu empfinden. Es mag uns helfen beim Üben von Empathie, wenn wir wissen, dass sich hinter jeder Beleidigung, jeder Strafe, jeder Untat eines anderen Menschen bei ihm selbst eine tiefe Verletzung, ein nicht gestilltes Bedürfnis, ein unerträglich scheinendes Gefühl versteckt. Das zu erkennen bedeutet bereits, ein Stück Empathie zu empfinden.

Beispiele von Fragen, die wir uns in für uns abgeänderter Form stellen können:

- Wieso hat meine Mutter mich ins Gesicht geschlagen?
- Was ging in ihr vor?
- Wie fühlte sie sich dabei? Wie fühlte sie sich danach?
- War ihr bewusst, dass sie mich verletzte?
- Was dachte sie über ihr Kind?
- Was oder wen sah sie in ihm?
- Fühlte sie die Bedürfnisse ihres Kindes, und wenn nicht, wieso nicht?
- Wurde die Mutter als Kind geschlagen und erinnert sie sich daran?
- Hing ihr Schlagen mit ihrer eigenen Erfahrung, geschlagen worden zu sein, zusammen?

Wenn uns starke Gefühle überkommen, lassen wir sie zu, atmen langsam, sorgfältig und tief ein und aus, machen eine Pause – und fahren, wenn wir mögen, mit der Arbeit fort.

Wir verwechseln Empathie nicht mit Verstehen- und Akzeptieren-Müssen. Wir müssen unsere Eltern nicht unbedingt verstehen.

Wir werden die uns zugefügten Verletzungen nicht akzeptieren. Aber wir sind dabei zu erahnen, welche verletzten inneren Kinder unsere Eltern in sich tragen und was sie zu den Erwachsenen hat werden lassen, die sie heute sind. Wir beginnen zu sehen, dass wir in einer Generationenreihe stehen. Ungelöste Konflikte haben sich von Generation zu Generation übertragen. Vieles davon ist unbewusst. Jede neue Generation trägt die unbewussten und bewussten Konflikte, Dramen und Geheimnisse der früheren Generationen in sich. Wir stehen am Ende einer Reihe. Je mehr wir erfahren und verstehen lernen, desto weniger geben wir unbewusst weiter.

Das Üben von Empathie ist ein schwieriges Stück Arbeit. Möglicherweise brauchen wir dafür Wochen und Monate. Und wir brauchen dafür unseren ganzen Mut. Wenn es uns zuviel wird, legen wir die Erinnerungen und Bilder beiseite und gönnen uns eine Pause. Wir können beides jederzeit wieder hervornehmen, wenn uns danach zumute ist. Gespräche mit vertrauten Personen und der Austausch von Erfahrungen tun gut und können uns weiter bringen.

Es ist normal, dass uns bei diesen Übungen starke Gefühle überwältigen wollen. Wir versuchen, uns selbst zuzuschauen, denn wir sind mehr als unsere Gefühle. Wir bringen unser Kind an einen guten sicheren Ort. Wir lassen die Gefühle vorübergehen. Wir stehen heute an einem anderen Ort in unserem Leben. Wir sind, was wir sind, weil wir uns erinnern. Das ist unser Gefühl, das ist unsere Identität.

Nun nochmals die Frage: Weshalb soll man Empathie für Menschen empfinden, die einem geschadet haben? Die Antwort ist nicht leicht. Die es wagen, tun es aus persönlichen Gründen, weil sie fühlen, dass es wichtig und befreiend ist für sie. Der Mensch wird am Du zum Ich. Ich bin Mensch, weil ich zum anderen gehöre.

Das Thema Empathie wird weiter hinten nochmals aufgenommen und vertieft.

Die eigenen Gefühle ernst nehmen

Wer seine eigenen Gefühle ernst nimmt, wird über fremde Gefühle kaum spotten und urteilen wollen. Ein indianisches Sprichwort sagt: »Urteile nicht über mich, bevor du nicht in meinen Mokassins eine Meile gegangen bist.«

Wir empfinden Empathie, wenn wir im anderen etwas spüren, das auch zu uns gehört, und wenn wir in uns etwas spüren, das auch zum anderen gehört. Das ist eine empathische Verbindung. So bringt Empathie dem anderen gegenüber zum Ausdruck: »Ich fühle deinen Schmerz darüber, was du mir angetan hast. Du tatest, was du damals konntest.« Empathie respektiert den Mitmenschen in seiner Eigenart und Einzigartigkeit. Empathie ist ein Akt der Hoffnung. Wir vergeben uns nichts durch Empathie, wir werden nicht zum Opfer, aber wir zeigen unser Herz, unsere Menschlichkeit.

> Wir überlegen uns, welche Einstellungen und Verhaltensweisen, die wir unseren Eltern früher übel genommen haben, wir selbst heute haben und praktizieren. Das kann geschehen, ohne dass wir es wollen. Es passiert einfach, wenn wir nicht achtsam sind.

Das ist eine Übung in zweifacher Empathie: für unsere Eltern und für uns selbst. Wir kommen uns selbst dadurch ein Stück näher. Und wir dürfen uns bei aller Anstrengung immer wieder sagen, dass wir es für uns selbst tun, uns selbst zuliebe.

Wenn die Eltern wirklich Täter waren

Am Schluss des 2. Kapitels wurde bereits auf Eltern als Täter Bezug genommen. Es ging um traumatisierende Erfahrungen von Kindern in der Familie. Es gibt aber noch andere Arten von Tätern.

An dieser Stelle geht es um die Täter im familiären *und* politischen Umfeld. Standen die Eltern im Zweiten Weltkrieg auf der Seite der Nationalsozialisten und waren damit Kriegstäter, Mittäter und Mitläufer, sind der Empathie ihrer erwachsenen Kindern oft Grenzen gesetzt. Es lässt sich wohl nachfühlen, dass die Eltern auch Opfer waren und vielleicht gerade deshalb zu Tätern wurden. Doch gerade dann, wenn sie mit ihren Kindern nicht über ihre Taten gesprochen haben und es auch heute nicht tun wollen, wird das Leiden der ehemaligen Kriegskinder, der heute Erwachsenen, nicht gewürdigt. Die Kinder von damals haben gelitten, weil sie vieles spürten, das nicht ausgesprochen wurde. Die Nachwirkungen sind immer noch spürbar und belastend. Luise Reddemann findet als Betroffene dafür eindringliche Worte: »Wir haben uns durch die verinnerlichte Sippenhaft eines Stückes unseres ureigensten Lebens beraubt. Und es scheint mir an der Zeit, dass wir uns dieses Leben zurückholen. Wir werden den Teil, der nicht zu uns gehört, innerlich unseren Eltern zurückgeben müssen.«[28]

Viele haben ihre Väter aus Gründen des psychischen Überlebens verteidigt und idealisiert. Das kleine, zumal das verletzte Kind tut alles, um das Gute der Eltern in sich zu retten. Viele Erwachsene erkennen heute, wie sie ihre Eltern und andere Erwachsene in gute Väter und böse Nazis, in aufopfernde Mütter und gnadenlose Antisemiten aufgespalten haben, und haben schon lange und diffus darunter gelitten. Die erwachsen gewordene Person kann versuchen, die Täter- und Opferseite der Eltern auseinander zu halten. Schon das ist schwer genug, reicht aber nicht. Gewisse Schuld- und Schamgefühle gehören zu den Eltern und nicht zu den Kindern. Statt – oder zusätzlich – zur Empathie mit den Eltern wird in solchen Situationen die Arbeit mit dem inneren Kind und ganz speziell die Entwicklung von Mitgefühl für dieses Kind ganz wichtig. Und für die erwachsene Person gilt möglicherweise, gewisse Gefühle von Scham und Schuld, die nicht zu ihr gehören, den Eltern zuzuweisen und nicht selbst zu übernehmen.

Die Begegnung mit den inneren Eltern

Wer sich selbst hasst, den haben wir zu fürchten, denn wir werden die Opfer seines Grolls und seiner Rache sein. Sehen wir also zu, wie wir ihn zur Liebe zu sich selbst verführen.

Friedrich Nietzsche

Wenn es uns möglich gewesen ist, die bisherigen Schritte zu gehen, haben wir bereits ein wichtiges Stück Arbeit geleistet. Wir anerkennen uns selbst und unsere Gefühle. Wir anerkennen unsere Eltern und ihre Gefühle, wenn vielleicht auch zögernd, skeptisch und widerstrebend. Wir tragen unsere Eltern – ob wir wollen oder nicht, ob wir ihnen begegnen oder nicht – ein Leben lang in uns. Wenn wir mit ihnen im Streit leben und unversöhnt sind, tun wir uns selbst weh. Erst mit dem tiefen Wissen, dass Ärger, Wut, Rache und Hass uns schaden, können wir den inneren Eltern (und viel später den realen, noch Lebenden) begegnen. Wir tun es erst dann, wenn wir dieses tiefe Wissen klar in uns spüren. Dafür lassen wir uns genügend Zeit.

Es geht nun darum, uns zu erlauben, unserem inneren Vater, unserer inneren Mutter (noch lebend oder verstorben) unsere eigene Wirklichkeit mitzuteilen, auch von allen jenen Gefühlen zu berichten, die dazu gehört haben und noch dazu gehören (Zorn, Wut, Ohnmacht, Ablehnung, Verzweiflung, Trauer etc.). Es braucht Mut, uns mit den inneren Eltern zu konfrontieren. Es ist das Wagnis, mit uns selbst ganz ehrlich zu sein und die wichtigen Dinge wirklich anzusprechen. Und es ist der Mut, sie an unsere Eltern zu richten – wohl verstanden an unsere inneren Eltern, denn die Briefe, in denen wir die Dinge ansprechen, sind nicht zum Abschicken bestimmt.

Vielleicht haben wir alte Fotos zur Hand, die uns dieses Ausspre- chen erleichtern. Wir stellen sie vor uns auf oder legen sie neben das Briefpapier, damit sie uns inspirieren.

Zwischendurch machen wir Pausen, sitzen für einige Minuten still da und konzentrieren uns auf unseren Atem, ein und aus, ein und aus. So können wir uns wieder beruhigen.

Vielleicht spüren wir während des Schreibens die Notwendigkeit, unsere Wut herauszulassen. Wir können ein Kissen knautschen, auf es draufhauen und dabei unsere Kraft spüren. Wir können ins Freie gehen und uns Luft und Freiraum verschaffen. Danach kommen oft die Tränen. Wir lassen sie fließen und trösten unser inneres Kind. Unser inneres Kind braucht unsere ganze Liebe.

Wir geben uns das Recht, unserer Mutter, unserem Vater zu sagen, wie wir gelitten haben. Dazu kann es nötig sein, es immer wieder in verschiedenen Variationen zu schreiben: Ich habe das Recht, dir, meiner Mutter zu sagen, wie sehr du mich verletzt hast. Ich habe das Recht, diese ganze Wut und Not, diesen Hass aus mir herauszulassen. Ich habe das Recht, frei zu sein von quälenden Erinnerungen und Gefühlen. Ich darf glücklich werden. Ich darf euch Eltern zurückgeben, was nicht zu mir gehört; dass es euch selbst schlecht ging, hat euch nicht berechtigt, so mit mir umzugehen.

Es kann Wochen und Monate, ja Jahre dauern, bis wir gewagt haben, alles zu sagen oder zu schreiben, zu zeichnen, zu kritzeln: was geschehen ist, wie wir es erlebt haben und was unsere Bedürfnisse waren. Der Sinn dieser Arbeit ist, uns von der erlittenen Gewalt zu befreien. Der wertende, anklagende, verurteilende Stil wird sich mit der Zeit erschöpfen, weil wir unsere heftigen Gefühle langsam loswerden. Es ist für uns auf Dauer zu anstrengend, sie festzuhalten. Wenn die heftigen Gefühle abflauen, ist es Zeit, dass wir uns unseren Bedürfnissen, unseren Wünschen widmen.

Wir äußern gegenüber unserer Mutter, unserem Vater, was wir damals gebraucht hätten, was wir uns gewünscht hätten – damit sind wir im engen Kontakt mit unserem inneren Kind. Unsere Eltern haben ihm damals nicht geben können, was es brauchte. Heute können wir es selbst tun.

Wir vergegenwärtigen uns immer wieder, wozu wir diese Arbeit auf uns nehmen. Wir möchten uns befreien von Altlasten und mit unseren inneren Eltern ins Reine kommen. Wir möchten nicht durch Hass und Wut unauflöslich an sie gebunden bleiben, sondern frei werden für unser eigenes Leben. Es ist dieser Wunsch, an dem wir uns orientieren.

Eine gute Form ist das Schreiben eines oder mehrerer Briefe an die Mutter, den Vater, die Eltern. Wir spüren selbst, wem ein Brief zu gelten hat, und vertrauen auf unser Gefühl. Wir schreiben offen und schonungslos, wie wir die Dinge erlebt haben. Wir schreiben in der Ich-

Form. Wir teilen der Mutter, dem Vater mit unserer heutigen Einsicht mit, was wir in dieser und jener Situation empfunden und erlitten haben. Es gilt, die Fakten einzeln beim Namen zu nennen und zu schildern, wie es uns damals dabei ergangen ist. Es ist unvermeidlich, dass wir den Schmerz, die Verletzung wieder spüren. Wir werten nicht, wenn immer möglich; vielleicht benötigen wir dazu mehrere Briefentwürfe. Wir verallgemeinern nicht, so gut es geht. Wir schreiben ganz persönlich und aus dem Gefühl heraus, was wir erlebt haben.

Wir werden diesen Brief bzw. die Briefe nicht absenden. Sie dienen unserer eigenen Klärung und Vorbereitung. Nach dem Schreiben deponieren wir sie an einem sicheren Ort. Später können wir sie verbrennen oder vergraben. Hasserfüllte Briefe können wir, brauchen wir jedoch nicht aufzubewahren. Sie haben nach dem Niederschreiben ihre Funktion erfüllt. Wenn wir mögen, können wir uns auch vorstellen, dass uns die angesprochene Person antwortet, und zwar in einem verständnisvollen und wohlwollenden Ton. Wir schreiben uns in diesem Fall Briefe und Antworten. Wenn wir den verständnisvollen und wohlwollenden Ton in unseren Briefen realisieren können, sind wir gut vorbereitet.

Wer nicht schreiben mag, kann es mündlich ausdrücken, und zwar mit der ganzen Enttäuschung und Wut, die vorhanden sind. Vielleicht erscheint es sinnvoll, das Ganze auf Band aufzunehmen und beim Überarbeiten vorherige Passagen nochmals zu hören und sie dann zu überspielen.

Es mag hilfreich sein, sich dabei körperlich zu bewegen. Noch besser, als in der eigenen Wohnung auf ein Kissen zu schlagen, ist ein Spaziergang in der freien Natur, wo wir laut reden, schreien und uns bewegen können. Die Gefühle brauchen Auslauf, wir steigern uns aber nicht in sie hinein. Die Natur, die immer wieder Leben und Tod und Auferstehung verkörpert, mag uns dabei hilfreich sein. Es wird immer wieder Herbst und Winter, und es wird immer wieder Frühling und Sommer. Genauso ist es mit Tag und Nacht. Das eine ist ohne das andere nicht möglich.

Nicht werten, nicht urteilen

Man kann drastische Dinge ausdrücken ohne zu werten, ohne zu richten, ohne zu verurteilen. Unsere Worte haben umso mehr Kraft und Durchsetzungsvermögen, wenn wir sie frei halten können von Wertungen. Wertungen und Urteile sind zumeist Projektionen; sie verdecken offene Wunden, nicht anerkannte Schmerzen und unterdrückte Bedürfnisse. Wenn wir lernen, immer weniger zu werten, nähern wir uns mehr und mehr uns selbst.

Die nicht wertenden, nicht urteilenden Botschaften oder Briefe öffnen den Weg in Richtung Versöhnung. Erst auf eine nicht wertende Botschaft kann eine nicht wertende, empathische Antwort kommen.[29]

• Eine Mutter schreibt ihrer Tochter: »Ich danke dir, dass du mir geschrieben und deinen Schmerz mit mir geteilt hast. Ich bin erschrocken. Ich hätte mir das nie vorgestellt. Es stimmt, dass ich dich nicht viel umarmt habe. Ich habe dich wenig berührt. Ich wusste nicht, wie man ein Kind liebkost. Ich habe Mühe mit Berührungen, denn meine Eltern haben mich nie berührt. Ich habe damals nicht darunter gelitten. Ich kannte Zärtlichkeit gar nicht und habe dir auch keine gegeben. Aber ich hätte nie gedacht, dass du so sehr darunter leiden würdest. Das tut mir weh. Sag mir, was ich tun kann, um dir zu helfen. Ich möchte es wieder gutmachen, denn ich liebe dich. Ich komme dich besuchen, wenn du möchtest, und dann können wir über alles miteinander reden.«

Wir können die Vergangenheit nicht ändern. Aber wir können unseren Umgang mit den Erinnerungen ändern, indem wir die Verletzungen anerkennen und aussprechen. Wer das erlebt hat, weiß, dass es ein völlig anderes Lebensgefühl ergibt. Eine Blockade ist abgebaut und die Energie kann wieder fließen.

Wie schwierige Gefühle zugelassen und gezähmt werden können

Bei starken bis überwältigenden Gefühlen haben wir Angst. Das ist eine normale Reaktion. Es ist die Angst, die Kontrolle über uns selbst zu verlieren. Dann kann alles Mögliche und Unmögliche geschehen. Das Unbekannte macht meistens Angst.

Um uns unseren Erinnerungen und Gefühlen zu stellen, brauchen wir ein Wissen und eine gewisse Übung damit, wie wir mit ihnen umgehen können, ohne dass sie uns überwältigen. Es werden in der Folge einige Möglichkeiten aufgezeigt. Es ist sinnvoll, sich solche herauszusuchen, die einen spontan ansprechen. In den meisten Übungen geht es darum, fürsorglich mit seinem inneren Kind umzugehen.

- **Verankerung in der Gegenwart:** Wenn schwierige Gefühle hochkommen und sie noch nicht zu sehr quälen und schmerzen, kann es hilfreich sein, sich durch etwas Alltägliches in der Gegenwart zu verankern (Blumen gießen, kochen, aufräumen). Dies hilft, das innere Kind zu integrieren und sich als Erwachsener wieder zu vergewissern.
- **Selbstgespräch:** »Ich habe überlebt. Ich lebe. Heute ist eine andere Zeit. Ich, Erwachsener, umarme mein inneres Kind. Es kann ihm nichts mehr passieren. Ich bin da.«
- **Dem Gefühl eine Gestalt geben:** Wir können dem schwierigen oder unangenehmen Gefühl eine Gestalt geben (Krokodil, Drache, Lawine etc.) und mit dieser Gestalt ein Gespräch führen. Wir können sie fragen, was sie uns lehren will. Vielleicht will uns diese Gestalt etwas geben (Kraft, Rat).[30]
- **Haus der Gefühle:** Wir können uns ein Haus vorstellen, in dem in jedem Zimmer ein Gefühl wohnt. Wenn das Gefühl nun zu schwierig zu ertragen ist, können wir es in sein Zimmer bitten, bis wir die Zeit und die Kraft haben, uns ihm zu stellen.[31]
- **Regulieren:** Gefühle fühlen sich heiß oder kalt an, wenn sie uns bedrängen. Wir können versuchen, wie bei einem Heizungsregler die Temperatur hinunter- oder hinaufzuregulieren.

- **Innere Beobachterin oder innerer Zeuge:** Wir können uns selbst beobachten, wir können auch unsere Gefühle beobachten. Wir sind mehr als das Gefühl, das uns quält. Die innere Beobachterin oder der innere Zeuge ist auch ein Teil von uns. Durch Übungen können wir ihn zu einer kompetenten Beobachterin, einem kompetenten Zeugen machen.[32]
- **Begegnung mit dem inneren Kind** (vgl. S. 86 ff.)[33]
- **Schmerzmeditation:** Wir schließen die Augen und beginnen zu spüren, wo sich das Gefühl im Körper zeigt (Herz, Brust, Kopf, Unterleib etc.). Wir bringen unsere Konzentration auf diese Stelle bzw. diese Stellen und lassen sie im sanften und steten Ein- und Ausatmen weich werden. Wir halten den Schmerz nicht fest, sondern lassen ihn frei flottieren. Wir versuchen, die Bewegung als Wandel zu erleben, wieder und wieder. Die Körperstelle wird weich und öffnet sich in den Körper hinaus. Wir spüren diesem Weichwerden und Öffnen nach.[34]
- **Wärme und Geduld atmen:** Wir konzentrieren uns auf die Brustgegend und atmen in unser Herz hinein und aus unserem Herzen hinaus. Mit jedem langsamen Einatmen atmen wir Wärme ein. Mit jedem langsamen Ausatmen atmen wir Geduld aus. Jede Einatmung vertieft die Qualität von Wärme, die uns Vertrauen zu uns selbst und Zuversicht für unseren Entwicklungsprozess schenkt. Jedes Ausatmen ermöglicht uns Geduld für die Zeit, die unser tiefer Wachstums- und Reifungsprozess braucht. Jedes Einatmen nährt uns, jedes Ausatmen erlaubt, dass wir uns öffnen für das, was geschehen wird.

In diesen Übungen lernen wir, uns und unsere Gefühle zu akzeptieren. Erst wenn wir sie akzeptieren, sind wir bereit für Wandel und Veränderung. Das Akzeptieren geschieht nicht im Verstand, sondern im Herzen. Wenn wir das Herz mehr und mehr öffnen können, werden wir merken, dass wir bejahen können, was uns im gegenwärtigen Moment geschieht und was früher geschehen ist. Darauf und dass das Herz immer Ja sagt, werden wir im zweiten Teil des Buches noch stärker eingehen.

Akzeptieren bedeutet, unsere Gedanken loszulassen. Das, was wir Schmerz nennen, ist in der Regel der intensive Widerstand gegen das Unbehagen, den Druck, die Pein. Es ist der Widerstand im Bewusstsein, im Denken, der schmerzt. Zulassen und Anerkennen gestatten, die Gedanken loszulassen, und setzen neue, heilende Gefühlsqualitäten frei.

Wenn wir während oder nach diesen Übungen traurig werden, lassen wir es zu. Trauer ist ein natürlicher Prozess um das, was früher geschah oder was nicht hatte angenommen werden können. Damit wird auch die Verantwortung für die eigenen Gefühle und Reaktionen übernommen. So kann ein Mensch aus dem Opferstatus herausfinden und sich der eigenen Kindheit und dem inneren Kind versöhnlich annähern. Dazu gehört auch die Begegnung mit den inneren Eltern.

Trauern um das Vergangene

Freundlichkeit mit uns selbst mag der schwierigste Weg sein, den wir je gegangen sind, weil er so unerforscht ist. Wir erleben wenig Unterstützung für diese Art, mit uns umzugehen.

Stephen Levine

Wenn wir uns unserer alten Verletzungen und Enttäuschungen bewusst geworden sind, so hilft Trauern, den Schmerz zu beruhigen und Vergangenes zur Ruhe zu legen. Es ist nicht möglich, an schmerzlichen Gefühlen festzuhalten, ohne dabei Schaden zu nehmen. Trauer ist der Prozess, das, was geschah, anzunehmen und ins eigene Leben hineinzunehmen. Es ist auch das Trauern um das, was nicht möglich war, die Trauer um das ungelebte Leben. Der Trauerprozess braucht Zeit. Er ist ein Läuterungsprozess. Im Trauern können wir uns nach und nach lösen von den Enttäuschungen, Erwartungen und Illusionen unserer Vergangenheit. Trauer besteht aus Verzweiflung, Wut, Scham, Schuld, Groll und bedeutet ein langsames Abschiednehmen. Elisabeth Kübler-Ross hat in Gesprächen mit Menschen, die sich vom Tod bedroht fühlen, fünf Trauerphasen herausgearbeitet, die auch für Trauernde Geltung haben. Es sind 1. Nicht wahrhaben Wollen, 2. Zorn, 3. Verhandeln, 4. Depression bzw. Abschiednehmen und 5. Zustimmung bzw. Integration ins eigene Leben. Diese Phasen können sich überschneiden, markieren aber in jedem Trauerprozess wichtige Stationen, die nicht übersprungen werden können.

Die Erschütterung durch die Trauer bewirkt seelische Wandlung. Im normalen Fall, wenn die verschiedenen Phasen aufeinander folgen, ist Trauer heilsam und lebensfördernd. Im krankmachenden Fall, wenn jemand in einer der erwähnten Phase stecken bleibt, ist sie lebenshindernd und braucht entsprechende therapeutische Begleitung. Herman Lewis hat darauf hingewiesen, dass bei Überlebenden bzw. Opfern oft beobachtet werden kann, dass sie nicht trauern wollen, aus Angst, aber auch aus Stolz heraus. Die Resistenz gegen Trauer kann magische Wünsche nach Vergebung und Versöhnung, aber auch nach Rache wecken. Rache wird als Umkehrung der Rollen und als Erleichterung empfunden. Auch unrealistische Vergebungs- und Versöhnungsfantasien sind Versuche, Ohnmacht und Wut in Bezug auf den oder die Täter zu überwinden. Aber ein Trauma kann weder durch Hass noch durch Wut vertrieben werden. Es gibt keinen Weg an der Versöhnung mit sich selbst vorbei. Opfer, die ihr Trauma betrauern konnten, teilten mit, wie unwichtig der Täter dadurch für sie wurde.[35]

Trauern ist ein kreisförmiger Prozess mit unterscheidbaren Phasen, geht in Wiederholungen vor sich und schließt Rückfälle immer schon mit ein. Erinnerungen, z. B. durch Jahresdaten, verstärken die Trauer. Trauern bedeutet im Zeitablauf, dass wir schließlich anerkennen, was in unserem Leben geschehen ist. Es gehört fortan zu uns. Es kann mit Angst verbunden sein, weil wir erkannt haben, dass sich die Welt zuweilen gegen uns wendet und es keine Sicherheiten gibt.

• Ingrid erzählt: »Als ich vierzehn Jahre alt war, versuchte mein Vater, sich das Leben zu nehmen. Der Suizidversuch misslang. Das Leben ging weiter, ohne dass wir je in der Familie darüber gesprochen hätten. Ich zeigte auch nie meine große Wut, die ich bis heute in mir trage. Weshalb wollte er uns das antun? Weshalb wollte er weg aus seinem Leben? Warum? Hätten wir ihm helfen können? Seit jenem Ereignis vor zehn Jahren habe ich begriffen, dass es Situationen gibt, in denen man nicht helfen kann und es nur darum geht zu akzeptieren. Seither beschäftige ich mich mit Suizid. Es ist, als ob ich nie aufhören könnte zu trauern. Und zu versuchen zu verstehen. Antworten zu finden auf alle die nicht beantwortbaren Fragen. Ich suche immer neue Worte für die Trauer, damit sie nicht erstarrt. Manchmal wird die Trauer dadurch leicht. Vielleicht werde ich sie eines Tages wie eine Hülle fallen lassen.«

Wenn der Schmerz losgelassen werden kann, wird Heilung in der Selbstfindung möglich. Trauer macht weich und versöhnlich. Bei Menschen, die lange genug getrauert und die Trauer in ihr Leben integriert haben, tritt eine Veränderung ein. Sie wirken nachdenklich, dankbar und mehr nach innen gerichtet als zuvor. Das Vergangene gehört zu ihnen, ohne dass es weiter schmerzen muss. In den Beziehungen zu anderen verleihen sie mehr Anerkennung und Respekt. Sie haben den Trauerprozess durch die Versöhnung mit sich selbst abgeschlossen.

Was – wenn alles gut geht – nach vollzogener Trauer um das mit den Eltern Erlebte und Vorenthaltene bleibt, sind Zärtlichkeit, Vertrauen und Achtung als Zeichen von verletzlichem Gleichgewicht. Letztlich geht es dabei auch um das Annehmen unserer eigenen Endlichkeit und des Todes. Es ist die Versöhnung mit dem späteren großen Abschied.

Die lebenden Eltern um eine Begegnung bitten

Es ist ein bedeutsamer Schritt, die realen, lebenden Eltern (oder die Mutter, den Vater) um eine Begegnung zu ersuchen. Wir möchten ihnen von uns erzählen und sie bitten, uns zuzuhören.

Wir unternehmen den äußeren Schritt auf die Eltern erst zu,

- wenn wir uns zuvor mit den inneren Eltern hinreichend versöhnt haben,
- wenn wir unser inneres Bild von den Eltern und der Familie klären konnten und unbewusste Bindungen erkennen,
- wenn wir unser Leiden und unsere Trauer, soweit uns das möglich ist, durchgestanden haben,
- wenn wir die Wertungen weitgehend aufgegeben haben und
- wenn wir unsere eigenen Bedürfnisse – als Kind wie auch als erwachsene Person – kennen und darauf adäquat reagieren können.

Es soll eine Begegnung in Klarheit und Liebe werden. Eine Eskalation mit gegenseitigen Vorwürfen und Beschimpfungen würde uns nur schaden. Es soll ein Gespräch sein, um uns in unserer heutigen Größe zu zeigen und wichtige Dinge zur Sprache zu bringen, die die Eltern nach unserem Empfinden wissen sollten. Es soll dazu dienen, unsere Abhängigkeit von den Eltern auch in der äußeren Realität zu lösen und ihnen auf gleicher Ebene in neuer Weise zu begegnen. Wenn es zu schwierig erscheint, dann ist der Zeitpunkt für die Versöhnung noch nicht gekommen. Das mag je nach der Schwere der Altlasten und dem Wunsch, sie loszuwerden, hart zu akzeptieren sein. Aber es ist der einzige gangbare Weg. Versöhnung hat ihre ganz besonderen Regeln. Sie kann nie eingefordert und erzwungen werden, sondern sie geschieht, wenn der Zeitpunkt stimmt und der Raum dafür vorhanden ist.

Erfahrungen zeigen, dass es für Eltern sehr schwierig ist, sich einzugestehen, dass sie Fehler gemacht haben. Und sie werden dies erst recht kaum tun, wenn sie Vorwürfe und Aggression spüren. Dann werden sie sich rechtfertigen und ihrerseits Verständnis einfordern. Sie werden sich möglicherweise schuldig fühlen, dies aber nicht zugeben wollen. Letztlich erwarten wir bei einer solchen Begegnung mit den Eltern deren Empathie, nämlich ihre Einfühlung in unser damaliges Leiden. Empathie ist eine reife Leistung. Sie setzt Respekt und Vertrauen voraus.

Je mehr wir jede Wertung, jedes Urteil sein lassen können und uns an unser Erleben und die Fakten halten, desto größer sind die Chancen, dass die Eltern darauf einsteigen können. Wir können sie mit einem entsprechenden Brief, den wir diesmal abschicken, auf unser Anliegen vorbereiten.

Es mag unser Anliegen sein, von ihnen eine Anerkennung, eine Respektbezeugung dessen zu erbitten, was wir damals gelitten haben, was sie uns zugefügt oder vorenthalten haben. Vielleicht fühlen wir, dass wir von ihnen eine Entschuldigung und eine Wiedergutmachung brauchen. Wir müssen uns ganz genau darüber im Klaren sein, was wir brauchen, aber auch was wir vor uns selbst verantworten können. Wir tragen die volle Verantwortung für diesen Schritt auf die Eltern zu. Es ist unser Anliegen und wir sind darauf vorbereitet, die Eltern nicht. Vielleicht ist den einen Eltern gar nicht bewusst, dass sie ihrem Kind nie Liebe gegeben haben. Vielleicht aber erinnern sich andere, dass sie ihr Kind gehasst haben, dass es ihnen im Weg stand und zuviel war. Vielleicht standen ihre eigenen Sorgen im Vordergrund. Oder sie haben Liebe mit Fürsorglichkeit oder Verwöhnung oder Bestrafung verwechselt. Oder damit, dem Kind eine gute Ausbildung zu ermöglichen. Oder sie wollen und können sich überhaupt nicht mehr erinnern.

Es mag sein, dass wir noch so geschickt vorgehen und nicht verhindern können, dass die Eltern ihr damaliges Verhalten verteidigen. Es gibt Eltern, die ihren Kindern gar nicht zuhören können, ohne nur von sich zu reden. Sie rechtfertigen sich laufend, fühlen sich schuldig und entschuldigen sich – sie reden ständig von sich und hören gar nicht richtig zu. Sie sind gefangen in ihrem Egozentrismus und bringen kein Quentchen Empathie auf. Sie zeigen damit ihre Abhängigkeit und ihren Mangel an Selbstbewusstsein und innerer Sicherheit. Solche Eltern schützen sich mit ihren Verteidigungen nicht vor den »Anklagen« und »Aggressionen« ihrer erwachsen gewordenen Kinder, sondern sie verbergen damit ihre eigenen Ängste, versagt zu haben, nicht geliebt zu haben, nicht richtig gewesen zu sein. Sie treten gewissermaßen die Flucht nach vorn an.

Wenn die Bedürfnisse von Kindern und Eltern miteinander

kollidieren und die Begegnung in Streit ausartet; wenn beide Seiten jeweils nur »Und ich?« rufen, wird es schwierig. Es sind dann auf beiden Seiten die verletzten Kinder, die rufen und schreien. Einer solchen Situation kann – zumal wenn sie gefürchtet wird – vorgebeugt werden. Es ist möglich, vor einem solchen Besuch das innere Kind in der eigenen Vorstellung in Sicherheit zu bringen und bewusst als erwachsene Person mit den entsprechenden Möglichkeiten und Fähigkeiten aufzutreten. Das Ziel des Besuchs ist nicht die Abrechnung, sondern es geht um Begegnung, um Ablösung und um Neuanfang.

Wenn die Eltern in der Lage sind, die Leiden des früheren Kindes und der jetzt erwachsenen Person anzuerkennen, kann die Heilung des Schmerzes der Vergangenheit weiter voranschreiten. Dann wird der Weg frei zur Annäherung in Vertrauen und Respekt. Dann kann man sich gegenseitig sagen, dass man eine schwierige Geschichte hat und dass es vergangenes Leiden gibt. Man kann es gemeinsam anerkennen. Und man kann sich versichern, dass man in Respekt, Nähe und Liebe zusammen im Leben weitergehen möchte, im Wissen, dass Eltern und Kinder heute gleichwertig sind. Solche Begegnungen mit den Eltern sind keine magischen Akte. Sie sind der vorläufig letzte Schritt nach sehr langen Vorbereitungen. Weitere Schritte werden folgen. Die Heilung der Wunden hängt von der eigenen Befreiung von seinen negativen Gefühlen ab – und nicht von den Eltern.

»Nun kann ich es für mich tun«

Wenn wir uns den Begegnungs- und Versöhnungswunsch mit den Eltern nicht erfüllen können, haben wir immer noch die Möglichkeit, auf eine zu uns passende, eigene Art weiterzugehen, wie das folgende Beispiel zeigt:

• Helena, 30 Jahre alt, lebte seit ihrem Auszug aus dem Elternhaus vor zehn Jahren unversöhnt und ohne Kontakt zu ihren inzwischen getrennt lebenden Eltern. Sie hatte ihnen in Gedanken oft den Tod gewünscht. Sie wollte sie nie mehr wiedersehen und wies eine mögliche Begegnung oder gar Versöhnung mit ihnen weit von sich. Sie kam in die Therapie, weil sie nicht glücklich war. Die Eltern wurden immer wieder zum Thema. Alle meine sanften Hinweise darauf, dass sie sich mit dieser Unversöhnlichkeit selbst Schaden zufügte, liefen ins Leere. Ich habe das respektiert. Gleichzeitig achtete ich sorgfältig darauf, wo sie sich in anderen Beziehungen durch ihre Schuldgefühle und ihre Härte selbst schadete. Es wurde mit der Zeit immer besser möglich, mit ihr darüber zu reden. Mit wachsender Einsicht in ihre eigenen Begrenzungen und Möglichkeiten – noch immer unversöhnt mit den Eltern – beendeten wir die Therapie einvernehmlich.

Einige Jahre später begann sie eine therapeutische Zusatzausbildung und benötigte dazu weitere Selbsterfahrungsstunden. In der Arbeit an einigen schwierigen und schmerzvollen Beziehungen in ihrem Umkreis erkannte Helena immer klarer, welche Probleme zu ihr gehörten, welche zur anderen Person und welche sich in der gemeinsamen Beziehung manifestierten. Über Jahre hatte die Begegnung mit den inneren Eltern immer wieder eine Rolle gespielt bei ihr, sei es im inneren Dialog oder in Briefen. Bei einer Kirchenfeier kaufte sie eine Kerze und dachte zu ihrem eigenen Erstaunen, dass sie sie ihrem Vater schenken wollte. Sie vergaß es wieder. Monate später lud der Vater, wie jedes Jahr, alle seine Kinder in einem Rundschreiben zu einer Adventsfeier zu sich ein. Helena war nie hingegangen und wollte es auch dieses Jahr nicht tun. Sie hatte jedoch die Idee, ihrem Vater diese Kerze zu schicken. Dann tauchte die Frage auf, ob sie der Mutter auch eine Kerze schenken sollte. Sie kam mit der Frage in die Therapie, was wohl das Beste wäre, da doch noch nie in ihrem Leben freundliche Gesten bei ihren Eltern gut angekommen seien. Im Gespräch wurde ihr bewusst, dass sie für sich selbst Vater und Mutter je eine Kerze schenken wollte und dass deren Reaktion darauf in deren Verantwortung liege und sie nicht zu kümmern brauchte. »Nun kann ich es für mich tun«, war ihr Kommentar.

● Es kann fast ein Leben dauern, bis man sich seinen Eltern und seinem inneren Kind zuwenden kann. Der israelische Schriftsteller Amos Oz war über sechzig Jahre alt geworden, bis er die unheilvolle Geschichte seiner Kindheit und Familie in einem Buch niederschreiben konnte. Als er zwölf Jahre alt war, brachte sich seine als schön und traurig beschriebene Mutter im Elternhaus um. Es folgten lange Jahre des Hasses auf die Mutter, weil sie ihn verlassen hatte, und noch längere Jahre des Selbsthasses, weil er es wert war, verlassen zu werden. Erst nach der Überwindung von Hass und Selbsthass – er war unterdessen ein berühmter, geachteter Schriftsteller in fortgerücktem Alter geworden – wagte es Oz, sich dem schwarzen Loch seiner Kindheit anzunähern. Warum hatte die Mutter sich umgebracht? Um diese Frage beantworten zu können, musste er ihre Geschichte erzählen. Erzählen heißt verstehen wollen, und verstehen wollen heißt erzählen. Wo kommt ein Mensch her? Oz' Mutter war eine Überlebende, die mit der Flucht aus der Ukraine ihr Leben retten konnte. In Israel, wo sie später lebte, war sie nie glücklich gewesen. Ihr schreibender Sohn erinnerte sich an die Bürde, die ihm seine Eltern auferlegten, nämlich deren Versagen durch Erfolge zu kompensieren. Er tat es. In seiner späten Hommage an seine Eltern lieferte er ausführliche Schilderungen der Familiengeschichte, um dadurch seinen Eltern und auch sich selbst Ehre zu erweisen. Er schrieb so ausladend und pietätvoll wie sein Vater redete: ununterbrochen, weil er Angst hatte vor dem Schweigen. Das Schreiben wurde zu seiner Begegnung mit den Eltern und auch zu seiner Befreiung aus der Verstrickung mit seinen Wurzeln.[36]

● Catherine, eine vierzigjährige Journalistin, räumte nach dem Tod ihres Vaters und ihrer Stiefmutter das Haus ihrer Kindheit. Auf dem Dachboden fand sie eine mit einem Seidenband zusammengebundene Hutschachtel, auf der ihr Name stand. Sie erinnerte sich, dass ihr Vater ihr diese Schachtel zu ihrem 21. Geburtstag hatte schenken wollen. Doch Catherine hatte diese Schachtel zurückgewiesen, weil sie ihre Stiefmutter liebte und sie nicht verletzen wollte. Catherines Mutter, die wenige Monate nach der Geburt von Catherine gestorben war, hatte die Schachtel für ihre Tochter hinterlassen. Fast zwanzig Jahre später öffnete Catherine nun diese Schachtel und fand darin rätselvolle Dinge, die sorgfältig nummeriert waren: eine Muschel, ein alter Spiegel, ein durchsichtiges Plastiktäschchen mit drei Federn, ein silbernes Halsband, das Catherine von Fotos ihrer Mutter kannte, ein kleiner Rucksack mit einer Landkarte, ein roter Hut, ein abgegriffenes kleines Buch mit Adressen, aber ohne Namen, ein Farbkasten (Catherine erinnerte sich, dass man erzählte, ihre Mutter habe Aquarelle gemalt), ein Landschaftsaquarell und ein offensichtlich aus einem Kunstband herausgerissenes Bild einer Mutter mit ihrem Kind. Angeregt von diesen Gegenständen, die sie nicht interpretieren konnte, aber als Mitteilungen an sie selbst verstand, ging Catherine auf die Reise, ja reiste rund um die Welt und erschuf sich ihre Mutter – und sich selbst. Mutters Schachtel verfolgte ein Ziel – für sie selbst. Catherine erschuf sich ihr eigenes Ziel – für sie selbst. »Und keine von uns wird je sicher sein, was das Anliegen mit dieser Schachtel war. Außer dass es den Schmerz lindern und eine Verbindung schaffen sollte. Gibt es Besseres?«[37]

Auch konstruktiv verlaufende Begegnungen mit den Eltern sind keine magischen Wundermittel, die das Leben der erwachsenen Kinder verändern. Sie kennzeichnen eine gemeinsame Wegstrecke, auf der man sich einander anzunähern vermochte. Im besten Fall dienen sie einer versöhnlichen Beziehung und einem harmonischeren, vertrauten Weitergehen. Die Heilung der Wunden jedoch hängt von der eigenen emotionalen Befreiung ab – nicht von dem Verhalten der Eltern.

5. Geschwister – wie Versöhnung entstehen kann

Jedes Geschwister ist ein einzigartiges Wesen. Durch seine Geburt und sein Aufwachsen erlebt es eine einzigartige Familie. Jedes Geschwister hat eine andere Familie – auch wenn dies nur an Nuancen der Wahrnehmung liegt. Unter Geschwistern und in Familien wird oft versucht, familiäre Personen miteinander zu vergleichen: Der älteste Bruder ist wie der Vater, die jüngste Schwester schlägt der Großmutter nach etc. Mit diesen Vergleichen wird die Einzigartigkeit eines jeden Geschwisters zu wenig gewürdigt. Vergleiche sind meistens Anlass zu Geschwisterkonflikten. Abgrenzungs- und Selbstwerdungskämpfe können für lange Jahre unversöhnlich stimmen – bis die Sehnsucht nach einer Wiederannäherung zum Bruder, zur Schwester, zu den Geschwistern, immer größer wird.

Zwischen Wunsch und Abwehr

> *Die Hoffnung geht barfuß durch die Welt. Sie ist schon angekommen, wenn wir aufbrechen. Wir müssen sie stützen, damit sie nicht zusammenbricht. Wir müssen immer wieder ihre wunden Füße heilen. Wohin sie auch geht, sie kehrt zum Ende zurück, das wir für den Anfang hielten.*
>
> *Franz Hodjak*

Geschwisterbeziehungen bewegen sich nicht nur in der Kindheit und Jugend, sondern auch noch im Erwachsenenalter in der Spannung zwischen Ähnlichkeit und Unterschied, zwischen Wunsch und Abwehr. Geschwister sind füreinander begehrte Ähnliche und ganz Andere. Sie sind in dieser starken Ambivalenz Spielgefährten, Rivalen, Geliebte und Gehasste, Vorbilder und Hindernisse. Bewusste und unbewusste Fantasien über die eigene Person, den Platz in der Familie und die Nähe oder Distanz zu Eltern und Geschwistern gestalten das Erleben. Die Bedeutung des geschwisterlichen Miteinanders im Spannungsfeld von »Ich bin wie du« und »Ich bin ganz anders als du« ist zentral. Durch diese Spannung wird die enge Verquickung von *Belebung* und *Bedrohung* verständlich, die nach meinen Erfahrungen Geschwister ein Leben lang begleitet.

Grundsätzlich kann man sich allen Menschen von der Wunsch- oder der Abwehrseite her nähern. Wunsch und Abwehr sind ein magisches Paar und spielen in den Geschwisterbeziehungen eine überragende Rolle.[38] Den Wünschen nach Nähe und Gemeinsamkeit, Lebendigkeit und Gleichsein stehen die unterschiedlichsten Abwehrformen gegenüber, die Schutz geben und Distanz schaffen sollen: Neid, Eifersucht, Abwertung, Gleichgültigkeit, Aggression, Hass. Im Erkennen der Wünsche und im Verwandeln von Abwehrformen gewinnt geschwisterliches Sein an Lebendigkeit. Wenn sich das in freiwilliger geschwisterlicher Begegnung ereignen und entwickeln kann, sind das ideale Möglichkeiten für die Entwicklung.

Oftmals wird die Begegnung von Geschwistern im Erwachsenenalter durch äußere Gründe wie Krankheit und Tod der Eltern oder eines Geschwisters oder durch Erbschaftsangelegenheiten zu einem Zeitpunkt notwendig, an dem die innere Bereitschaft zur Begegnung noch nicht vorhanden ist. Familiäre Verpflichtungen rufen Erinnerungen an frühere Regeln und Loyalitäten, an Bevorzugungen und Benachteiligungen wach. Das kann schwierige, ja belastende Situationen ergeben, bei denen geschwisterliche Beziehungen schweren Zerreißproben ausgesetzt sind.

Geschwister sein heißt, von klein auf aktiv soziale Fähigkeiten (Streit, Versöhnung etc.) zu üben und allmählich zu erkennen, dass Geschwister ähnlich und ganz verschieden sind – und dass sie sich ins Pfefferland wünschen möchten und einander dennoch heiß lieben. Kinder brauchen ihre Eltern, um das üben zu können. Erwachsene finden zu einem horizontal-geschwisterlichen Umgang, indem sie gemeinsam üben und zunehmend auf Hilfe »von oben«, von den Eltern und ihren Nachfolgern, verzichten. Ein Vertrauen in diese horizontale Kompetenz und deren Wachstum entstehen Hand in Hand.

Im Laufe des Erwachsenenlebens wird der Umgang mit Menschen der gleichen Generation immer wesentlicher. Über die Familie hinaus bekommen die sozialen Geschwister – die Freundinnen, Kollegen – im Leben immer mehr Bedeutung. Das vertikale Thema von »Daher bin ich so geworden« tritt zurück zugunsten des horizontalen Themas von »Wir gestalten als Gefährten und Kolleginnen Gegenwart und Zukunft«. Sich von Menschen auf gleicher Ebene gegenseitig anzuregen und anregen zu lassen ist ein anderer sozialer Prozess als der vertikale, von Eltern und Autoritäten vermittelte. Selbst im Alter geht es – neben der Weitergabe an die nachfolgende Generation und neben der Abhängigkeit mit umgekehrten Rollen – um die Geschwister/Peers und um Fragen, wie es andere machen, beispielsweise bei der Freizeitgestaltung und beim Wohnen im Alter.

Wo gehört Versöhnung hin?

Der Bruder zur Schwester: »Du konntest bleiben, ich musste gehen und so viel aufgeben.« Die Schwester zum Bruder: »Du hast mich verlassen, ich musste das alles ohne dich ertragen.«

Hans Sohni

Geschwister wählt man sich so wenig aus wie die Eltern. Geschwisterliche Bindungen werden denn auch oft als unausweichliche Abhängigkeiten geschildert, denen man entrinnen möchte sobald man kann. Man kann das tun. Allerdings besteht oft die unbewusste Tendenz, das was einem die Geschwister angetan oder vorenthalten haben, ein Leben lang einzufordern – von den Nachfahren der Geschwister. Stehen von Kindheit und Jugendzeit ungelöste Konflikte mit den Geschwistern an, liegt die unbewusste Versuchung nahe, diese mit selbst gewählten Menschen, mit Freundinnen, Partnern und Kollegen, anzugehen. Diese Rechnungen gehen selten auf. Das soll an zwei Beispielen verdeutlicht werden.

● Manfred, ein Mann in mittleren Jahren, leidet immer noch daran, dass ihn seine jüngere Schwester entthronte, als er drei Jahre alt war. Er liebt es nach wie vor, Sohn zu sein, und hasst es, Bruder zu sein. Noch als erwachsener Mann buhlt er um die Gunst der Mutter und straft die Schwester mit Gleichgültigkeit. Weder mit der Mutter noch mit der Schwester hat er kontinuierlichen Kontakt. Die familiäre Konstellation wiederholt er unbewusst in Arbeitsteams und Gruppen: immer ist er der Entthronte, der seine Enttäuschung an andere weitergibt. Was ihm an geschwisterlichen Beziehungen mit Kollegen und Freunden angeboten wird, verwirft er, weil sein Blick nur nach oben gerichtet ist. Er fühlt sich einsam und unbeachtet in seinem Unglück und unversöhnt mit sich selbst und anderen.

● Beata, Martha und Rita sind drei selbstständig arbeitende Soziologinnen, die sich in einer kleinen Projekt- und Beratungsfirma zusammengeschlossen haben. Nach einer euphorischen Startphase begannen sich Konflikte zu entwickeln. Die unterschiedlichen Persönlichkeiten und Arbeitsstile konnten nicht zu einer gemeinsamen Kraft werden. Die drei Frauen gerieten sich immer häufiger in die Haare. Die Konflikte entzündeten sich an Bagatellen, ließen sich nicht klären und alle drei blieben trotzig und unversöhnlich. Es war nicht mehr möglich, der gemeinsamen Arbeit nachzugehen. Die drei Fachfrauen waren nicht mehr Herrinnen ihrer selbst.

Dieses schwer erträgliche Gefühl, nicht mehr Herr seiner selbst zu sein, ist oft ein deutliches Indiz für einen verschobenen Konflikt. Der Konflikt wird nicht auf der Ebene ausgetragen, auf der er entstanden ist. Deshalb erweist er sich als unlösbar. Zuerst muss geklärt werden, wo der ursprüngliche Konflikt entstanden ist. Dann müssen beide Konflikte angegangen werden, erst der ursprüngliche und dann der verschobene.

Manfred war es nicht bewusst gewesen, dass er sein verzweifeltes Werben um die Mutter, die seine Schwester zu bevorzugen schien, und seine Gleichgültigkeit gegenüber der Schwester sein Leben lang in allen möglichen Situationen immer wieder inszenierte. Erst als er sein trotziges Unglück mit sich selbst und anderen nicht länger aushielt, suchte er Hilfe in einer Gruppentherapie. Das war sein Glück, denn die Gruppenmitglieder konnten ihm geduldig und immer wieder zeigen, wie er versuchte, sie in seine Muster einzuspannen. Sie konnten ihm auch wohlwollend aufzeigen, wie sehr er sich dadurch selbst schadete und in die Einsamkeit trieb. Sie boten ihm geschwisterliche Beziehungen an, auf die er nur sehr zögernd einging. Zu lange hatte er sich in seinen kindlichen Mustern verschanzt. Er brauchte viel Zeit für eine Veränderung und Versöhnung mit sich und seiner Familie.[39]

Bei den drei Soziologinnen deckte eine Teamberatung bei zwei der drei Frauen ungelöste Konflikte mit ihren Schwestern auf. Beide Kolleginnen hatten von ihren Schwestern nie die Anerkennung erhalten, die sie sich gewünscht und um die sie sich bemüht hatten. Massive Neidprobleme spielten mit hinein. Die unerfüllten Wünsche und die Schwesternkonflikte hatten sich in der Dreiergruppe destruktiv inszeniert. Die beiden Frauen hatten ungelöste Geschwisterkonflikte auf das Team projiziert und dort ausagiert. Die Dritte konnte sich aufgrund ihrer psychischen Struktur nicht heraushalten. Erst als das tiefer liegende Problem erkannt war (dass hinter dem Konflikt zwischen den »Schwestern« im Team der alte Konflikt mit den Schwestern in der Familie stand), konnten die drei Frauen wieder zusammenarbeiten. Der Klärungsprozess verlief im Dreischritt von nicht wertendem Kräftemessen, gegenseitiger Anerkennung und identitätstützender Solidarität.

Es gibt oft Geschwisterkonflikte, die nicht als solche erkannt und unbewusst auf der horizontalen Ebene der Kolleginnen, Freundinnen – d. h. der nachfamiliären Geschwister – ausgetragen werden. Es kann sein, dass die wirklichen Geschwister nicht zur Verfügung stehen (wollen) oder dass nicht gewagt wird, sich mit ihnen auseinanderzusetzen. So wird der Konflikt an einen anderen Ort verschoben, wo er selten bis nie zufrieden stellend gelöst werden kann. Die beiden Beispiele zeigen, dass an den Orten, wohin die Konflikte verschoben wurden, ebenfalls Konflikte entstanden, sodass die Situation noch schwerer wurde, als sie ohnehin war. In solchen Situationen müssen die Konfliktherde sorgfältig analysiert und anerkannt werden. Das ist oft nur mithilfe einer dritten, unabhängigen Person zu leisten.

Der Groll oder die Enttäuschung, die der früheren Person gilt, ist ernst zu nehmen. Ebenso die Tatsache, dass viel Energie verbraucht wurde, um ihn verdrängt zu halten, damit er nicht ständig schmerzte. Erst wenn ein solcher Konflikt gesehen und anerkannt wird, kann überlegt werden, wie es weitergehen könnte. Nun sind mindestens zwei Konfliktherde da: der frühere und der aktuelle, auf den der alte verschoben wurde. Die Versöhnung, die notwendig wird, gehört zum einen der heutigen und der früheren Person. Dann kann zum anderen die ganze Aufmerksamkeit und Versöhnungsbereitschaft der Gegenwart und den dortigen Partnern zugewandt werden. Das sind Bearbeitungen, die ihre Zeit brauchen. Versöhnung ist ein Reifungsprozess.

In der Familie sind ebenfalls Konfliktverschiebungen möglich. Was mit den Eltern hätte ausgetragen werden müssen, wird zum Konflikt zwischen den Geschwistern. Dabei waren die Eltern in der Regel aktiv, wenn auch unbewusst an dem Konflikt beteiligt, hielten sich aber aus ihm heraus und ließen die Geschwister aneinander geraten. Auch hier gilt, was nicht genug betont werden kann: Konflikt- und Versöhnungsarbeit muss dort geleistet werden, wo sie hingehört. Das ist oft nicht einfach herauszufinden, und dann wird ein Konflikt oft unangemessen heftig oder übermäßig bedrohlich.

Wenn die Versöhnung mit den inneren Eltern genügend weit gediehen ist, wird es möglich zu erkennen, was vom Konfliktpotenzial zu den Eltern und was tatsächlich zu den Geschwistern gehört. Bei konfliktvollen Geschwisterbeziehungen ist es angebracht, dieselben Versöhnungsschritte, die mit den Eltern geleistet wurden, auch mit den einzelnen Geschwistern zu versuchen. Als Austragungsort für Geschwisterkonflikte eignen sich Geschwisterselbsterfahrungsgruppen und Geschwistertherapien besonders gut. In Gruppen von Erwachsenen, die keine Geschwister sind, können sich die Geschwisterkonstellationen und -konflikte mit den Gruppenmitgliedern inszenieren und werden dadurch direkt und unmittelbar bearbeitbar. In Einzelarbeit und Einzeltherapie sind sie aufwändiger anzugehen, wie ein Beispiel weiter unten zeigen wird. In der Geschwistertherapie sind die leiblichen Geschwister beieinander. Nach meiner Erfahrung gibt es drei wichtige Themen; erstens das gemeinsame Loslassen: Loslassen der Eltern, Loslassen von Kränkungen und Enttäuschungen, Loslassen von Illusionen, was sein könnte; zweitens die gemeinsame Trauer um Verlorenes, Nichtgehabtes, Verpasstes, Erlittenes; drittens die Annäherungsphase: nicht-wertendes Nebeneinanderstellen der unterschiedlichen Einstellungen, Anerkennen des Verschiedenseins und der Ähnlichkeiten, gegenseitige Ergänzung und Verbundenheit. Die Annäherung wird zu einem je eigenen und gemeinsamen Prozess. Nun ist der Weg offen.[40]

Versöhnung unter Geschwistern

Immer wieder die Fäden in den Griff bekommen, die einen verbänden mit dem Dahingegangenen, Unwiederbringlichen, das doch präsent, nicht wegzuschaffen sei.

Gerhard Meier

Versöhnung unter Geschwistern ist wichtig, weil unversöhnte Beziehungen alle weiteren Beziehungen auf der Horizontalen derselben Generation beeinträchtigen.

Liebe, Hass und mögliche Versöhnung verlaufen unter Geschwistern und zwischen Kindern und Eltern in unterschiedlicher Weise. Ich möchte an dieser Stelle kurz zusammenfassen, was ich andernorts ausführlich dargestellt habe.[41] Bei den Geschwistern fällt die Generationengrenze als Machtfaktor weg, vorausgesetzt, die Altersunterschiede unter Geschwistern sind nicht zu groß. Liebende Zuneigung unter den Geschwistern eröffnet in der horizontalen Verbundenheit und in der Abgrenzung von den Eltern einen Raum von Unabhängigkeit und Solidarität für die Bewältigung des Lebens. Sie weckt aber auch Bedrohung des Selbst- und Eigenseins durch die Ähnlichkeit mit den anderen. Zudem lauert in der nach unten offenen Geschwisterreihe immer die Angst, störend und gar überflüssig zu sein. Der Hass unter den Geschwistern ist der von Todesängsten geprägte Kampf um Selbstbehauptung und ums Überleben; er oder ich, sie oder ich. Gleichgeschlechtlichkeit unter den Geschwistern verstärkt in der Regel diese bedrohlichen Gefühle. Schwierige Geschwisterbeziehungen verlaufen in großer Heftigkeit und werden wahrscheinlich aus diesem Grund von vielen Therapeuten vernachlässigt bzw. gefürchtet. Liebeswünsche und Vernichtungsfantasien unter Geschwistern werden oft auch vorschnell und unzutreffend als Autoritäts- und Abhängigkeitsprobleme elterlicher Herkunft und Prägung verstanden, wobei dem Geschwisterlichen als eigenständigem Erleben zu wenig Rechnung getragen wird.

Die Geschichten von Kain und Abel, Jakob und Esau berühren einen höchst bedrohlichen existenziellen Kern, der in jeder Geschwisterbeziehung zumindest latent vorhanden ist. Interessanterweise führen schwesterliche Beziehungen in Märchen (*Einäuglein, Zweiäuglein, Dreiäuglein* sowie *Schneeweißchen und Rosenrot* als Beispiele Grimm'scher Märchen) oft zu einem versöhnlichen Ende. Ich vermute, dass es die kulturelle Prägung der Märchenerzähler ist, die Hass und Totschlag eher bei den Brüdern und Versöhnung bei den Schwestern angesiedelt hat. Dasselbe gilt für die Bibel. Die Geschichten von Kain und Abel sowie Jakob und Esau haben keine weiblichen Parallelen. Doch auch Brüder sind versöhnungsbereit und auch Schwestern können gewalttätig sein. Die Art, wie wir Menschen seit Jahrhunderten denken und schreiben, prägt das Erleben von Beziehungen. Allerdings sind kulturelle Stereotype in den letzten Jahrzehnten vor allem durch feministische Forscherinnen grundlegend aufgearbeitet worden.

Liebeswünsche und Vernichtungsfantasien unter Geschwistern bilden einen eigenständigen Gefühlsbereich. Sie dürfen nicht allzu schnell als Autoritäts- und Abhängigkeitsgefühle elterlicher Herkunft und Prägung verstanden werden. Auch wenn die Eltern oft Geschwister untereinander ausspielen und damit Konflikte induzieren, gibt es doch eine relativ unabhängige Geschwisterebene, auf der eigene Gesetze gelten. Es sind, wie erwähnt, jene von Verschiedenheit und Ähnlichkeit, von Überleben und Selbstbehauptung, von Kräftemessen in der Rivalität, die durchaus konstruktiv sein kann. Das

Durcharbeiten der Liebes- und Hassgefühle gegenüber Geschwistern fördert die Eigenständigkeit, die Überwindung von Hierarchien und die Zugehörigkeit zur eigenen Generation. Als Erwachsene gehören die Geschwister in einem verbindenden Sinn zueinander. Sie überleben in der Regel die Eltern und stehen nach deren Tod von selbst an vorderster Front. Und gerade dann kann sich nach meiner Erfahrung ein neues Versöhnungspotenzial unter den Geschwistern entfalten, ungestört von den Eltern. Es ist eine Art Solidarität der Überlebenden.

Auch bei Geschwistern kennen wir Stufen der Versöhnung. Es gibt die stille innere Bereinigung von alten Lebenskonflikten, die man endlich hinter sich lassen oder ablegen möchte. Still für sich vergibt man sich selbst und dem Bruder für das, was an Ungutem hin und her gegangen ist. Man schreibt ihm, von dem man ein Jahrzehnt lang nichts mehr gehört hat, eine Karte zum Geburtstag, erstmals wieder, und erhält eine Antwort von ihm. Oder: Man lädt die Schwester, auf die man immer neidisch war, zu einem Besuch ein und freut sich, wenn sie zusagt. Wenn sie nicht antwortet oder nicht zusagt, braucht sie mehr Zeit. Das ist zu respektieren.

Ich staune jedoch immer wieder darüber, wie dann, wenn ein Geschwister bereit ist zur Versöhnung, die Schwester oder der Bruder ebenfalls einlenkt und sich dazu bereit erklärt.

Die konkreten Vorbereitungen zur Versöhnung verlaufen entsprechend den weiter vorn dargestellten Schritten und sollen hier nur zusammengefasst dargestellt werden:

- erkennen, was ist,
- annehmen, was ist (beides sind langwierige Prozesse),
- die entsprechenden Erinnerungen und Gefühle zulassen,
- die Arbeit an den Gefühlen,
- Trauer als Loslassen von Enttäuschungen und Illusionen.

Schildern mir Menschen unheilvolle Verstrickungen mit Geschwistern, frage ich sie zuerst danach, ob sie sich selbst lieben und annehmen, auch danach, ob sie gut zu sich selbst schauen und sich Gutes tun.

Die im 4. Kapitel aufgezeigten Übungen in Empathie bilden einen wichtigen Schritt im Prozess der Versöhnung mit den Geschwistern. Die dort aufgelisteten Fragen können auf die geschwisterliche Situation übertragen werden.

Bei der Begegnung mit den inneren Geschwistern eignet sich das mehrmalige Schreiben von Briefen, die nie abgeschickt werden. Da die Geschwister »gleich und anders« sind, mögen die ausgelösten Gefühle bedrohlicher sein als gegenüber den Eltern. Nicht zu werten und nicht zu urteilen mag schwerer fallen. Das Trauern um das Vergangene schmerzt, ist jedoch ein Schritt, der in diesem Prozess nicht übersprungen werden soll. Ob es dann angebracht ist, dem lebenden Bruder, der Schwester, den Geschwistern ein Zeichen zu geben oder um eines zu bitten, hat jeder Mensch selbst gut zu bedenken. Es ist wichtig zu fühlen, dass man es vor allem für sich selbst tut. Versöhnungsangebote um der anderen willen kämen vermutlich nicht gut an.

Vor allem Geschwister im mittleren Lebensalter, die ihren Platz im Leben gefunden haben, sind häufig bereit, Frieden mit der Vergangenheit zu schließen und einen neuen gemeinsamen Weg ins Älterwerden zu versuchen.[42] Jahrelange Zerwürfnisse zwischen Geschwistern brauchen mehr Einsatz und oft auch, wie weiter oben dargestellt, den Einsatz einer vermittelnden und begleitenden Person von außen.

Es gibt despotische und unversöhnliche Geschwisterbeziehungen, die keine weiteren Begegnungen und Entwicklungen möglich erscheinen lassen. Alles, was unternommen wird, kommt falsch an, berührt frühere Wunden und schafft weitere Konflikte. In solchen Situationen ist es eine große Leistung, sich selbst treu zu bleiben und innerlich offen zu bleiben, damit die unvermeidlichen Enttäuschungen und Schuld- und Schamgefühle ausgehalten und bewältigt werden können. Von besonderer Bedeutung ist die Selbstversöhnung und die – wenn auch einseitige – Versöhnung mit den inneren Geschwistern. Ich habe bei der Begleitung von Geschwistern immer wieder erfahren, dass ein einziges mit sich selbst versöhntes Geschwister die Familienatmosphäre langfristig in subtiler Weise zu entspannen vermag.

In der therapeutischen Arbeit mit Menschen, die seit Jahren, ja Jahrzehnten an ihren Geschwistern und den immer wieder auftauchenden Konflikten leiden, wird mir immer deutlicher, dass es nur einen einzigen möglichen Zugang zu solchen verhärteten Situationen gibt: Ein Mensch hat so auf die Geschwister zuzugehen, wie Nelson Mandela nach 27 Jahren Gefangenschaft in südafrikanischen Gefängnissen auf die Apartheidsvertreter zugegangen ist: versöhnt mit dem Geschehenen, ohne Rache und Vergeltungswünsche, willens, zusammen mit den ehemaligen Gegnern eine neue Gegenwart zu schaffen. Was ihn dabei getragen hat, war das tiefe Wissen, dass Unterdrücker *und* Unterdrückte von ihren Ketten befreit werden müssen und dass es nur *eine* gemeinsame Freiheit gibt, um die es geht.[43]

Ich träume nicht von der gemeinsamen Versöhnung aller leiblichen und sozialen Geschwister. Ich habe jedoch erfahren, was eine versöhnliche Lebenshaltung bewirken kann, auch wenn sie nur bei einem von ihnen ihre Wirkung entfaltet.

Heiner und seine Schwestern: subtile Versöhnung

Versöhnung wird oft nicht mit Paukenschlägen angekündigt. Manchmal kommt eine versöhnliche Stimmung unter Geschwistern so subtil daher, dass es gar nicht notwendig erscheint, von Versöhnung zu reden. Ein solches Beispiel eines sanften, stillen Versöhnungsprozesses wird im Folgenden beschrieben:

● Heiner führte seine drei älteren Schwestern schon in der ersten Therapiestunde ein. Imelda, die Zweitälteste, ist bis heute seine Lieblingsschwester. Als Heiner acht Jahre alt war, starb sein geliebter und bewunderter Vater. Die Mutter wurde noch strenger als zuvor, was die vier Geschwister zusammenschmiedete. Die fordernde, strenge Mutter, autoritäre Lehrer und die Sehnsucht nach dem geliebten Vater prägten den Sohn. Er wurde er immer leiser und schüchterner. Am extremsten sei es mit zwölf bis vierzehn Jahren gewesen, mit Beginn der Pubertät. Heiner ist heute ein dreißigjähriger Mann aus einem osteuropäischen Land, der vor zehn Jahren aus freien Stücken und allein in den Westen gekommen war. Er arbeitet als Laborant in einer Klinik. Er komme in Therapie wegen seiner extremen Schüchternheit, die ihn in seinem Leben schwer einschränke. Er habe kaum Kontakte außer zu seinen weit entfernt wohnenden Schwestern und gelegentlich zur Mutter. Mit jeder der Schwestern würde er wöchentlich längere, mit Imelda stundenlange Telefonate führen – über ihr und sein Leben, über Beziehungsschwierigkeiten, über die Mutter. Vor allem erlebe er sich als Zuhörer und Berater. Oftmals werde es ihm auch zu viel. Dann lege er den Hörer auf ohne sich zu verabschieden. Eine Woche später rufe er wieder an. Oft spüre er eine Hassliebe. Er finde es ungesund, wie er an Imelda, aber auch an den andern Schwestern hänge und sie an ihm. Es sei ein vages, ungutes Gefühl. Er sei fast süchtig an sie gebunden und habe deshalb Schuldgefühle. Sucht sei ein Lebensthema von ihm, sei es Arbeit, Sport, Rauchen oder Computer. Er bleibe dann daran gebunden, bis es ihm zu viel werde und er auszurasten drohe, wie bei den Telefonaten mit den Schwestern. Er könne sich selbst nicht gut leiden.

Oftmals, wenn er von den Schwestern erzählt, spüre ich keine Emotionen. Er selbst und die Beziehung zu den Schwestern sind nicht spürbar. Ich spüre bei ihm nur seinen Wunsch, es mir recht zu machen.

Nach und nach legt er sein Arsenal von Abwehr dar: lächeln, nicken, irgendetwas erzählen, nicht fragen, ausweichen; übergehen, dass er mich manchmal nicht versteht; sich immer wieder schüchtern und schwach zeigen, damit ich ihn ermuntere und ihm Ideen liefere. Das mache er hier in der Therapie und auch sonst in seinem Leben.

Es gelingt im Gespräch, uns darüber zu verständigen, wie seine perfekte Strategie, sich zu verstecken, begleitet von tausend Ängsten und Schuldgefühlen, auf Kosten seiner persönlichen Entwicklung gegangen sei. Er habe immer wieder den Eindruck, er belaste mich mit seiner Wahrheit. Er habe oft ein schlechtes Gewissen mir gegenüber, weil es ihm doch zunehmend besser gehe. Wenn er die Stunde verlasse und sich gut fühle, befürchte er, mich auszunutzen. Ich zeige ihm meine Freude, dass es ihm besser gehe und er die Stunden für sich nutzen könne. Es ist eine neue Erfahrung für ihn, dass er sich in einer Beziehung etwas nehmen kann, ohne dem andern etwas wegzunehmen.

Heiner erzählt in der Folge, er rede nun mit seinen Schwestern auf eine andere Art. Er staune über deren verquere Kommunikation und denke, so sei er offenbar bis vor kurzem auch gewesen. Es äußere sich im Nicht-Eingehen auf das, was er sage, einfach drauflos reden, ziemlich gestört, aneinander vorbei, mit Wutanfällen und Abbrüchen auf beiden Seiten.

In den folgenden Wochen erzählt er, dass er im Beruf energischer und klarer geworden sei und Konflikten nicht mehr ausweiche. Bei seinen Schwestern poche er auf Zuhören und es gehe leidlich gut. Er telefoniere nicht mehr so häufig mit ihnen und es sei ihm wohler so.

Mit seinen Schwestern ist er nun in losem Kontakt. Ihm fällt auf, wie locker und ernsthaft zugleich der Kontakt zur Lieblingsschwester geworden ist; wie gut und respektvoll sie sich die Mutter vom Leib halten und freundlich, aber bestimmt ihre Meinung ausdrücken kann. Es hilft ihm, sich schuldfreier von der Mutter abzugrenzen. Bei seinem nächsten Besuch treffen sich die Geschwister erstmals unter sich. Sie sind sich auf eine neue Weise näher gekommen und fühlen sich unterschiedlich, aber verbunden. Sie können nun auch vernünftig darüber reden, wie es mit der alt gewordenen Mutter weitergehen soll.

Dass sich Heiner verändert hat, erkennt er weitgehend am veränderten Kontakt zu den Schwestern, die ihm ihrerseits anders begegnen. Der Bruder und die Schwestern haben sich gegenseitig aus einer traumatisierenden Vergangenheit in die Gegenwart begleitet. Heiner, der sich immer als hilfloser Helfer versuchen musste, ist nun erwachsen geworden und hat sich mit sich selbst recht gut versöhnt. Er erzählt, dass er erstmals in seinem Leben flirten könne. Das sei toll.

6. Versöhnung im Alltag

Die Versöhnung mit sich selbst und mit den Eltern und Geschwistern bildet das Nadelöhr, durch das der Faden hindurch muss, um zu Versöhnungen mit den Nachfahren der Eltern und Geschwister zu gelangen. Oft wird erst in Konflikten am Arbeitsplatz, mit KollegInnen, mit dem Partner und der Partnerin erfahren, dass ungelöste Konflikte von früheren familiären Zusammenleben inszeniert wurden. Dem Vorgesetzten wird mit dem Zorn begegnet, der früher dem Vater galt – die Kollegin wird mit der neidischen Schwester verwechselt. Konflikte wollen dort gelöst werden, wo sie entstanden sind. Eine versöhnungsbereite Grundhaltung und eine solide Konfliktkompetenz erleichtern das Bearbeiten von Konflikten. Dann kann der tägliche Umgang mit Konflikt und Versöhnung immer wieder ein Gefühl der Dankbarkeit vermitteln, über die gegebenen Chancen zu lernen und zu wachsen.

Konfliktverschiebungen

»Da siehst du's, du bist doch meine Schwester!« »Nein, ehrlich nicht. Ich habe nur meine Rolle gut gespielt.«

Marie Farré

Konfliktverschiebungen sind im Alltagsleben weit verbreitet und verdienen daher besondere Beachtung. So alltäglich sie sind, sind sie doch nicht immer leicht zu erkennen. Was geschieht eigentlich? Die Affekte, die zu einer bestimmten Person oder zu einer bestimmten Situation gehören, aber nicht ausgedrückt werden können, werden verschoben. Bagatellen wecken Todesängste – oder dramatische Situationen werden ohne jedes Gefühl erlebt. Die Situationen und die damit verbundenen Gefühle passen nicht zueinander. Dazu zwei Beispiele:

• Die dreißigjährige Lehrerin Anke hat sich wieder einmal mit ihren KollegInnen massiv überworfen. Ihr Vorgesetzter empfiehlt ihr dringend, etwas zu unternehmen, um ihre Wutausbrüche in den Griff zu bekommen. Anke hat in den letzten zehn Jahren wiederholte Abbrüche von Liebesbeziehungen erlebt. Vom letzten Partner ist sie in der Schwangerschaft verlassen worden, nachdem er ihr zuvor das Blaue vom Himmel versprochen hatte. Ihre nun zweijährige Tochter nimmt ihr, wie sie sagt, ihr Leben weg. Das Leben, vom dem sie träumt, geht an ihr vorbei. Sie ist fühlt sich außerhalb und ist zutiefst frustriert. Ihr Herz ist voller Groll und Wut auf alle: die Mutter, die sie als Kind nie wahrnahm, obwohl sie sich ständig anpasste; der abwesende Vater; die Schwester, der es regelmäßig besser ging; die Kolleginnen und Nachbarn, die sie im Stich lassen; und eben ihr Kind, das sie oft weg haben möchte. Alle scheinen sie sitzen zu lassen, alles muss sie allein tun. Ihr Erziehungsstil mit der Zweijährigen ist vorwurfsvoll und strafend. Wenn Anke wieder einen ihrer Wutanfälle hat, schlägt sie ihre kleine Tochter. Sie fühlt sich machtlos, aggressiv, unversöhnt, hilflos und voller Selbstmitleid.

• Der fünfundvierzigjährige Roland ist Angestellter in einem großen Betrieb. Er ist verheiratet und hat Kinder. Seine aktuelle Krise ist ihm unverständlich. Seine Eltern sind gestorben. Mit seinen vier älteren Geschwistern erlebte er in den letzten Jahren zermürbende Erbschaftsstreitigkeiten, die die Beziehungen aufs Äußerste strapazierten. Roland sucht therapeutische Hilfe, weil er in letzter Zeit vermehrt Migräneanfälle hat und am Arbeitsplatz zunehmend überempfindlich auf Druck und Kritik reagiert. Er klagt über autoritäre Vorgesetzte, über mangelnde Transparenz, fehlende Gerechtigkeit und die Unmöglichkeit im Team, Probleme zu thematisieren. Er fühlt sich allein, machtlos, und mehr und mehr inkompetent.

Ankes Wutanfälle und Ausbrüche gegenüber den Kolleginnen und Kollegen und vor allem gegenüber ihrem Kind sind ernst zu nehmende Konflikte, aber Nebenschauplätze ihres hauptsächlichen Dramas. Ihr innerer Hauptkonflikt hat sich nach außen verschoben. Wenn sie nicht zu ihrem eigenen übergangenen, vernachlässigten inneren Kind zurückfindet, vermögen alle Konfliktbemühungen am Arbeitsplatz und zu Hause nicht zu greifen. Rolands Krise hat auf einen früheren Schauplatz seines Lebens aufmerksam gemacht, den er bewältigt glaubte. Durch die jahrelangen Erbkämpfe mit den Geschwistern ist seine Kindheitssituation wieder in den Vordergrund gerückt: Der kleine Junge in ihm verlangte Aufmerksamkeit, weil er immer noch unter dem autoritären Vater, unter fehlender Gerechtigkeit und Transparenz in der Familie und unter dem großen Schweigen am Familientisch litt. Er wählte für die Schilderungen der früheren Familiensituation und für sein Leiden am Arbeitsplatz genau dieselben Worte.

Die Beispiele zeigen, dass Konfliktverschiebungen bei ihrer Offenlegung oft die Verletzungen der früheren Kinder, also die verletzten Kinder in den Erwachsenen, zum Vorschein kommen lassen. Bei der Identifikation der Konflikte wird dann klar, dass nun die Probleme auf beiden Ebenen gelöst werden wollen: auf der ursprünglichen und auf der verschobenen.

Konfliktverschiebungen kommen überall vor: bei Eltern und Geschwistern, in Freundschaften, am Arbeitsplatz und oft auch in Paarbeziehungen.[44]

Versöhnungsbereitschaft im Alltag

Es kann der Frömmste nicht in Frieden leben, wenn es dem bösen Nachbarn nicht gefällt.

Sprichwort

Sprichwörter haben ihren wahren Kern. So kann es tatsächlich schwer sein, mit unversöhnlichen Nachbarn, KollegInnen, Vorgesetzten friedlich zusammenzuleben oder zusammenzuarbeiten.

Noch schwieriger ist es, wenn dieser »böse« Kollege und diese »böse« Nachbarin unseren Frieden aus uns nicht zugänglichen und uns nicht verständlichen Gründen stören, die mit unserer Person gar nichts zu tun zu scheinen haben. Ein solcher Mensch gilt im Volksmund als böswillig und bösartig. Meistens ist es ein unglücklicher, enttäuschter Mensch, der sein Unglück bei jeder ihm passenden Gelegenheit an anderen auslässt. Im Märchen müssen die Hauptfiguren zahlreiche Proben bestehen, die ihnen von bösen Kräften auferlegt werden. Märchen beschreiben aber auch jene Kräfte, die stärker sind als das Böse, das schließlich überwunden wird. Erst die Auseinandersetzung mit dem scheinbar oder wirklich Bösen führt auf den Weg der Reifung und Heilung.

Der ganz normale Alltag ist voll von Fallen für alle Arten von Streitigkeiten und Konflikten, von Neid und Missgunst, sich gegenseitig Ausspielen, Bevorzugung und Benachteiligung. Böse Nachbarn im erwähnten Sinne können den Wolf in einer Person erwecken – den Wolf im Schafspelz des irritierten und verletzten Kindes, das wieder einmal nicht begreift, weshalb ihm die Mutter oder der Lehrer nicht glauben und vertrauen. Dabei möchte es doch nur eines: geliebt werden und in Frieden leben. Versöhnungsbereitschaft als Grundhaltung setzt auf einen konstruktiven, produktiven Umgang mit Konflikten und beeinflusst die Wahl des Konfliktstils. Es wird ein Konfliktstil sein, der von Anbeginn an auf eine spätere Einigung tendiert und nicht in unversöhnlichen Streit ausarten kann. Ob dies zum Selbstwohl oder zum Wohl der Sache geschieht: im optimalen Fall ergänzt sich beides.

Sich selbst lieb und wichtig zu sein bildet eine zentrale Dimension der Versöhnungsbereitschaft. Geht Versöhnungsbereitschaft auf Kosten der eigenen Wünsche und Bedürfnisse, so geschieht dies in der Regel aus Angst, aus Gefügigkeit, aus Ich-Schwäche und Konfliktscheu. Doch die Vermeidung von Konflikten und eine Harmonisierung um jeden Preis (auch den der eigenen Person) bedeuten eine Anpassung an die Ziele anderer und im Extremfall eine Unterordnung unter die Macht anderer. Das Selbstwohl umfasst die Fähigkeiten, für sich selbst zu sorgen, eigene Bedürfnisse in Beziehung zu denen anderer zu setzen, ohne sich dabei aufzugeben, sowie seine eigenen Interessen angemessen zu vertreten. Dazu gehört die Kompetenz, produktiv zu streiten und Konflikte fair und versöhnungsbereit auszutragen. Aktives Zuhören ist ebenfalls eine wichtige Konfliktkompetenz. Ebenso die Fähigkeit, den oder die Konfliktpartner in ihrer vollen Größe wahrzunehmen und sie nicht selektiv zu verkleinern. Die folgenden Abschnitte bieten Lernmöglichkeiten zum Erwerb von Konfliktkompetenz.

Streiten lernen

Streiten weckt bei vielen Menschen Ängste. Unangenehme Erinnerungen an unproduktive Streite werden wachgerufen und mit ihnen kommen ungute Gefühle. Streiten heißt in jedem Fall, sich miteinander auseinander zu setzen. Wenn eine solche Auseinandersetzung ansteht, ist es sinnvoll, sich ihr zu stellen. Aggression kann durchaus als konstruktive Lebensenergie begriffen werden. Es ist möglich zu streiten, ohne zu verletzen. Fair streiten können nur Menschen, die sich gleichwertig fühlen. Wer sich auf eine höhere Ebene stellt, beansprucht für sich oft die bessere Position und meint, bessere Argumente zu haben, selbst wenn das gar nicht stimmt. Wer sich auf einer tieferen Ebene fühlt, macht sich von vornherein klein. Erst das gegenseitige Gefühl von Gleichwertigkeit ermöglicht einen Streit ohne Dominanz oder Unterwerfung.

Eine faire Streitkultur erfordert auch eine Versöhnungskultur. Fairer Streit bedeutet, eine Verantwortung für den Streit und seinen möglichen Ausgang zu übernehmen. Verena Kast empfiehlt allen Menschen, die streiten wollen, sich zuerst zu überlegen, wie sie sich dann wieder versöhnen wollen.[45] Sei es ein Lächeln, ein Händedruck oder Blumen: wer fair streiten will, soll die Versöhnung im Auge behalten. Es geht ja letztlich darum, Positionen und Beziehung zu klären und gemeinsam ein Problem zu lösen. Dabei ist es wichtig, zu sich selbst gut zu schauen und sich immer wieder aktiv mit sich selbst zu versöhnen. Das macht eine grundsätzliche innere Ausrichtung auf Versöhnung hin notwendig.

Streiten erfordert Regeln. Der Verzicht auf körperliche und verbale Gewalt ist zentral. Bei einem Streit sollen wir in Kontakt bleiben, deshalb ist es gut, sich gegenüber zu sitzen. Wichtig ist es, in einem Streit von sich selbst zu sprechen. Die Ich-Botschaften sind wichtig. »Ich ärgere mich immer wieder so sehr in unserer Zusammenarbeit« klingt offener als »Du ärgerst mich immer wieder furchtbar«. Nicht immer lassen sich Ich-Botschaften von Du-Botschaften trennen, denn oft haben Ich-Botschaften einen Du-Charakter. Ein Beispiel:

- Verena hat Luise eine Stehlampe verkauft, die sie nicht mehr braucht. Kurze Zeit später ist die Lampe irreparabel defekt. Luise fühlt sich betrogen und äußert das. Verena fühlt sich ungerecht behandelt, weil sie weiß, dass sie eine funktionierende Lampe verkauft hat. Die jeweilige Ich-Botschaft kommt bei der anderen als Du-Botschaft an, die eine Absicht unterstellt. Beide Freundinnen entwerten einander. Beide haben jedoch echte Gefühle, sogenannte Spürgefühle, die jedoch als Denkgefühle maskiert sind.[46] Luise denkt, Verena habe ihr eine zu alte Lampe verkauft. Verena denkt, sie sei jetzt schuld an der kaputten Lampe. Beide fühlen sich unschuldig. Die Denkgefühle, die sie sich mitteilen, werden als Angriff und Unterstellung erlebt und rufen nach Rechtfertigung oder gar Gegenangriff. Es braucht in diesem Konflikt eine Übersetzung der Denkgefühle in Spürgefühle. Das könnte sich bei Luise so anhören: »Als die Lampe ihren Geist aufgab, fühlte ich im ersten Moment eine Wut auf dich. Ich hatte mich so gefreut über diese Lampe. Ich habe Pech gehabt. Ich werde eine neue Lampe kaufen.« Und bei Verena: »Als du mir von der defekten Lampe erzählt hast, spürte ich, dass du mich dafür verantwortlich machen willst. Das hat mich verärgert. Ich kann aber deinen Ärger gut verstehen. Wahrscheinlich wäre es mir ebenso ergangen.«

Zu einem fairen Streit gehört, dass wir akzeptieren, dass die andere Person anders ist und die Situation anders erlebt und sieht als wir. Das ist die Anerkennung der Differenz. Gerade im Streit manifestieren sich die Unterschiede. Sie verdienen Achtung und Respekt. Konstruktive Streitbereitschaft gibt den Partnern die Chance, einen Streit zum Ausgleich, zur Bewahrung und Veränderung einer Beziehung nutzen zu können. Ärger und Wut sind in einem bestimmten Moment Ausdruck einer Kraft und drängen nach Ausdruck; sie können sich aber wieder legen. Schwieriger wird es bei Groll und Trotz, die aus Ängsten heraus entstanden sind und meist schon seit längerer Zeit andauern. Bei Groll und Trotz wird es schwierig, fair und gleichwertig und im Hier und Jetzt zu streiten. Es sind in der Regel die verfestigten Antworten des inneren Kindes aus einer Familie, in der unfair gestritten wurde bzw. die Gefühle des Kindes unterdrückt werden mussten.

- Bea erzählt: »Wenn ich mit jemandem Streit habe, möchte ich weglaufen. Ich bin Jahrzehnte lang bei aufkommendem Streit in Groll und Trotz weggelaufen. Seit meiner Therapie weiß ich, dass das Weglaufen dem Streitmuster meiner Mutter entspricht. Sie hat sich immer entzogen und tagelang nicht mehr mit uns gesprochen. Heute habe ich streiten gelernt. Ich bleibe jetzt da und stelle mich der Situation. Doch den Drang, wie meine Mutter wegzulaufen, fühle ich immer noch. Ich bin stolz, dass ich ihm nicht mehr nachgeben muss.«

Faires Streiten erfordert die Bewältigung störender Erinnerungen und Gefühle aus der Vergangenheit.[47] Um einem aktuellen Streit gerecht zu werden, bedarf es der Unterscheidung zwischen früheren und heutigen Konfliktgefühlen. Erst die bewusste Verabschiedung und Trennung von den früheren Gefühlen macht es in Streitgefechten möglich, sich auf die Gegenwart, das Hier und Jetzt einer Konfliktsituation einzustellen. Ein kleiner Test mag dabei behilflich sein:

- Erinnere dich nach einem bestimmten Streit an deine Gefühle.
- Waren dein Ärger, deine Wut und Angst der Situation angemessen?
- Könnte es sein, dass du schon vor dem Streit ärgerlich warst?
- Haben sich andere Streitgefühle eingeschlichen?

- Kennst du diese Art Streitgefühle von früher? Woher? Mit wem?
- Was waren damals die Gefühle?
- Wie bist du damit umgegangen?
- Wie hast du früher solche Probleme gelöst?
- Wie ist es heute, wo du mehr Möglichkeiten zur Verfügung hast?
- Wie fühlt es sich heute an?

Konflikte zwischen Mitarbeitern und Vorgesetzten sind im Berufsalltag an der Tagesordnung. Nicht die Konflikte sind das Problem, sondern der Umgang mit ihnen. In hierarchischen Beziehungen ist es aus formellen Gründen erschwert, dass sich beide Seiten gleichwertig fühlen. Als Menschen mögen Vorgesetzte und Mitarbeiter eine Gleichwertigkeit spüren, doch die Rollen schaffen Ungleichwertigkeiten. Untersuchungen zeigen, dass Vorgesetzte oft eine tiefe Abneigung haben gegen offene Auseinandersetzungen. Die Freude an der Durchführung von Qualifikationsgesprächen, die eine ausgezeichnete Gelegenheit bieten, eine *gegenseitige* Standortbestimmung vorzunehmen, nimmt mit höherer Hierarchiestufe ab. Fremdbild und Eigenbild werden nicht ausdiskutiert. Das kann für beide Seiten bedrohlich werden. Das Wissen, dass Konflikte an sich nichts Negatives sind und dass versöhnungsbereites Streiten gelernt werden kann, greift oft nicht im Betrieb. Oft muss man einen Dritten hinzuziehen, um hier Lernchancen zu ermöglichen.

Konflikte in Teams und Organisationen werden anders angegangen, wenn sie auf der horizontalen Ebene der geschwisterlichen und kollegialen Beziehungen verstanden werden. Im Unterschied zur vertikalen Ebene der Autoritäts- und Abhängigkeitskonflikte geht es dann

- um das Kräftemessen in der Rivalität, die durchaus konstruktiv sein kann,
- um die gegenseitige Anerkennung in Differenz und Ähnlichkeit,
- um die Entwicklung von Identität und Solidarität.

Dies bedeutet eine Absage an die oder ein Überschreiten der Hierarchie, ein Akzeptieren der Zugehörigkeit zur Horizontale derselben Generation und eine Einsicht in die Möglichkeiten, Konflikte in Gegenseitigkeit und Solidarität zu lösen.[48]

Hilfreiche Bücher über Streiten in allen Lebenslagen gibt es in Fülle. Es ist lohnend und sinnvoll, sich mit ihnen zu beschäftigen. Auch in einer Therapie, im geschützten Raum, kann man streiten lernen. Hier lässt sich lernen, dass ein guter Streit der grundsätzlichen Versöhnungsbereitschaft bedarf. Sie ist die lange und vielleicht auch schmerzvoll gewachsene Frucht der Einsicht, dass man nur im Einklang mit sich selbst auch mit anderen gut leben kann. Ein wichtiges Instrument in Konfliktsituationen ist das Aktive Zuhören.

Konfliktkompetenz und Aktives Zuhören

I *»Ich bin ganz Ohr, erzähl mir!«*

Wir haben bisher den frühen primären Beziehungen und den dort anstehenden Versöhnungen eine große Bedeutung zugemessen. Das ist auch richtig so. Es ist aber durchaus möglich, dass ein Mensch sich auf einer ihm gemäßen Stufe mit Eltern und Geschwistern versöhnt hat und trotzdem immer wieder in Konflikte hineinschlittert. Muss dieser Mann oder diese Frau sich immer wieder mit den Eltern beschäftigen? Ich glaube nicht. Nicht alle Konflikte, die wir erleben, hängen mit unbewältigten früheren Beziehungen zusammen. Je mehr wir jedoch unsere Vergangenheit aufgearbeitet haben, desto eher können wir anstehende Konflikte kompetent angehen.[49]

Konfliktkompetenz erfordert gewisse Voraussetzungen:
- Konflikte als solche müssen erkannt und auch benannt werden.
- Wir brauchen Kenntnisse über unsere innere Welt, unsere Wünsche, unsere Verletzlichkeiten und unsere Abwehr.
- Wir sind in der Lage auszudrücken, was wir wollen, brauchen, fühlen, hoffen, erwarten.

- Wir mögen dem anderen zuhören und versuchen, ihn aus seiner Sicht zu verstehen.
- Wir können die Sicht und Welt des anderen verstehen, ohne die unsrige aufzugeben.
- Wir sind überzeugt, dass niemand siegen muss, sich aber wohl überzeugen lassen kann; auch wir selbst.
- Wir haben den richtigen Zeitpunkt zur Austragung des Konflikts zu wählen.
- Wir verhandeln konsensbereit und lösungsorientiert.
- Wir übernehmen Verantwortung für unser Reden und Handeln.

Der Geist der Konfliktkompetenz liegt darin, dass wir um unsere eigenen Konflikttendenzen wissen, sehr vorsichtig mit Schuldzuweisungen umgehen und keine Sündenböcke brauchen. Wir übergeben keinem anderen Menschen die Macht über unser Wohlergehen, weil wir uns nicht klein und schwach machen wollen. Wir übernehmen selbst die Verantwortung für unser Wohl und für unsere Reaktionen und Aktionen und gestehen dasselbe dem Konfliktpartner zu.

Ein Dialog erfordert von beiden Seiten sowohl ein Zuhören als auch ein Aussprechen. Ein wichtiges Erfordernis im Streitgespräch ist das Aktive Zuhören als innere Ausrichtung. Es bedeutet, für die Zeit des Zuhörens ganz beim anderen zu sein, der Welt des anderen Vorrang zu geben und sie verstehen zu wollen. Andernorts ist von empathischem oder sensiblem Zuhören die Rede. Aktives Zuhören ist insofern aktiv, als wir auf eine bewusste, entschiedene Art auf den anderen eingehen. Wir können das mit den gehörten oder besser noch mit unseren eigenen Worten wiederholen, um zu signalisieren, dass wir verstanden haben. Und wir können dem anderen dabei helfen, das Gemeinte hinter dem Gesagten zu finden, falls sich das als notwendig erweist. Ein Beispiel:

- Anna feiert ihren sechzigsten Geburtstag mit ihren Freundinnen. Für sie ist es eine Notlösung. Ihre einzige Tochter Ines befindet sich in dieser Woche auf einer Geschäftsreise. Sie ruft nicht an. Anna ist bodenlos enttäuscht, dass ihre Tochter den Geburtstag der Mutter vergessen hat. Dann kommt ein begeisterter Anruf von Ines, sie habe neue Projekte und sie möchte die Freude darüber mit ihrer Mutter teilen. Anna kühl: »Schön, dass du dich wieder an mich erinnerst, ich hatte vor zwei Wochen Geburtstag.«

Ines: »Oh Mama, wie schrecklich, das habe ich völlig vergessen. Jetzt bist du sicher völlig enttäuscht von mir, weil du überhaupt nicht verstehen kannst, wie eine Tochter den Geburtstag ihrer Mutter vergessen kann.« Anna fängt an zu schluchzen, obwohl sie ganz lange eisig kühl bleiben wollte: »Ja, Ines, ich war so traurig und hätte dich so gerne dabeigehabt oder dir wenigstens erzählt, was war; es war ein schöner Tag.« Ines: »Mama, wenn du wüsstest, wie Leid mir das tut. Du fandest mich sicher völlig rücksichtslos.« Anna, ruhig geworden: »Klar, aber ich weiß auch, was du in deiner Arbeit leisten musst.«

Ines hat sich als erstes völlig auf die Seite der Mutter gestellt, ohne sich vorschnell zu entschuldigen. Sie hat erkannt, dass die kühle Vorwurfshaltung ihrer Mutter blanke Verzweiflung war und dass sie sich nur eines wünschte von ihrer Tochter: liebevolles Verständnis. Ein weiteres Beispiel:

● In Roberts und Miriams Eheleben ist es sehr schweigsam geworden. Beide gehen freundlich miteinander um, aber die Beziehung ist für beide nicht mehr spannend und lebendig. Miriams wichtigste Vertraute ist ihre Freundin Therese, mit der sie stundenlang reden kann und sich lebendig und verstanden fühlt. Mit ihrem Mann läuft das Gespräch nicht mehr. Sie hat ab und zu versucht, ihn zu fragen, was los sei, aber er hat sie mit nichts sagenden Bemerkungen stehen lassen. Hat er eine Freundin? Hat er einen Zorn auf sie? Ist er krank? Therese erzählt ihr vom Aktiven Zuhören und Miriam nimmt es sehr ernst.

Einige Tage später spricht Miriam Robert, der Zeitung liest, an: »Robert, ich habe etwas auf dem Herzen, magst du einen Moment zuhören?« Robert schaut irritiert von der Zeitung auf: »Schon, wenn es nicht zu lange dauert und nicht zu einem deiner Monologe über unsere Beziehung wird.« Miriam horcht auf. Eigentlich hätte sie jetzt von sich erzählen wollen, aber sie spürt, dass das den Weg zu Roberts Welt wieder verschütten könnte. So versucht sie es anders: »Du findest, ich halte Monologe und es ist mir dabei egal, wie es dir geht?« Robert ist erstaunt, auf so viel Verständnis zu stoßen: »Es ist doch meistens so, dass du redest und redest und mir dann irgendwann vorwirfst, dass ich nichts sagen würde. Sobald ich aber etwas sage, beweist du mir auf der Stelle, dass ich im Unrecht bin, kritisierst, dass ich nie zu Hause bin und auch keinen Zugang zu meinen Gefühlen habe. Wundert es dich da, dass ich keine Lust mehr habe, mit dir zu reden?« Miriam ist erschüttert. Das hat sie nicht erwartet. Sie will aber vor allem zuhören, das hat sie mit ihrer Freundin abgemacht: Hauptsache ist, dass Robert redet. Sie sagt: »Du findest also, dass ich alles besser weiß und meine, alles was du sagst, sei nicht richtig?« Robert ist nun interessiert an einem Gespräch: »So ist es. Du bist schon lange keine wirkliche Gesprächspartnerin mehr für mich. Die Zeiten, in denen wir stundenlang miteinander geredet haben, sind eben vorbei, und daran ist wohl auch nichts mehr zu ändern.« Miriam ist alarmiert: »Das bedeutet, du hast resigniert und traust uns nicht zu, dass wir das besser hinkriegen?« Robert spürt, wie ihm das Gespräch gut tut: »Wenn wir beide wollen, wäre es vielleicht möglich. Ich weiß nur, dass sich da gewaltig viel ändern müsste.« Miriam ist erleichtert und bewegt: »Robert, ich habe nicht gewusst, was ich da in dir ausgelöst habe, und es tut mir Leid. Lass uns bald einmal überlegen, wie wir wieder echte Gesprächspartner werden können füreinander. Das ist mir ganz wichtig.«

Miriam war mutig. Ihr Selbstbild hat einige Kratzer abbekommen. Robert hat sich ihrem Mut gestellt und sein Problem offen benannt. Nun können beide entscheiden, ob sie etwas ändern wollen oder nicht.

Wer einmal das Aktive Zuhören erfahren hat, kennt dessen Kraft, verschüttete Zugänge und Durchgänge wieder zu öffnen. Wenn uns ein Mensch zornig, traurig, verzweifelt oder ratlos begegnet, ist Aktives Zuhören eine Möglichkeit, ihm zu Klarheit über seine Bedürfnisse und Wünsche zu verhelfen. Den anderen verstehen zu wollen heißt nicht, in allem einverstanden zu sein mit ihm. Aber es bedeutet, ihn ernst zu nehmen und ihm unser Bestes, nämlich Zeit, Geduld, Interesse und Gelassenheit entgegenzubringen.

Doch auch das Aktive Zuhören erreicht manchmal seine Grenzen. Bei offenem und hartnäckigem Widerstand mag es nicht weiterhelfen. Dann geht die Arbeit am Widerstand vor. Dazu stellen sich folgende Fragen, die je nach Situation ergänzt werden können:

- Bin ich die richtige Person oder zu sehr Autorität (Mutter, Vater, Lehrerin etc.)?
- Ist genug Vertrauen da?
- Hat die andere Person zu große Angst?
- Ist es der falsche Zeitpunkt?

Angst und Widerstand gehören zusammen. Bevor nicht der Widerstand geklärt wird, kann auch das inhaltliche Gespräch nicht weitergehen und nicht offen und klärungsorientiert verhandelt werden. Je mehr sich ein Mensch verstanden fühlt, desto eher ist er zur Problemlösung bereit. Der erste Schritt ist immer die Selbstklärung auf beiden Seiten. Der zweite besteht darin, sich auf die gleiche Ebene zu begeben und mitfühlend miteinander zu reden. Wahrheit ist immer subjektiv, aber sie kann sich zu einer intersubjektiven Wahrheit entwickeln.

Die Wahrnehmung erweitern

Das ungeprüfte Leben ist nicht lebenswert.

Sokrates

Menschen nehmen einander häufig selektiv wahr. Verliebte tendieren dazu, sich gegenseitig zu idealisieren und die nachteiligen Seiten des anderen auszublenden. Wird die Verliebtheit zur Liebe, so treten auch die anderen Seiten, die Schattenseiten hervor, und die Liebenden haben sich dann damit auseinander zu setzen. Eine längere Beziehung zwingt einen dazu oder ermöglicht durch die Vertiefung, immer mehr positive und auch negative Seiten bei sich selbst und beim anderen wahrzunehmen. Das erleben Paare, Freundinnen, Kollegen und Mitarbeiterinnen in Teams. Manchmal werden diese Erweiterungen bzw. Vervollständigungen der Wahrnehmung als Ernüchterung oder gar Enttäuschung beschrieben, manchmal als Vertiefung und Bereicherung. Wir werden uns nie ein vollständiges Bild von einem Menschen machen, ihn nie umfassend wahrnehmen können. Vielleicht zum Glück nicht, bleibt doch letztlich jeder Mensch dem anderen und sich selbst bis zu einem gewissen Punkt ein Geheimnis. Das schützt die Einzigartigkeit eines jedes Menschen.

In konfliktgeladenen Beziehungen ist die Wahrnehmung des Konfliktpartners, der Konfliktpartnerin verzerrt und das Bild von ihm oder ihr unvollständig. Wenn wir nämlich die andere Person vollständiger und weniger verzerrt wahrnehmen würden, verließe uns vielleicht der Mut, den Konflikt überhaupt zu wagen. Oder wir würden anders in den Konflikt einsteigen und andere Vorgehensweisen wählen. Das wäre vielleicht besser für beide Seiten, vielleicht aber auch nicht. Das sind immer wieder wichtige Entscheidungen, die wir zu treffen haben. Dazu gehört auch die Wahl des guten Zeitpunkts zur Austragung eines Konfliktes.

Indem wir unsere Wahrnehmung erweitern und unser Bild vom anderen Menschen komplettieren, vermeiden wir den Konflikt nicht. Aber wir werden uns selbst, der anderen Person und dem Konflikt mehr gerecht. Das ist viel. Oder: Wir spüren, dass wir – damit Versöhnung eine Chance haben kann – in der Austragung des Konflikts weder uns noch dem anderen Menschen weitere gravierenden Verletzungen zufügen dürfen. Das fällt uns leichter, wenn wir uns zuvor die Zeit und den Raum nehmen, unsere Wahrnehmung zu erweitern.

Es geht wie immer sowohl um uns selbst als auch um die andere oder den anderen. Ein Beispiel:

- Susanne hat Probleme mit ihrer Kollegin am Arbeitsplatz. Kleinste Reibereien mit ihr versetzen sie in Kampfstimmung. Die Vorgesetzte rät Susanne zu einer therapeutischen Bearbeitung. Dort wird allmählich klar, dass die Kollegin Susanne stark an ihre jüngere Schwester erinnert, auf die sie immer neidisch war. Die Kollegin ist schlank, gut aussehend und gut gekleidet, genau wie die Schwester. Susanne hat die starke Erinnerung, dass die verstorbene Mutter ihre Schwester mehr liebte als sie. Die Mutter machte aus der Schwester eine schöne Frau und Susanne fühlt sich bis heute als Aschenputtel. Ich, die Therapeutin, versuche Susanne sachte darauf aufmerksam zu machen, wie sorgfältig sie sich kleidet, wie selbstbewusst sie ihren Schmuck trägt und wie gepflegt sie wirkt. Das ist Susanne bisher nicht bewusst gewesen. Gefangen in ihren ständigen Vergleichen und in ihrer wahrgenommenen Benachteiligung hat sie das Gefühl für sich selbst verloren. Sie nimmt sich nur noch in ihren vermeintlichen Defiziten wahr. Ausgehend von ihrem gepflegten Aussehen – darauf können wir uns einigen – versuchen wir im Gespräch zu erarbeiten, was sie von ihrer Mutter erhalten hat. Es steigen Erinnerungen auf, und insbesondere der Schmuck wird zu einer Verbindung zwischen ihr und der Mutter. Susanne fängt langsam an, daran zu zweifeln, dass sie nur das Aschenputtel war. Ein nach langem Zögern geführtes Gespräch mit der Schwester fördert bei Susanne noch mehr Erinnerungen zutage. Es lässt auch die Schwester in einem anderen, vollständigeren Licht erscheinen.

Es war Susanne gelungen, ihre Wahrnehmung zu erweitern und ihr Bild von sich selbst, von der Schwester und Mutter und schließlich auch von der Kollegin, die sie zuvor gar nicht als eigenständige Person erlebt hatte, zu vervollständigen.

Die Erweiterung der Wahrnehmung ist eine Form der Reinigung und Klärung der eigenen Sicht. Ich empfehle, diese Übung von Zeit zu Zeit mit jenen Menschen zu versuchen, mit denen wir regelmäßig zu tun haben. Sie schärft den Blick auf Entwicklungen und Veränderungen bei uns selbst und bei anderen. Es ist ja nicht so, dass wir im Ablauf der Zeit immer dieselben sind. Wir verändern uns täglich in einem umfassenden, aber oft kaum wahrnehmbaren Sinne. Unser Körper verändert sich, erneuert sich und altert jeden Tag. Unsere Seele und unser Geist sind in ständigem Wandel begriffen. Bei den anderen Menschen ist es ebenso. Mit entsprechender Übung werden wir zunehmend sensibler in unserer Wahrnehmung und erkennen bei uns und den anderen auch kleinste Veränderungen. Mit der Zeit geht uns die Klärung und Erweiterung unserer Wahrnehmung in Fleisch und Blut über. Wir werden wahrscheinlich merken, wie spannend und lebendig dadurch jeder neue Tag für uns wird.[50] Dazu einige Fragen:

Wahrnehmungsfragen:
- Was hat diese Person in letzter Zeit für mich getan? (Person und Zeitphase präzisieren)
- Was hat diese Person gesagt oder getan, was mich erstaunte?
- Was hat diese Person gesagt oder getan, worüber ich mich freute?
- Was hat diese Person gesagt oder getan, worüber ich mich ärgerte?
- Welche Veränderungen nehme ich bei dieser Person in letzter Zeit wahr? (Zeit präzisieren)
- Welche Veränderungen nehme ich bei mir selbst wahr?

In Konfliktsituationen:
- Bin ich konfliktfähig und versöhnungsbereit?
- Erachte ich die andere Person als konfliktfähig und versöhnungsbereit?
- Wenn nicht: was könnte sich bei mir entsprechend verändern?
- Was könnte sich bei der anderen Person verändern?
- Was hat diese Person für mich getan?
- Was möchte ich für diese Person tun?

Mit einiger Fantasie lassen sich zusätzliche Fragen stellen, die ebenfalls der Erweiterung der Wahrnehmung und der Vervollständigung des Bildes vom anderen dienen.

Die Frage danach, was die andere Person für einen getan hat, ist bewusst einseitig formuliert. In unserer Kultur ist es üblich, danach zu fragen, was einem eine Person schuldig bleibt. Die ungelösten Kindheitsprobleme gehen meist mit vielen Erwartungen und Vorwürfen einher. Konfliktsituationen an Arbeitsplätzen haben eine Menge zu tun mit mangelnder Anerkennung und Wertschätzung. Die meisten Menschen in unserer Kultur sind viel mehr mit dem Verhalten anderer beschäftigt als mit dem eigenen Leben. Sie werten, beurteilen und kritisieren andere, anstatt sich mit sich selbst besser vertraut zu machen. Wir haben aber wenig Einfluss darauf, wie andere uns begegnen, dafür umso mehr darauf, wie wir selbst uns anderen gegenüber verhalten. Darauf kommt es hier an. Die Auseinandersetzung mit der Frage, was eine andere Person für uns getan hat, prüft und schärft unsere Versöhnungsbereitschaft. Sie stärkt die Würdigung der eigenen sowie der anderen Person und unterstützt die Vision, voneinander lernen zu können.[51]

Dankbarkeit üben

Wenn das einzige Gebet, das du während deines ganzen Lebens sprichst, »danke« heißt, würde das genügen.

Meister Eckhart

Dankbarkeit erwächst aus Achtsamkeit. Es geschehen nämlich jeden Tag unzählige Dinge, für die wir dankbar sein können. Es ist nicht überflüssig, dem Zeitungsausträger, der Straßenbahnführerin, der Bäckerin, dem Heizungsmonteur und vielen anderen täglich bewusst Dankbarkeit entgegenzubringen. Albert Schweitzer empfahl einmal, ein Geheimkonto zu eröffnen über das, was man aus Gedankenlosigkeit oder Kleinlichkeit im Hinblick auf andere Menschen vernachlässigt. Mit seinem Leitsatz »Ehrfurcht vor dem Leben« hat er uns ein großes Vermächtnis hinterlassen. Denken wir in dieser

Weise über uns selbst nach, bleibt wenig Raum dafür, uns über andere zu beklagen. Wir erkennen, dass wir anderen immer etwas schuldig bleiben. Ebenso bleiben die anderen uns etwas schuldig. Dieses Fehlende haben wir uns selbst zu geben. Wenn wir Dankbarkeit üben, kann uns das gelingen.

Wenn wir an unseren Erwartungen und Wunschvorstellungen anhaften, was die anderen Menschen uns schulden, sind wir unachtsam, ja blind gegenüber den Diensten und den Geschenken, die wir erhalten. Dinge, die unser Leben vereinfachen und angenehm machen, werden zu Selbstverständlichkeiten degradiert und gar nicht mehr wahrgenommen. Das fördert Unzufriedenheit. Das Gegebene zu akzeptieren heißt nicht, sich ins Unvermeidliche zu fügen. Indem das Gegebene dankbar angenommen wird, wird der Weg frei für eine mögliche Veränderung.

Dankbarkeit erweitert unsere Wahrnehmung. Wir nehmen wahr, was das Leben tatsächlich bietet, statt die Wirklichkeit nach dem abzutasten, was wir von ihr erwarten. Oft fühlen wir uns doch wie ein Kind an seinem Geburtstag vor dem Gabentisch. Es wünscht sich etwas ganz Bestimmtes. Es reißt alle Geschenke auf und bricht in Tränen aus, wenn es das eine, das heiß Gewünschte, nicht vorfindet. Alle Geschenke, die da liegen, sind im Moment wertlos. Das Kind ist unglücklich und die Eltern sind ratlos. In einem solchen Augenblick ist es dem Kind unmöglich, achtsam und dankbar zu sein; der erwachsenen Person hingegen dürfte es möglich sein.

Mangel kann Wertschätzung und Dankbarkeit erzeugen für das, was überhaupt greifbar ist. Wir staunen über die vielen fröhlichen und lebendigen Menschen in den Ländern der so genannten Dritten Welt und erkennen im Kontrast dazu in den so genannten Wohlstandsländern häufig die Unzufriedenheit und die Gier nach mehr. Das sind plakative Beispiele dafür, dass die Machbarkeitsideologie Dankbarkeit untergräbt.

• Rahel ist unzufrieden mit ihrem Leben. Es bietet ihr nicht das, was sie sich wünscht. Der Traummann ist bisher ausgeblieben. Sie arbeitet als Violinlehrerin. Auch hier hat sie das Gefühl, sie gebe den Schülern mehr als sie von ihnen zurückerhält. Die Balance stimmt nicht und erzeugt ständige Frustration.

In Anlehnung an Naikan, eine aus Japan stammende Methode der inneren Selbstprüfung, vertiefte sie sich über Monate in die folgenden Fragen:

- Welche Unterstützung habe ich von anderen Menschen erhalten, um an meinen heutigen Ort im Leben zu gelangen?
- Was habe ich anderen Menschen an Unterstützung zukommen lassen in meinem bisherigen Leben?
- Welche Probleme und Schwierigkeiten habe ich anderen bereitet, um dahin zu gelangen, wo ich heute bin?

Rahel hat in dieser Arbeit erfahren, wie viel Unterstützung sie in ihrem Leben erhalten hatte, um zu einer erwachsenen, gesunden und gebildeten Frau und Violinlehrerin zu werden. Es beschämte sie. Sie realisierte auch, dass sie ihren Weg ziemlich egozentrisch gegangen war und kaum andere Menschen unterstützt hatte. Mit ihren ständigen Ansprüchen und Klagen hatte sie wohl vielen Menschen rund um sie herum Probleme und Schwierigkeiten bereitet. Das begann ihr langsam zu dämmern. Vielleicht hatte sie deswegen nur wenige Freundinnen und Freunde und keinen Partner. Sie hatte in einer Illusion von Unabhängigkeit gelebt und gleichzeitig sehr viel von anderen erwartet. Nun merkte sie, wie abhängig sie in ihrer Arbeit war; freundlicher formuliert: wie verbunden sie mit anderen war und dass sie das auch schätzen lernen konnte.

Jede Arbeit, auch die selbstständige Arbeit in einem Atelier oder einer Privatpraxis, ist eine Teamarbeit. Klientinnen und Kollegen sind in einem täglichen Teamwork miteinander verbunden und voneinander abhängig. Mit dieser Einsicht kann neben dem zeitweiligen und unvermeidbaren Ärger eine Dankbarkeit erwachsen für das, was die anderen einem an Herausforderung und Unterstützung zukommen lassen. Die Beispiele lassen sich beliebig vermehren. Vielleicht kann diese Einsicht auch den Groll der frustrierten Leserin verringern, was denn all dieses Gerede über Dankbarkeit soll, wenn die Gefühle dominieren, man sei im Leben zu kurz gekommen.

Dankbarkeit öffnet die Augen für die Verwobenheit aller Dinge und Menschen. Sie zeigt uns in jedem Augenblick, welch vielfältige Unterstützung wir durch unsere Umwelt und unsere Mitmenschen erfahren. Wenn wir uns für etwas bedanken, bedeutet es noch nicht, dass wir wirklich innere Dankbarkeit fühlen. Gesten des Dankes bei einem Dienst, einem Geschenk oder einer Einladung gehören zum Alltagsvokabular der ganz normalen Anständigkeit.

Es ist möglich, dass wir mit mehr Achtsamkeit bei solchen Dankesformeln auch mehr und mehr Dankbarkeit wirklich fühlen. Wir merken, dass die anderen nicht einfach wissen, dass wir ihnen dankbar sind. Wir beharren möglicherweise weniger auf unserem Recht, etwas zu bekommen, was wir vielleicht sogar bezahlt haben, und freuen uns, dass wir es erhalten haben.

Dankbarkeit und Versöhnung stehen in einem engen Zusammenhang. Anstelle der ichbezogenen Aufmerksamkeit versuchen wir uns in Achtsamkeit für das, was uns gegeben wurde und wird. Die Dankbarkeit hat eine versöhnliche Wärme. Die Entwicklung von Wertschätzung für alle Menschen, die uns von Geburt und Kindesbeinen an bis heute begegnet sind, fördert die Versöhnung mit uns selbst. Es wird dann unwichtig, über andere zu schimpfen und sich bei anderen zu beklagen. Die innere Abwehr lässt nach, wenn man sich nicht ständig verteidigen muss. Man wird offen und dankbar. »An einem sonnigen Tag Schatten zu spenden, ohne Stolz und Prahlerei, das ist das Wesen des Baumes.« Der Baum muss ebenso gegen Stürme und Unwetter kämpfen wie wir mit Machtansprüchen und Konflikten. Wenn wir uns eine solide Konfliktkompetenz erworben haben, aktiv zuhören und fair streiten können, sind wir gut gerüstet.

Teil II
Versöhnung leben

1. Innere Ressourcen zur Versöhnung

Im Wort Ressourcen ist die Quelle – la source – enthalten. Quelle bedeutet Anfang, aus dem Berg heraus ans Tageslicht kommen, Wunder, Frische, fließen, plätschern, überall durchkommen. Das weiche Wasser bricht den Stein. Die Quelle ist ein Symbol für Kräfte, die wir in uns selbst zum Fließen bringen können: durch unsere Sinne, unsere Fantasie, unser Innehalten und unsere Achtsamsein. Es sind Kräfte zur Selbstheilung, Kräfte zur Versöhnung. Dabei ist der ganze Mensch beteiligt, mit allen seinen Sinnen, mit offenem Herzen, mit Geist und Körper. Alles ist ebenbürtig, gleichwertig.

Versöhnung geschieht mit allen Sinnen

Versöhnung ist eine Angelegenheit der Einsicht und der Herzenskraft. Es geht dabei wesentlich um Einlenken und Loslassen. Der Geist, die Sinne, das Herz und der Körper sind dabei angesprochen. Die folgenden Abschnitte sind den Sinnen gewidmet. Es wird versucht, auf dem Weg unserer Sinne unsere Heilungs- und Versöhnungsressourcen zu wecken. Der Versöhnung als Geschehen, als Geschenk, geht immer eine Zeit des Schmerzes und der Trauer voraus. Erst wenn der Schmerz gefühlt wird, kann ein Mensch vergeben. In der Trauer werden Leid und Schmerz von sich selbst und vom anderen gewürdigt. Für diese Prozesse benötigen wir geistige und sinnliche Ressourcen.

Es sind kreative Schöpfungen, die mir den Mut und die Inspiration zu den folgenden Ausführungen über die Versöhnung durch die Sinne gegeben haben. Die Traumatherapeutin Luise Reddemann hat in ihrem Zyklus *Vom Herzeleid zur Herzensfreude. Die Verarbeitung von traumatischen Erfahrungen am Beispiel der Musik von J. S. Bach* herz-ergreifend dargestellt, wie Trauma in der Musik verarbeitet und veredelt werden kann.[52] Der Friedensforscher Senghaas hat in einer systematischen Erforschung der klassischen Musik der letzten Jahrhunderte sowohl Krieg als auch vor allem Frieden »hörbar« gemacht, zum einen vom Hörer her und von seinen subjektiven Vorstellungen von Frieden, und zum anderen vom Komponisten und seiner Bearbeitung der Themen Frieden und Krieg aus.[53]

Wir wissen, dass die achtsame Wahrnehmung kleinster Dinge in Alltag und Natur auch Menschen in größter Bedrängnis Linderung bringen kann. Musik, Theater und Tanz können leidenden Menschen in Gefängnissen, Konzentrationslagern, in armen und von Gewalt geprägten Ländern und in Kontexten der Unterdrückung oft Trost und Hoffnung bringen, jedoch auch Überlebenskräfte mobilisieren. Oft schaffen es Betroffene durch die Sinne und die Künste, den Teufelskreis von Armut und Aggression zu durchbrechen.[54]

Mit den folgenden Beispielen möchte ich die Fantasien der Leserinnen und Leser wecken und zu eigenen Sinnesreisen einladen. Versöhnung hat mit der Erweckung der Sinne zu tun: bei sich selbst und in der Beziehung zu anderen.

Versöhnung hören

Wie klingt Versöhnung in den Ohren? Mit welcher Musik bringen wir uns in eine versöhnliche Stimmung? Wie nähren wir unsere Versöhnungskraft?

Für mich verkörpert die Musik von J. S. Bach Schmerz und Trost, Ordnung und Verlässlichkeit in einer *Gleichzeitigkeit* aller Gefühle und Werte, wie ich es sonst nicht kenne. Der gesamte Kosmos ist darin enthalten. Das äußert sich in den Kompositionen und auch in den ihnen häufig zugrunde liegenden Texten. Diese sind von tiefer Frömmigkeit geprägt wie beispielsweise in der Bachkantate BW 106: »Mit Fried und Freud ich fahr dahin in Gottes Willen, getrost ist mir mein Herz und Sinn, sanft und stille. Wie Gott mir verheißen hat: Der Tod ist mein Schlaf geworden.« Auch mit einer anderen Vorstellung von Gott und höheren Mächten scheint es mir möglich, Bach mit dem Herzen zu hören. Das gleichzeitige Erleben von Schmerz und Trost in seiner Musik wird dem vielschichtigen Versöhnungsthema gerecht. Seine Kompositionen umfassen den Konflikt – früher nannte man es die Hölle, das Wüten und das Leiden – und verheißen den Himmel auf Erden.

Die African Jazz-Musik von Abdullah Ibrahim (früher Dollar Brand) ist zutiefst der Erfahrung der südafrikanischen Communities verbunden. »Fröhlichkeit und Versöhnung entsprechen der Lebensweise unserer Communities« hat er einmal ausgedrückt. Jahrzehntelang im Exil, kehrte er nach der Befreiung nach Kapstadt zurück: »Wir haben uns alle zu verändern.« Sein Lebensweg, sein Heimweh und sein Kampf sind in seinen berührenden Melodien hörbar geworden. Heute fließen seine Melodien in seinen Konzerten wie das Wasser in einem ruhigen und friedlichen Fluss.

Es gibt heute ein großes, ernst zu nehmendes Angebot an zeitgenössischer Musik, die zur Entspannung und zur Spiritualität einlädt. Es sind Klänge, die in ihrem Oszillieren und Verschmelzen die Einheit von Mensch und Kosmos widerspiegeln und dem Unsagbaren zwischen Himmel und Erde einen Ausdruck verleihen. Auch musikalisch verarbeitete Naturgeräusche wie Meeresrauschen, fließendes Wasser und Vogelgezwitscher bilden eine Inspirationsquelle zur Beruhigung und Befriedung.

Eine friedliche Stimmung beim Musikhören, verbunden mit Gedanken an einen Menschen, mit dem wir uns versöhnen möchten, kann uns dabei unterstützen, uns mit dem anderen zu versöhnen und mit uns selbst in Einklang zu sein.

Versöhnung riechen

Unsere Riechnerven sind auf differenzierte Weise mit unserem Erinnerungsvermögen verbunden. Weltberühmt sind Prousts »Madeleines«, ein Teegebäck, das bei ihm köstliche Erinnerungen weckte. »Ich kann diesen Menschen nicht riechen« ist ein Satz, den alle verstehen. »Ich rieche dich so gern« ebenfalls.

Es ist unserer Fantasie anheim gestellt, Gerüche herauszufinden, die uns versöhnlich stimmen, vorerst einmal uns selbst gegenüber. Das mag ein schönes Parfum sein, das uns ein lieber Mensch geschenkt hat, oder der Geruch einer Lieblingssuppe, wo bereits das Riechen ein warmes Gefühl im Bauch beschert.

Wenn wir uns einen bestimmten Menschen vorstellen, können

wir ebenfalls über den Riechsinn in einen inneren Dialog mit ihm eintreten.

Versöhnung sehen

Schöne Bilder wecken gute Gefühle, machen glücklich und beruhigen den Herzschlag. Das spüren wir selbst; inzwischen lässt es sich auch wissenschaftlich beweisen.[55] Imaginationen und Visualisierungen von Orten, an denen wir uns wohl und sicher fühlen, oder von hilfreichen Wesen vermögen innerlich ein Gegengewicht zu schaffen zu angstvollen und schlimmen Bildern, die uns quälen.[56]

Überall in der Welt bedeuten Farben emotionale Zustände. Wir sehen »rot«, wir sehen »schwarz« und wir sind »gelb« vor Neid. Rot gilt aber auch als Farbe der Liebe, nicht nur der Wut.

Farben beeinflussen unsere Stimmung, unseren Körper, unsere Sprache und unser Denken. Es ist an uns herauszufinden, welche Farben uns entspannen, friedlich stimmen, glücklich machen und versöhnlich stimmen. Vielleicht fallen uns auch Farben ein, wenn wir an andere Menschen denken. Die Farben können variieren, vor allem wenn wir solche Übungen über längere Zeit ausführen. Dann werden Veränderungen der Farben als Veränderungen der Gefühle erkennbar. Wir sind in steter Veränderung und Entwicklung begriffen. Auch das stimmt versöhnlich.

Wir können uns fragen, ob wir der Versöhnung eine Farbe und ein Bild zuordnen können. Gerade die grüne Farbe bedeutet auch Entspannung und Frieden. Das Grün in der Natur hat einen beruhigenden Effekt, sei es das sprossende helle Grün im Frühling oder das satte Grün in Sommer. Wieder für andere sind es Bilder von Lieblingsmalern, die Gefühle der Versöhnung unterstützen können. Es ist jedem anheim gestellt, seine eigenen Versöhnungs-Bilder zu finden.

Versöhnung tasten

In einem Gespräch mit dem Schriftsteller Gerhard Meier erzählt dieser von seinen täglichen langen Spaziergängen. Er hat es sich zur

Gewohnheit gemacht, mit den Händen an den Mauern, Gittern und Büschen, an denen er vorbeigeht, entlang zu streichen. Das verbinde ihn auf wunderbare Weise, über den Tastsinn, intensiv mit der Welt; er fühle sich geborgen, geerdet und verbunden.

Menschen mit Haustieren machen ähnliche Erfahrungen. Beim Streicheln einer Katze oder eines Hundes, einer Ratte oder eines Hamsters ist für viele Menschen die Welt in Ordnung. Sie fühlen sich verbunden, dankbar und versöhnt. Gefühle von Wohlbehagen, von Frieden und Ruhe gehören zur Versöhnung. Immer liegt es an uns, ob wir auch über den Tastsinn etwas Versöhnliches erfahren wollen. Zum Ertasten gehören auch Vorstellungen und Erlebnisse mit anderen Menschen, mit denen wir uns wohl fühlen und die wir gerne berühren.

Versöhnung schmecken

Wir schmecken mit der Zunge. Im Schweizerdeutschen Dialekt bedeutet schmecken riechen: »Ich kann dich nicht schmecken« ist eine deutliche Aussage, die Ablehnung und Widerwillen signalisiert. Wir schmecken eine Speise ab, wenn wir sie probieren und dann vielleicht noch mehr würzen. Auch Versöhnung hat einen Geschmack, für die einen ist er süß, für die andern bitter. Vielleicht ist bitter-süß eine gute Metapher.

Der sechste Sinn

Es gibt in verschiedenen Kulturen einen sechsten Sinn. Der sechste Sinn wird in unserer westlichen Kultur mit Ahnungen und Intuitionen verbunden. Mit dem sechsten Sinn wird etwas erspürt, das nicht allen Menschen gleich zugänglich ist. Das dritte Auge wird auch oft als sechster Sinn verstanden.

Im Buddhismus ist der sechste Sinn der Geist, das Denken (engl. *mind*). Der Geist hat aber nicht mit einem von den Emotionen getrennten Denken und Geist, sondern mit dem Herzen zu tun. Geist und Herz sind nicht zu trennen.

Ähnlich ist die Erwähnung des Herzens in der Bibel. Das Herz ist vor allem der Sitz der Vernunft und des Verstandes, des geheimen Planens und Überlegens und der Entschlüsse. Der Mensch hat Augen zu sehen, Ohren zu hören – und er hat ein Herz, um zu verstehen.

Versöhnung atmen

Die Atmung ist das große Lenkrad des Lebens. Es ist möglich, wochenlang auf Essen und tagelang auf Trinken zu verzichten. Des Atems beraubt würden wir innert Minuten sterben.

André van Lysebeth

Im Atmen verbinden wir uns mit der Welt. Bei keiner anderen Tätigkeit sind wir so eng mit der Welt um uns herum verbunden. Ohne zu atmen ist Leben undenkbar. Beim Einatmen nehmen wir Sauerstoff in uns auf und beim Ausatmen entlassen wir unseren verbrauchten Atem in die Welt. Es ist ein stetes Geben und Nehmen.

In der folgenden Atemübung geht es darum, im Ein- und Ausatmen Versöhnung mit sich selbst zu üben und zu vertiefen.

> Ich atme langsam ein und noch langsamer aus. Die Betonung auf der Ausatmung vertieft die Entspannung. Bei dieser Übung gehe ich durch mein ganzes bisheriges Leben. Die Übung beginnt bei meiner Geburt und endet beim heutigen Tag. Beim langsamen Einatmen denke ich »meine Geburt« und beim noch langsameren Ausatmen sage ich aus ganzem Herzen »Ja« dazu. Dann folgt das erste Lebensjahr: Beim langsamen Einatmen denke ich »mein erstes Lebensjahr« und beim noch langsameren Ausatmen sage ich aus ganzem Herzen »Ja«. So geht es weiter bis zum aktuellen Jahr und Tag.[57]

Wenn wir schon älter sind, dauert diese Übung eine gewisse Zeit. Wir können Variationen einbauen. Vielleicht fällt es uns am Anfang nicht so leicht, Ja zu sagen. Das Herz sagt immer Ja. Aus dem

Herzen heraus zu leben ist eine große Herausforderung. Manchmal tut es weh und es erscheint einfacher, das Herz zu verschließen. Man kann es auch immer wieder öffnen.

Es ist eine Übung, die sich zunehmend ausweiten lässt, indem wir beispielsweise bestimmte Personen und Situationen *in unser Einatmen einbeziehen und im Ausatmen aus dem Herzen bejahen.*

Ich möchte dazu einladen, eigene Atemübungen und -meditationen zu erfinden und auszuprobieren, die für eine versöhnliche Haltung durchlässig machen.[58]

Meditation

> *Unsere Gedanken und Gefühle fließen wie ein Fluss dahin. Versuchen wir das Dahinströmen zu hindern, begegnen wir dem Widerstand des Wassers. Besser ist es also, sich seinem Strömen zu überlassen und das Wasser dann allmählich in die gewünschte Richtung zu lenken.*
>
> *Thich Nhat Hanh*

Die achtsame Beschäftigung mit dem Atem ist bereits eine Form der Meditation. Meditation ist Konzentration, ist Innehalten und Still-Werden, ist das Üben von Achtsamkeit und Mitgefühl.

Thich Nhat Hanhs Erlebnis mit einem kleinen Mädchen ist eine schöne Einführung in die Bedeutung von Meditation:

● Ein viereinhalb-jähriges Mädchen, das bei Thich Nhat Hanh zu Besuch war, wollte ein Glas Apfelsaft nicht trinken, weil der Saft vom Einschenken trüb geworden war. Es ließ das Glas einfach stehen. Nach einer Stunde war der Apfelsaft klar. Das Fruchtfleisch hatte sich gesetzt. »Ist das ein anderes Glas?« fragte das Mädchen. »Nein, es ist dasselbe, es hat eine Weile gestanden, nun ist der Saft klar und köstlich.« Das Mädchen probierte: »Der Saft ist gut. Hat er meditiert wie du, Onkel?« Thich lachte: »Sagen wir es so: Ich ahme den Apfelsaft nach, wenn ich still sitze. Das kommt der Wahrheit am nächsten.« Und er erläutert, wie ihm die Meditation Klarheit schenkt und dadurch Kraft und Gelassenheit gibt. Wenn er sich frisch fühle, übertrage sich das auf seine Umgebung. Kinder würden das fühlen und seien gern in seiner Nähe.[59]

Meditation erlebt heutzutage in weltlicher, christlicher und buddhistischer Ausprägung einen unerhörten Aufschwung. Viele der Richtungen implizieren einen Wahrheitsanspruch. Das erscheint mir nicht notwendig. Es gibt heute eine Vielfalt von Atem-, Körper-, Imaginations- und Geistesübungen, die als Meditation bezeichnet werden können. Der Ausgangspunkt ist immer das Innehalten. Es geht um die Klarheit des Apfelsaftes. Wer immer zur Meditation gelangt, wird allmählich in eine Tiefe der Achtsamkeit und des Mitgefühls dringen. In der Meditation kann ein tiefes Einssein erlebt werden. Für die einen ist es ein Erleben Gottes, für die anderen die Erfahrung des Nichts oder der kosmischen Harmonie. Es ist etwas, das das eigene Ich mit seinen Sorgen und Ängsten übersteigt und dadurch klärend und heilsam wirkt.

Imagination

Mir hüpft das Herz im Leib vor Freud und kann sich gar nicht halten.
Aus einem alten Lied

Imagination ist ein meditativer Vorgang, bei dem sich ein Mensch innere Bilder und eine innere Welt erschafft. Imagination ist eine Art von Tagtraum. Imaginationen haben einen Ausgangspunkt. Das kann ein Bildsymbol sein: eine Quelle, ein Fluss, eine Wiese, ein Haus, ein Baum, ein Berg, ein Wald oder Waldrand. Es wird imaginiert, wie eine Wiese aussieht, wie sie beschaffen ist, wer sich darauf befindet, wo sie gelegen ist, wie sie riecht, ob Blumen darauf wachsen und weiteres mehr. Imaginationen können ausgerichtet werden auf Stabilität und Sicherheit, auf Heilung, Glück, auf Mitgefühl, auf Achtsamkeit, auf Dankbarkeit, auf Frieden und Versöhnung. Thematisch sind der Imagination keine Grenzen gesetzt, nur eines gilt: Imagination soll gut tun.

Imagination wird insbesondere auch in der Behandlung von Traumata und in der Bekämpfung von Krebs angewandt. Die Selbstheilungskräfte werden durch innere Bilder der Kraft und Weisheit gefördert und verschüttete Kräfte wieder ins Fließen gebracht. In der Arbeit mit traumatisierten Menschen wird Imagination zur Stabilisierung, Trauma-Konfrontation und Integration angewandt. Die Stabilisierung spielt dabei eine tragende Rolle. Imagination ermöglicht, mit dem Heilsamen in sich selbst in Kontakt zu kommen. Innere Bilder und innere Wesen (Helfer, weise Gestalten usw.) geben unter Umständen überraschende und kluge Hinweise und Antworten, die unerwartete Lösungen entstehen lassen. Im Horizont von Versöhnung möchte ich auf Imaginationen wie »Gepäck ablegen«, »Glück üben«, »mit sich selbst Frieden schließen« und auf Übungen zu Mitgefühl und zu Dankbarkeit verweisen.[60]

Ein Mensch kann sich in einer Versöhnungsimagination mit sich selbst versöhnen. Solche Übungen sind mit einer gewissen Regelmäßigkeit und Ausdauer zu machen, damit sie wirklich erlebbar werden. Erinnern wir uns, dass auch Versöhnung ein langer Weg, ein Prozess ist. Er durchläuft verschiedene Phasen. Stabilisierungsimaginationen (sicherer Ort, innere Helfer) vermögen einem Menschen während eines längeren Prozesses und insbesondere während Krisen Halt zu geben. Beispielsweise fühlen sich Menschen, denen Unrecht und Verletzungen zugefügt wurden, oft schuldig. Die Schuldgefühle dienen meist der Abwehr von Ohnmacht. Sowohl der Ohnmacht als auch den Schuldgefühlen kann mithilfe von inneren Bildern begegnet werden. Aus Imaginationen können sich auch Symbolhandlungen und Rituale entwickeln, die ebenfalls zur Stabilisierung beitragen.

Imagination kann in der Therapie und als Selbsthilfe angewandt werden. Die theoretische Basis der Imagination stammt aus Psychoanalyse und Tiefenpsychologie. Imaginationen sind meist den Wünschen, die ein Mensch hat, sehr nahe. Und Wünsche sind immer auch die Vorahnungen von Möglichkeiten.

Rund um das Herz

Man sieht nur mit dem Herzen gut.

Antoine de St. Exupéry

Dem Herz kommt in unserem Leben eine besondere Bedeutung zu. Das findet schon im Volksmund seinen natürlichen Ausdruck: Ins Herzen schließen, zu Herzen nehmen. »Geh aus, mein Herz, und suche Freud in dieser lieben Sommerzeit an deines Gottes Gaben« beginnt ein altes Lied. Das Herz ist eine beliebte kraftvolle Metapher: der Ruf des Herzens, das Herz wärmen, das Herz füllen und auch ausschütten, das Herz bewahren und im Herzen bewahren, das Herz öffnen und verschließen, Herzeleid und Herzensfreude, ein Herzenswunsch, sich ein Herz fassen und sich im Herzen verbunden fühlen. Im Herzen spüren wir die Fähigkeit zu lieben und zu fühlen. Das Herz kann zerspringen oder brechen, und es kann genesen und heilen. So wie das Herz zu einem reden kann, so kann es möglich sein, mit dem Herzen zu reden. Das Herz kann zu einem inneren Dialogpartner werden, der bei wichtigen Entscheidungen hilft, die ureigene Lösung zu finden. Der Dialog mit dem Herzen ist eine Variante des Dialoges mit dem inneren Kind oder der inneren Weisheit oder Güte. Dankbarkeit, Vergebung und Versöhnung haben mit dem Herzen zu tun. Das Herz ist der Ort des Zusammenkommens und der Auflösung der Gegensätze.

Wenn wir in Liebe erröten, ein Kind liebevoll umarmen oder gut zu uns selbst sind, ist das Herz dabei. Und dies nicht ausschließlich im übertragenen Sinne, wie heute medizinisch analysiert und erwiesen ist. Nervenreize und Hormonausschüttungen regulieren das Herz und seine komplexe Arbeit und bilden die physiologische Seite dessen, was wir an Herzgefühlen wahrnehmen. Wenn wir in einer Imagination etwas Schönes wahrnehmen und genießen, spielt auch das Herz mit. Es arbeitet im besten Fall in ebenmäßigen physiologischen Wellen, die im Begriff der Herzkohärenz zusammenfasst werden.[61] Diese Herzkohärenz hat auch eine psychische und spirituelle Seite. In Imaginationen und östlichen Meditationspraktiken wird durch das Herz geatmet und das Herz wird gereinigt, erfrischt, in

Sauerstoff gebadet, beruhigt und geöffnet. Es ist also möglich, mit dem Herzen in Kontakt zu treten und ihm Gutes zu tun. Ich kenne einige Kolleginnen, die mit Herzkohärenz-Übungen erfolgreich arbeiten und sie nicht mehr missen möchten für sich und ihre Klienten. Ein wohliges Gefühl von Wärme, innere Dankbarkeit und ein Lächeln sind Zeichen von Herzkohärenz. Viele Menschen lokalisieren solche Wohlgefühle im Bauch; es kann auch das Herz und beides zusammen sein. Letztlich sind alle Organe und auch das innere Kind Teile von uns selbst. Im Zeichen der Selbstversöhnung ist ein guter innerer Dialog hilfreich.

Die große Symbolträchtigkeit des Herzens mag auch damit zusammenhängen, dass wir es als einziges inneres Organ spüren, hören, fühlen. Das Blut wird in allen Kulturen mit Leben und Lebenskraft in Verbindung gebracht. Wer darin Übung entwickelt, spürt das Herz im gefühlsmäßigen Sinne. Er kann damit empfangen und auch senden. Und er kann mit dem Herzen und im Herzen verstehen. Es macht einen Unterschied, ob wir im Kopf oder im Herzen verstehen. Versöhnung bedarf einer Öffnung des Herzens. Geben und Nehmen fallen in eins zusammen. Die Logik des Herzens funktioniert zeitlos und grenzenlos. Heilerinnen und Heiler sind mehr und mehr davon überzeugt, dass Heilung aus dem Herzen kommt.[62]

Versöhnung gestalten – Symbolhandlungen und Rituale

Entfach das Feuer! Ich will Schönes dir zeigen – Sieh einen Schneeball!

Matsuo Bashô

Symbolhandlungen und Rituale sind in die Praxis umgesetzte Vorstellungen und Imaginationen. Es scheint, dass die ersten Menschen Rituale gegen die Angst erfanden. Das Feiern von magischen Zeremonien schuf eine Verbindung zu den Gottheiten und stärkte das Gemeinschaftsgefühl. Diese beiden Dimensionen sind auch in heutigen Ritualen wichtig. Rituale sind Handlungen, die auf etwas

Drittes und Größeres verweisen, und sie verbinden diejenigen, die es tun, im gemeinschaftlichen Vollzug. Wir kennen alle die jahres- und lebenszeitlichen Rituale von Weihnachten und Ostern, von Hochzeiten, Taufen und Beerdigungen. Diese Feste markieren als einmalige oder wiederkehrende Fixpunkte den Jahresablauf und den Lebensverlauf. Rituale sind mehrdeutig und vielschichtig. Sie sind mit vielen Gefühlen verbunden und werden mit allen Sinnen wahrgenommen. Rituale können allerdings zu einem Leerlauf oder gar zu einem Zwang werden, wenn sie nicht mehr zu den Bedürfnissen der Menschen passen und durch einen rigiden Ablauf ihren ursprünglichen Sinn und ihre Symbolik verloren haben.

Als Symbolhandlung wird ein kreatives Gestalten bezeichnet, das Konflikte neu zu ordnen und in einer versöhnenden Art abzurunden und zu bekräftigen vermag. Der Begriff des Rituals meint Symbolhandlungen, die sich spirituell zu etwas Größerem, Höherem hin öffnen. Beiden gemeinsam ist, dass sie zu den betreffenden Menschen und Lebensthemen passen sollen und einzeln oder in Gruppen vollzogen werden können. Eine Symbolhandlung kann sich auch beim Erleben in ein Ritual verwandeln.

Symbolhandlungen

Es gibt Selbstheilungs- und Selbstversöhnungshandlungen, um nach einem Ärger oder einer Wut, einer Verstimmung mit sich selbst eine versöhnliche Stimmung einzuleiten und zu unterstützen. Es kann eine Kerze oder ein Räucherstäbchen angezündet werden. Ein Mensch sagt sich etwas Gutes, und dies vor dem Spiegel mit einem Blick in die eigenen Augen. Es kann ein Spaziergang in der Natur sein, eine Lieblingsmusik oder eine Tasse Tee. Die Geste dient der Verbindung mit sich selbst. Vielleicht entsteht mit der Zeit Freude darüber, wieder etwas Schwieriges losgelassen und versöhnlich überwunden zu haben. Manche Menschen kennen ihre Möglichkeiten, um sich in Momenten großen Ärgers versöhnlich zu stimmen durch Meditation, Musik, anderes. Man hört immer wieder von Menschen mit Ahnungen ihres baldigen Todes, die sich versöhnlich von ihren

Mitmenschen verabschieden, wobei sowohl die Versöhnung als auch die Verabschiedung oft erst nach dem Tod dieses Menschen als bewusst vollzogene Gesten verstanden wird.

Wenn es um einen anderen Menschen geht, der uns bewusst oder unbewusst auf eine Art behandelt hat, die uns geärgert oder verletzt hat, bedarf der Affekt eines Ausdrucks nach außen, sei es ein Abwischen, Abwaschen, Abschütteln, ein Abklopfen, Stampfen, Schreien, Brüllen. Solcherlei Ausdruck erfüllt mit Kraft und vermag mit dem Abflauen der Wut sogar Spaß zu machen. Es ist sinnvoll, selbst herauszufinden, was gut tut und sowohl den Ausdruck von Wut als auch den Loslass- und Versöhnungsprozess mit sich selbst und dem anderen unterstützt. Menschen erzählen, wie sie zur Bekräftigung eine Kerze entzünden, der anderen Person innerlich einen versöhnlichen Gruß schicken, um Frieden bitten oder für sich und die andere Person einen Wunsch für den kommenden Tag aussprechen.

Ein Paar oder zwei Freunde können sich beispielsweise vornehmen, sich bei einem ausbrechenden Streit gemeinsam an einen Tisch zu setzen (anstatt in der Wohnung herumzuschreien) und sich gegenseitig anzublicken. Im Kühlschrank steht ein Fläschchen Champagner, um nach einem Streit die Versöhnung einzuleiten. Die symbolische Dimension fehlt hier nur scheinbar. Der Streit wird in einem von beiden vereinbarten versöhnungsbereiten Zustand ausgetragen. Die Versöhnung am Horizont gehört zu jedem Streit, sei er größer oder kleiner.

Die meisten Paare haben Versöhnungsrituale, die ihnen helfen, nach einer Auseinandersetzung und Verletzung wieder die gemeinsame Basis zu finden. Mit Geschwistern, Kolleginnen oder Nachbarn gibt es immer wieder Gelegenheiten, Konflikte auszutragen und Versöhnungsgesten durchzuführen. Meines Erachtens gehören auch Dinge wie Karten oder Briefe schreiben, eine Blume schenken, einen Dank aussprechen und gemeinsam ein Glas Wein oder eine Tasse Tee trinken zu den versöhnlichen Handlungen.

Eine Stufe weiter führt der gemeinsame Entschluss, eine Versöhnung zu feiern. Dies kann von einem Paar, einer Familie oder von einer Gruppe vorbereitet werden. Es gilt, einen Ort und eine Zeit zu finden, symbolische Gegenstände suchen und entsprechende Handlungen vorzubereiten. Die Feier wird zu einem Gemeinschaftswerk mit dem ausgesprochenen Wunsch, sich zu versöhnen, um gemeinsam weiter gehen zu können. Die Erfahrungen zeigen, dass sich fließende Gewässer gut eignen, um zu symbolisieren, wie versöhnliche Wünsche in Bewegung kommen. Ein Zusammenspiel mit den Elementen Wasser, Feuer, Erde und Wind wird von vielen als hilfreich für Versöhnungshandlungen angesehen.

Wie erwähnt können Symbolhandlungen unmittelbar in Rituale übergehen. Das Erleben von Versöhnung als bewussten Akt *und* als Geschenk vermag auf eine Kraft hin zu öffnen, die größer und wunderbarer ist als die des Menschen.

Rituale

Ein Ritual ist auf diese höhere Kraft hin offen. Im Zulassen von Versöhnung öffnet sich ein Mensch rückhaltlos und vertraut sich diesem Größeren an. Hellwache Präsenz im unmittelbaren Jetzt wird dabei zur wichtigsten Voraussetzung und Aufgabe.

Ein Neubeginn setzt einen Abschied voraus. Schmerzliche Erinnerungen, Schuldgefühle und ein Verharren in einer belastenden Vergangenheit verlangen nach einem Loslassen und Verabschieden. Für solche Abschieds- und Übergangsrituale müssen eigene Formen und Symbole gefunden werden, die zu den Menschen und zu den Situationen passen. Symbole stehen dabei für Empfindungen für eine Person, für eine Beziehung, für Schuldgefühle. Der Umgang mit Symbolen wird zu einem So-tun-als-ob und kann im Vollzug sehr wohl zu einem wirklichen Tun werden. Es mag sein, dass eine bereits erfolgte Versöhnung eines Abschiedsrituals bedarf, um wirksam zu werden in der Gegenwart. Das Ablegen der Vergangenheit und die Geburt und Feier eines neuen, versöhnlichen Versuchs können auch gleichzeitig in ein Ritual eingebunden werden.[63]

Ein Ritual ist wie eine Perle in einer Kette. Erst die Kette macht die Versöhnung aus, aber jede einzelne Perle ist konstituierend. Versöhnungen sind oft mehrfach determiniert: Ein Mann, der sich mit seiner Frau versöhnen möchte, realisiert, dass er sich auch mit sich selbst, mit seinen Eltern und mit seinen Kinder zu versöhnen hat. Eine Frau, die sich mit dem Tod ihres gewaltsam umgekommenen Ehemann versöhnen will, merkt, dass sie den Tod ihres Vaters noch nicht verarbeitet hat. Solche Rituale haben demzufolge in verschiedenen Versöhnungssträngen zu verlaufen, die aufgenommen und gebündelt werden müssen. Das Durchleben von Trauerprozessen und weiterer Bewältigungsprobleme bedeutet häufig die Aufhebung von Abhängigkeitsverhältnissen. Je komplexer eine Situation ist, desto eher empfiehlt sich der Beizug einer Fachperson. In Familientherapien, Geschwistertherapien und Paartherapien können Versöhnungsrituale eine den therapeutischen Prozess intensivierende und heilende, spirituelle Wirkung entfalten. Rituale vermögen diese Prozesse wirksam zu unterstützen und betonen, dass das Ganze einer Gruppe oder Familie mehr ist als die Summe ihrer Teile. Im existentiellen Zusammenhang von Leben und Versöhnung ist die spirituelle Öffnung auf eine höhere Macht hin nahe liegend. Die meisten Menschen kennen in ihrem Leben Augenblicke, in denen sie sich als Teil einer höheren Ganzheit erleben.

In der Vorbereitungsphase eines Rituals wird der gemeinsame Wunsch zur Versöhnung geklärt. Rituale zielen auf Aktivität, auf symbolische Handlung, auf Erleben einer größeren Macht als die Menschenmacht. Es müssen also die Schwerpunkte des Rituals geklärt werden. In der Regel geht es um eines oder um alle der drei Themen Verlust/Tod/Abschied, Versöhnung als Höhepunkt und Übergang zu Geburt/Neuorientierung/Wiedervereinigung. Rituale können in der Einsamkeit und in der Gemeinschaft gefeiert werden.

In der Neuordnungsphase arbeiten die Einzelnen bzw. die Familie oder Gruppe an konkreten Aufgaben, die den innerlichen Verarbeitungsprozess in Gang halten. Das kann das Schreiben eines Tagebuchs sein, das Verfassen von Briefen an entscheidende Personen, das Sichten von Fotos, Bildern, das Aufschreiben von Erinnerungen. Diese Phase ist entscheidend, wenn ein Ritual gelingen soll. Sie kann Wochen und Monate in Anspruch nehmen. Aus diesen Verarbeitungsprozessen heraus werden symbolische Verrichtungen entworfen und symbolhafte Gegenstände (von Personen, Beziehungen) zusammengestellt, die im Ritual ihre Bedeutung erhalten werden.

In der präzisen Planung des Rituals werden die Aktivitäten der Neuordnungsphase gebündelt: wo soll es stattfinden, wann soll es stattfinden, wer ist dabei, wer erhält welche Aufgaben; welche Elemente (Feuer, Wasser etc.) werden als unterstützend erlebt, um Abschied (begraben, vergraben, verbrennen), Versöhnung (Reinigung, Transformation, Segnung) und Neuorientierung (Bekräftigung, Feier) zu gestalten.

Die Durchführung des Rituals wird durch die Synthese der vorangegangenen Neuordnungsphase zu einer Erfahrung der unmittelbaren Präsenz, des radikalen Offenseins, des sich ehrlich Stellens. Es ist wie bei einem Begräbnis und einer Hochzeit: das Ritual ist eine Einladung zur Klärung der Gefühle und zur Sammlung von Kräften in einem Übergangsprozess. Rituale entsprechen einer uralten und andauernden Tradition. So können aus alten Ritualen auch neue Formen und individuelle Inhalte entwickelt werden. Ob man sich dazu eine leitende, auch Verantwortung übernehmende Person sucht oder aber die eigene Regie walten lassen möchte, dürfte jede/r bei den ersten Vorbereitungen spüren.

Versöhnungsrituale kennen keine Grenzen. In von Bürgerkriegen geschüttelten afrikanischen Nationen wie Moçambique, Angola und anderen sind Versöhnungszeremonien in Dörfern bekannt geworden, bei denen vormals verfeindete junge Krieger wieder in die durch den Bürgerkrieg entzweiten Gemeinschaften aufgenommen wurden. Dabei wurden die zurückkehrenden Krieger in Reinigungsritualen gesäubert und geläutert, ihre alte Identität durch Verbrennen ihrer Kriegskleider abgelegt und ihre neue Identität in Übergangs- und Initiierungsritualen besiegelt, die immer auch die Hilfe Gottes einbezogen. Die konsensual beschlossenen, überlebensnotwendigen Rituale wurden zur unabdingbaren Voraussetzung eines gemeinschaftlichen Weiterlebens. Erst durch sorgsam geschaffene Stabilisierungen wurde der stets prekäre Raum für Versöhnungsprozesse gesichert.[64]

2. Versöhnlichkeit als Lebenshaltung

Versöhnliche Menschen sind gegenwärtige, von der Vergangenheit weitgehend befreite Menschen. Versöhnlichkeit nährt sich von der wechselseitigen Verbundenheit und Abhängigkeit aller Menschen und Dinge. Alles gehört zusammen und ist miteinander verbunden. Was dieses Erkennen der wechselseitigen Abhängigkeit aller Wesen und Dinge zur Freiheit hin öffnet, sind nicht-wertende Achtsamkeit und Mitgefühl. Mit dieser Lebenshaltung ist der Weg zu sich selbst und anderen offen. Versöhnlichkeit ist ein Prozess, ein Weg, eine Heilung. Nicht ein für allemal, sondern immer wieder.

Ein-, Zwei- und Dreiäuglein – Versöhnung im Märchen

Ich bin nicht meine Gedanken, Emotionen, Sinneswahrnehmungen und Erfahrungen. Ich bin das Leben selbst. Ich bin der Raum, in dem alles geschieht. Ich bin Bewusstsein. Ich bin das Jetzt. Ich bin.

Eckhart Tolle

Versöhnlichkeit als Lebenshaltung soll im Folgenden anhand eines Märchens erläutert werden.

Es war in einem Psychodrama-Workshop, den ich besuchte. Wir erhielten als Gruppe die Aufgabe, das Grimm'sche Märchen *Ein-, Zwei- und Dreiäuglein* zu spielen. Wir lasen das Märchen und hatten uns zu überlegen, welche Rolle und Szene wir spielen möchten. Für mich war schnell klar, dass ich die Schlussszene des Märchens spielen wollte und zwar in der Rolle des Zweiäugleins. Ich erlebte diese Figur im Märchenschluss als zutiefst versöhnlich und wollte erleben, wie sich das anfühlt.

Der Inhalt des Märchens soll zusammenfassend dargestellt werden:

Zweiäuglein hatte zwei Augen wie alle Menschen. Deshalb wurde es von seiner Mutter und seinen beiden Schwestern, dem Einäuglein und dem Dreiäuglein, gehasst und malträtiert. Zweiäuglein war unglücklich und hungrig; hungrig nach dem täglichen Brot, das ihm vorenthalten wurde, und hungrig nach Anerkennung. Jeden Tag musste es die Ziege des Hauses aufs Feld hinausführen. Dort saß es dann und weinte. Es fand eine Helferin in seiner Not: die weise Frau, die es auf »Zicklein, meck!« und »Tischlein, deck!« aufmerksam machte. Mit diesen beiden Zaubersprüchen hatte Zweiäuglein einen mit Essen beladenen Tisch vor sich auf der Wiese. Nun hatte es genug zu essen. Doch die Mutter und die missgünstigen Schwestern kamen Zweiäugleins Glück auf die Schliche. Die Mutter schlachtete die Ziege. Als Zweiäuglein wieder weinend auf dem Feld saß, kam ihm wiederum die weise Frau zu Hilfe. Sie riet ihm, die Mutter um die Eingeweide der Ziege zu bitten und sie vor der Haustür zu vergraben. Tags darauf wuchs aus den Eingeweiden ein prächtiger Baum mit Blättern aus Silber und Äpfeln aus Gold. Nur Zweiäuglein konnte die Äpfel pflücken. Wenn die Schwestern nach den Früchten greifen wollten, entglitten ihnen die Äste. Als eines Tages ein vorbei reitender junger Ritter einen Ast verlangte, mühten sich Einäuglein und Dreiäuglein vergebens ab. Zweiäuglein durfte nicht dabei sein. Da gab sich das versteckte Zweiäuglein, dem der Baum gehörte, durch eine List zu erkennen. Es rollte ein paar goldene Äpfel aus seinem Versteck unter der Tonne dem Prinz entgegen. Nun erkannte der Ritter, wem dieser wunderbare Baum gehörte. Nach langem Leiden wurde Zweiäuglein nun vom Märchenritter gerettet und es lebte glücklich mit ihm im Schloss. Der Baum war ihm nachgefolgt und stand nun im Schlossgarten.

Der Schluss des Märchens wird im Folgenden im Originaltext wiedergegeben:

>»Einmal kamen zwei arme Frauen zu ihm auf das Schloss und baten um ein Almosen. Da sah ihnen Zweiäuglein ins Gesicht und erkannte seine Schwestern. Ein- und Dreiäuglein, die nach dem Tod der Mutter so in Armut geraten waren, dass sie umherziehen und vor den Türen ihr Brot suchen mussten. Zweiäuglein aber hieß sie willkommen und tat ihnen Gutes und pflegte sie, also dass die beiden von Herzen bereuten, was sie ihrer Schwester in der Jugend Böses angetan hatten.«[65]*

Aus dem Märchen wird nicht ersichtlich, weshalb Zweiäuglein den Schwestern nicht schadenfroh begegnete oder ihnen gar die Tür vor der Nase zuschlug. Zweiäuglein zeigte sich versöhnlich. Diese großzügige, herzensgute Schwester wollte ich spielen.

Die Gruppenleiterin intervenierte. Zweiäuglein habe seine Schattenerfahrungen anzuerkennen, meinte sie. Zuvor gäbe es keine Versöhnung. Ich verstand; so einfach war die Versöhnung nicht zu haben. Zweiäuglein war ungeliebt, musste sehr leiden und sich selbst durchschlagen. Es erhielt aber auch wundersame Hilfe und Nahrung und wurde schließlich vom Ritter zur Frau erwählt. Ihre Schwestern wurden dagegen verwöhnt und blieben an ihre Mutter gebunden. Solange Zweiäuglein ihnen diente, konnten es sich die beiden Schwestern gut gehen lassen. Doch sie lernten nicht, selbstständig zu leben und für sich selbst zu sorgen. Als die Mutter starb, versanken sie in Hilflosigkeit und Armut. Sie mussten betteln gehen und Zweiäugleins Schlosstüre war unbewusst eine ihrer Bettelstationen.

Dass die missgünstigen Schwestern betteln gehen mussten, bedeutet in der Märchenlogik, dass früher ein zu großes Ungleichgewicht herrschte, das nun ausgeglichen werden muss. Im Märchen leitet es die Heilung aller drei Schwestern ein. »Zweiäuglein erkannte sie, hieß sie willkommen und tat ihnen Gutes.« Doch nicht einfach so. Zweiäuglein hatte in seinem Elend böse und gute Erfahrungen gemacht. Es wusste, wie es sich anfühlt, einsam und in Leid und Elend zu leben. Es hatte auch erfahren, wie es ist, unerwartete und wundersame Hilfe zu erhalten.

Im darauf folgenden psychodramatischen Spiel erkannte ich, wie Zweiäugleins versöhnlicher Empfang seiner Schwestern durch die Anerkennung seiner Schattenerfahrungen, seiner dunklen Seiten, an Intensität gewann. Bei allem Schweren, das es erlebt hatte, war ihm auch ein Lernen und Wachsen möglich gewesen. Nicht zuletzt hatte ihm seine kleine List aus dem Versteck den Weg aus dem Leid ermöglicht. Das alles galt es anzuerkennen und zu ehren. Dies machte Zweiäuglein, indem es seine beiden Schwestern in Empfang nahm und ihnen versöhnliche Wertschätzung entgegenbrachte.

Die Vertiefung von Versöhnungsbereitschaft

Wenn du mitfühlend und friedfertig bist, wenn du glücklich bist, wird alles, was du tust, ein Geschenk für die Menschen um dich herum sein.

Thich Nhat Hanh

Versöhnungsbereitschaft bedeutet eine Ausrichtung auf Versöhnung hin. In seiner empirischen Studie über »Konflikt und Versöhnung« hat Kleiter nachgewiesen, dass eine vorhandene Versöhnungsbereitschaft *vor, während und nach* einem Konflikt eine nachweisbare Wirkung ausübt und dass steigende Bildung, steigendes Alter und steigende soziale Kompetenz die Wahrscheinlichkeit von Versöhnungsbereitschaft erhöhen. Frauen zeigten in seiner Studie eine höhere Versöhnungsbereitschaft als Männer. Ein Blick auf die Straße, in die Häuser und in die Berichterstattung der Massenmedien lässt vermuten, dass es in unserer Gesellschaft an versöhnungsbereiten Menschen fehlt. Versöhnungsbereitschaft und Versöhnung sind bis zu einem gewissen Grad lernbar. Bildung und soziale Kompetenz machen versöhnungsbereiter. Reden zu können und nicht schlagen zu müssen spielt eine wichtige Rolle. Und doch gibt es so viel Gewalt. Es stellt sich die Frage, ob Versöhnungsbereitschaft attraktiv genug ist, dass man sie in Familien und Schulen und in größeren Zusammenhängen lernen will.

Unsere menschliche Natur und unsere Beziehungen sind konflikthaft. Wir leben weder im Paradies noch im Schlaraffenland, und unsere Emotionen reichen vom konstruktiven zum destruktiven Pol. Wir sind nicht die Meister unserer selbst in unserem Seelen- und Körperhaushalt. Dem versucht die Erziehung zu Anstand und Höflichkeit Rechnung zu tragen. Ebenso die Erziehung zu Respekt vor der Andersartigkeit der anderen. Die Frage ist, ob das genügt. Höflichkeit im Alltag und die Akzeptanz und der Respekt der Andersartigkeit von anderen sind eminent wichtige Qualitäten, die das Zusammenleben erleichtern. Ein Problem ist, dass sowohl Höflichkeit als auch Respekt routiniert sind. Im Normalfall entschuldigen wir uns, wenn wir jemanden treten. Einer hochschwangeren Muslimin mit Kopftuch bieten wir vielleicht in der voll besetzten

Straßenbahn unseren Sitzplatz an. Solche Höflichkeiten erleichtern das Zusammenleben. Aber sie tragen der Konflikthaftigkeit sowie der existenziellen Tiefe von Menschsein und menschlichen Beziehungen zu wenig Rechnung. Die Höflichkeiten sind eine Schicht an der Oberfläche, die wie eine dünne Eisdecke auf dem gefrorenen Weiher einbrechen kann. Die Wirklichkeit ist vielschichtiger und tiefgründiger. Unsere individuelle Selbstständigkeit ist weitgehend eine scheinbare, und unser Umgang mit destruktiven Gefühlen ist meistens mangelhaft.

Es gibt immer wieder Ausnahmen von der Regel. Was lässt einen Mandela dem bisherigen Feind, unter dem er und sein Volk Jahrhunderte lang gelitten haben, die Hand reichen und Versöhnung anbieten? Was macht die Güte und Weisheit des Dalai Lama aus? Es sind nicht nur solche außergewöhnlichen Menschen, in deren Nähe wir eine mystisch anmutende Wärme und Güte fühlen, die uns selbst verwandeln. Es gibt solche Menschen auch in unserem Umfeld. Sie haben eine menschliche Größe, die über die erwähnte Versöhnungsbereitschaft hinaus auf eine versöhnliche Lebenshaltung verweist, die neue Zeichen setzen kann. Menschen wachsen nach einer Krankheit oder einem Unfall oft in eine Stärke hinein, die sie mit der Schwäche und dem Leiden versöhnt sein lässt. Sie können mehr mitfühlen als andere und auch leichter in anderen die Versöhnlichkeit wecken, die in ihnen selbst gewachsen ist.

Es gibt zunehmend westliche Denker, die darum wissen, dass der moralische Fortschritt von einer Steigerung des Mitgefühls (compassion) abhängt, und nicht davon, dass man sich über die Empfindsamkeit erhebt und die Vernunft verabsolutiert.[66] Es bedarf eines neuen, unverbrauchten zwischenmenschlichen und interkulturellen Dialogs, der von der Verbundenheit in Mitgefühl – nicht von Mitleid als egoistischer Regung – getragen ist. Durch die Massenmedien scheinen wir in unserem Wohnzimmer vor dem Fernsehen mit den schrecklichen Folgen weltweiter Katastrophen hautnah verbunden zu sein. Wir teilen das Entsetzen und spenden Geld. Haben wir auch Mitgefühl? Sind wir solidarisch? Ändert sich dadurch etwas in unserem Leben? Reichen unsere Gefühle ebenso weit oder gar weiter als unsere Informiertheit? Den Menschen der heutigen Zeit wird eine große Gefühlsambivalenz und Gefühlsunsicherheit zugeschrieben.[67]

Mitgefühl ist ein Phänomen der Resonanz. Es braucht einen inneren Raum, indem es sich entfalten kann. Es gibt Beispiele zur Entwicklung von Mitgefühl, die uns westlichen Menschen einen Weg aufzuzeigen vermögen. »Man muss nur anerkennen, dass andere denselben Wunsch haben wie wir, glücklich zu sein. So wie wir nicht leiden möchten, möchten es andere auch nicht.«[68] Eine solche Anerkennung vermag eine Haltung zu fördern, die lebensverändernd wirkt. Eine grundsätzliche Versöhnungsbereitschaft sich selbst und anderen gegenüber kann durch Mitgefühl vertieft werden. Es ist nicht durch Untersuchungen und Berichterstattung, sondern durch die mitfühlende Vorstellung erreichbar, fremde Menschen als Leidensgenossen zu sehen. Solidarität wird nicht entdeckt, sondern dadurch geschaffen, dass wir unser Mitgefühl für den Schmerz und die Demütigung anderer üben und vertiefen. Diese gesteigerte Sensibilität macht es schwieriger, Menschen, die verschieden sind von uns, an den Rand des Bewusstseins zu drängen. Aussagen wie »Sie empfinden nicht so wie wir« oder »Es hat schon immer Leiden gegeben« sind dann nicht mehr möglich. Musik und Filme, Literatur und Theater haben denn auch mehr und mehr die Ermöglichung von Mitgefühl und Solidarität übernommen, was Berichterstattung und Predigten aller Arten nicht mehr leisten können.

Achtsamkeit und Mitgefühl

> Es gibt keinen Weg zum Frieden, Friede selbst ist der Weg.
>
> Gandhi

Das Üben von Achtsamkeit hat sowohl in der Meditation wie auch in alltäglichen Verrichtungen seinen Wert. Bewusstes Atmen, bewusstes Gehen und bewusste, langsame Verrichtungen nähren die Achtsamkeit, das heißt die nicht-wertende, nicht-anhaftende Wahrnehmung dessen, was hier und jetzt ist. Achtsamkeit bezieht sich immer auf die unmittelbare Gegenwart. Thich Nhat Hanh spricht von der Sonne der Achtsamkeit, die dem Herzen des Selbst entspringt und es möglich macht, den Strom unserer Wahrnehmungen, Gedanken und Gefühle zu erhellen. In dem Augenblick, in dem die Sonne der Achtsamkeit zu scheinen beginnt, findet ein grundlegender Wandel statt – so wie sich eine Landschaft grundlegend verändert, wenn auf einmal die Sonne scheint: Strom und Sonne sind von derselben Natur. Das ist der Wandel. Das beobachtende Selbst kann nicht getrennt werden vom Selbst, das beobachtet wird. »Wenn die Sonne der Achtsamkeit erstrahlt, verwandelt sich die Natur der Gedanken und Gefühle. Sie sind eins mit dem beobachtenden Geist, und dennoch bleiben sie verschieden, so wie das Grün der Blätter und der Sonnenschein.«[69]

Nun soll der Aufmerksamkeit im Lichte der versöhnlichen Haltung Beachtung geschenkt werden. Der vorangehende Abschnitt hat mit der wechselseitigen Abhängigkeit aller Dinge vertraut gemacht. Es wird dadurch möglich, die Hoffnungen und Ängste, Freuden und Qualen aller Wesen zu erkennen. Das führt zu Mitgefühl. Erkennen und Mitfühlen sind eins. Ich habe in Südafrika erlebt, wie ein Leopard eine Antilope jagte. Nicht gesehen habe ich den wahrscheinlichen Fortgang, dass der Leopard die Antilope erwischt und in Stücke reißt. Das ist das Leben im Busch. Die Vorstellung war schmerzlich und ich hoffte, die Antilope würde entfliehen. Die meisten Menschen, auch ich, essen Tiere, so wie der Leopard die Antilope frisst. Mit unserem Mitgefühl und dem gleichzeitigen Erkennen der wechselseitigen Abhängigkeit aller Dinge stehen wir auf beiden Seiten. Auch der Hunger des Leoparden verdient unser Mitgefühl. »Gut« und »böse« sind auf beide Seiten verteilt.

Wenn Polizisten irgendwo auf der Welt einen Menschen prügeln, schmerzt das. Wir fühlen den Schmerz, die Angst und die Ohnmacht des Opfers mit. Und wir wissen, dass etwas Ähnliches uns selber zustoßen könnte, indem andere Menschen uns quälen. Wenn wir tiefer in diese Szene hineinfühlen, können wir uns aber auch an die Stelle der Polizisten versetzen. Die Welt ist voller Gewalt, Hass und Angst. Die Polizisten haben in ihrer Ausbildung und durch ihre

Erfahrung gelernt, dass sie getötet werden können. Sie sind darauf trainiert, als erste zu schlagen oder zu schießen. Wie alle Lebewesen führen sie einen Kampf ums Überleben. Und doch: Es ist eine besondere Herausforderung, auch mit den Polizisten Mitgefühl zu entwickeln und damit auf beiden Seiten zu stehen. Es bedeutet zu akzeptieren, dass wir sowohl die Geprügelten als auch die Prügelnden sein könnten.

Ein Vater schlägt seinen Sohn, ein Ehemann seine Frau, eine Frau ihre Kinder und die Kinder andere Kinder. Wenn wir das wahrnehmen und nicht werten, stehen wir gleichzeitig auf beiden Seiten. Hass und Gewalt sind Krieg. Weil wir nicht glücklich sind, gibt es Hass und Gewalt. Dank des Mitgefühls, das sich beiden Seiten zuwendet, werden wir ermächtigt, an unserem jeweiligen Ort im Leben darauf hinzuarbeiten, dass Menschen glücklich werden und sind. Mitgefühl für andere steht und fällt mit dem Mitgefühl für die Schattenseiten und Unvollkommenheiten unserer selbst.

Wenn wir uns nicht gut ernähren, werden wir krank. Dann brauchen wir vielleicht eine Diät. Wenn wir nicht richtig atmen, können wir die Gifte in unserem Blut nicht aus unserem Körper eliminieren. Auch dann ist eine Diät angesagt. Das Erkennen der täglichen Gewalt droht unser Bewusstsein und unseren Körper zu vergiften. Wir brauchen eine Diät, um unser Bewusstsein zu reinigen. Achtsamkeit und Mitgefühl erwecken in uns den Wunsch, Leiden zu lindern. Zuvor müssen wir unser eigenes Leiden verstehen. Wenn wir einer anderen Person davon erzählen können und sie uns aufmerksam zuhört, wird unser Leiden gemildert. Aktiv zuhören ist eine tiefgehende Praxis, die Leiden lindern kann. Wir haben in unserer Partnerschaft, in unserer Familie, am Arbeitsplatz und überhaupt im Alltag zuzuhören. Wenn wir einem Menschen zeigen können, dass wir ihm zuhören können, dann hört die andere Person auch uns zu. Erzählen und Zuhören im Wechselspiel sind eine Praxis des Friedens und der Versöhnlichkeit. Achtsamkeit und Mitgefühl führen auf diesen Weg. »Nichts Menschliches ist mir fremd« bedeutet, mit beiden Seiten mitzufühlen. Wenn wir die Wirklichkeit nicht zerteilen und parzellieren, ist sie untrennbar. Wenn Achtsamkeit und Mitgefühl geübt und gelebt werden, lösen sich Groll und Hass, die man für unüberwindbar hielt, in mitfühlende Sorge um sich und die anderen auf.

Mitgefühl geht weiter als Empathie im Sinne der Einfühlung in andere. Es bezieht die eigene Person mit ein. Dadurch wird Mitgefühl zu einer tief empfundenen, teilnehmenden Sorge und zwar unabhängig davon, ob man selbst oder eine andere Person das betroffene Wesen ist, denn meist sind es beide gleichzeitig. Mitgefühl ist etwas anderes als Mitleid und Selbstmitleid. Selbstmitleid ist eine egoistische Regung. In unseren westlichen Kulturen liegt uns Selbstmitleid näher als Mitgefühl. In der afrikanischen und in der buddhistischen Kultur, um zwei Beispiele zu nennen, werden ein integriertes Mitgefühl angestrebt: aus dem Mitgefühl mit sich selbst heraus wird auch anderen Mitgefühl entgegengebracht, beides gehört zusammen.[70] Wenn wir dies von anderen Menschen in anderen Kulturen lernen können, wird das eine positive Variante der Globalisierung sein: ich bin auf beiden Seiten, wir sind auf beiden Seiten.

Versöhnlichkeit und Versöhnung

Versöhnung als Weg zum Erinnern des wahren Selbst. Niemals zu vergeben gehört zum Ego, das glaubt, sein Dasein wäre damit in Frage gestellt. Verzeihen heißt, vom Ego und von Kränkung abzulassen und meint Besinnung auf das Selbst.

Ken Wilber

Versöhnlichkeit ist eine immer wieder zu leistende innere Haltung sich selbst, den anderen und dem Leben gegenüber. Sie setzt die kontinuierliche Versöhnung mit jenen Personen voraus, die uns seit je, ob willentlich oder nicht, Unrecht, Schmach und Schmerz zugefügt haben: Eltern, Geschwister, PartnerInnen, FreundInnen und die »bösen Nachbarn«. Versöhnlichkeit ist kein Erleuchtungszustand, sondern eine lebenslange Ausrichtung auf Achtsamkeit und Mitgefühl für sich und andere. Versöhnung ist das Ergebnis einer Besinnung und letztlich die Entscheidung, sich den nackten Tatsachen des Lebens zu stellen, nicht auszuweichen, nicht zu verdrängen, nicht zu projizieren, sondern sich ehrlich und offen zu stellen. Das Leben ist unfair und ungerecht. Die meisten Menschen erfahren das von Kindesbeinen an. Jedes Kind erlebt auf mannigfaltige Weise die Macht des Stärkeren und Größeren. Das prägt. Was wir wählen können, ist der Umgang mit diesen Erfahrungen und den damit verbundenen destruktiven Gefühlen.

Versöhnlichkeit bedeutet Einsicht in das eigene Leiden und in das Leiden der anderen. Sie bedeutet auch den Sieg des Geistes über die Kraft der Emotionen und des Blutes, die nach Rache und Vergeltung schreien.[71] Wenn der Geist frei wird, ist er hell und klar. Ein Mensch mit hellem und klarem Geist hat Mitgefühl und eine geschärfte Wahrnehmung für Leiden und Unrecht. Es ist nicht so, dass wir dann unsere Gefühle unterdrücken müssen, denn das wäre ungesund. Werden wir zornig, haben wir eine Wahl. Wir können unseren Zorn in Schimpfen und Toben ausagieren. Wir können unsere destruktiven Emotionen aber auch nicht-wertend wahrnehmen und in einen Dialog mit unserer Einsicht oder unser inneren Weisheit treten. Wir können sie benutzen,

»um das Wesen unseres Geistes zu verstehen, wir können zuschauen, wie sie sich aus eigenem Antrieb legen, ohne Samen zu hinterlassen, aus denen sie zukünftig erneut entstehen könnten. So vermeidet man die schädlichen Folgen des Hasses in der Gegenwart, und in Zukunft wird er keinen Anlass haben, sich erneut so heftig bemerkbar zu machen.«[72]

Wenn wir destruktive Emotionen spüren, hilft es, sich bestimmt und klar gegen die eigene Destruktivität auszusprechen und ihr keinen Platz zu geben. Das ist bereits die hohe Schule der Versöhnlichkeit.

In Realität sind die meisten Menschen immer wieder von Ärger geplagt. Lena erzählt, wie es ihr nach langen Jahren gelang, aus der Ärgerzeit in eine versöhnliche Zeit zu gelangen.

- »Ich hatte wieder einmal eine Zeit heftigen Ärgers. Alles und jedes ließ mich explodieren. Ich litt an mir selber. Ich lag einmal nachts wach wie so oft in Ärgerzeiten und quälte mich – vor allem mit mir selbst. Im nächtlichen Nachdenken erkannte ich auf einmal die *Ärgerketten* in meinem Leben. Ich sah die Kette wie eine Leuchtschnur mit Knoten vor mir. Jeder Knoten verkörperte einen großen Ärger. Ich ging Ärger um Ärger, Person um Person durch. Es dauerte lange, denn es spielten fast alle Menschen meines Lebens eine Rolle in dieser Ärgerkette. Es dämmerte mir, dass ich diesen Menschen, und dem, was sie mir in meinem Erleben zugefügt hatten, viel zu viel Macht in meinem Leben eingeräumt hatte. Ich erinnerte mich, dass ich kurz vor dem Erwachen einen Traum gehabt hatte, in dem ich meinen Mann tot und zerfressen vor mir sah. Ich spürte Entsetzen. Dann merkte ich, dass es um etwas anderes ging: Es ging um mich. Ich glaube, dass das Tote, Zerfressene meinen Ärger darstellte. So würde auch mein Mann weiterleben können. Nun fühlte ich Erleichterung. Ich holte mir eine heiße Wärmflasche ins Bett und schlief nochmals ein. Als ich erwachte, war der Ärger weg. Ich fühlte, dass die Ärgerkette unterbrochen war. Ich war frei geworden. Ich fühlte mich versöhnt mit dem Geschehen, mit den Menschen. Nun lag etwas Wichtiges hinter mir, endlich. Ich brauchte den Ärger nicht mehr.«

Das ist kein Bericht einer Wunderheilung. Lenas Befreiung waren Jahre der Auseinandersetzung mit ihrer Destruktivität vorausgegangen. Sie meditierte seit langer Zeit. Das Innehalten und das nicht-haftende Wahrnehmen verschafften ihr Einblicke in ihren immer wieder auftauchenden Ärger. Doch erst das Erkennen der *Ärgerkette* ermöglichte ihr eine nachhaltige Befreiung.

Ärger, Groll und feindselige Gefühlen zeigen immer an, dass unser Selbstwert und unsere Identität als bedroht erlebt werden. Wir müssen uns dann selbst sagen, dass wir ein Recht haben, auf dieser Welt unseren Platz einzunehmen, und dass es an uns liegt, unsere Selbstentfaltung und unser Wachstum voranzutreiben. Je mehr ein

Mensch destruktive Emotionen zulassen kann, desto weniger Macht üben sie auf ihn aus. Es ist nie zu spät, daran zu arbeiten, dass Leiden, Schuld und Trotz, Angst und Ärger immer wieder aufgelöst werden können und sich in eine versöhnliche Haltung dem Leben gegenüber verwandeln: ich vergebe, weil ich frei sein will. Das Freiwerden ist äußerlich kein spektakulärer Prozess. In einer menschlichen Seele wird eine Wandlung vollzogen – langsam, oft mit Rückfällen, leise, unaufhaltsam. Die Kraft der Versöhnung und der Versöhnlichkeit liegt im Erleben von Glücksmomenten, in denen ein Mensch sein wahres und freies Selbst spüren und leben kann.

Im Gehen ist man am Ziel. Der Weg ist das Ziel. Meditation und Imagination sind meines Erachtens geeignete Methoden, um zum inneren Frieden zu gelangen. Es ändert nichts an der Tatsache, dass es im Leben immer Verluste gibt, dass Leben kränkt, verletzt und oft irrational ist. Wir können daran eine Durchlässigkeit für liebevolle Gefühle und für Versöhnlichkeit üben. Viele Menschen begeben sich deshalb in die Natur.[73] Dort wird sichtbar, wie die Natur immer wieder Verwüstungen und Zerstörungen anrichten kann, sich aber auch mit Regelmäßigkeit davon erholt. Immer wieder erwacht neues Leben. Jedes Jahr wird es wieder Frühling.

Die universale Dimension

Ich bin angekommen. Ich bin zu Hause. Meine Ziel liegt in jedem Schritt.

Thich Nhat Hanh

»Liebe deinen Nächsten wie dich *selbst*« setzt ein Selbst voraus. Dieses Selbst – beweglich, flexibel, mit konturierten Grenzen – bedarf der Selbstdistanzierung und der Selbsttranszendenz, um aus sich heraus sich und anderen gegenüberzutreten. Ein wichtiges Ziel von Psychoanalyse und Zen ist die Aufhebung der Verdrängung. Es geht um das unmittelbare Erfassen der Wirklichkeit. Es ist gleich dem Erleben des Kindes beim Spiel: Es sieht den Ball rollen und es geht vollkommen auf in diesem Erleben und kann dieses Spiel endlos mit stets derselben Freude wiederholen. In zeitgenössischen psychoanalytischen Worten: es ist ein Erleben jenseits der Subjekt-Objekt-Spaltung, im nicht urteilenden, nicht wertenden Erleben der Einheit.

Im Kern geht es dabei um Versöhnung: Versöhnung mit sich selbst und anderen, zwischen Religion und Psychotherapie, Psychotherapie und Spiritualität. Sie verfolgen dieselben Anliegen, nämlich Heil und Heilung und den erkennenden Einblick in das eigene Wesen, das Wesen der Welt und in Glück und Frieden. Freud nannte ein ausreichendes Maß an Genuss-, Liebes- und Arbeitsfähigkeit als das Ziel psychoanalytischen Arbeitens. Die moderne Psychoanalyse ergänzt hier noch explizit Wertschätzung und Empathie, emotionale Wärme und Eingehen auf das Hier und Jetzt, gerade auch in der therapeutischen Beziehung. Gelungene Psychotherapie und spirituelles Erleben werden oft in denselben Worten beschrieben. Es ist ein Erwachen, ein Sterben-Lassen von Altem und ein Wachsen von Neuem, Erneuerndem, Befreiendem, letztlich ein zyklisches »Stirb und werde«, »Werde und lasse«. All das hat sich im ganz und gar gewöhnlichen Alltag zu bewähren und ist nicht außergewöhnlichen Bewusstseinszuständen vorbehalten. Es geht um den achtsamen, toleranten und liebevollen Umgang mit sich selbst in den täglichen Bezügen, im Aufstehen, Anziehen, Arbeiten und Zu-Bett-Gehen. Die freie Assoziation beim Klienten und die frei schwebende Aufmerksamkeit der Psychoanalytikerin haben viel gemeinsam mit der absichtslosen Offenheit der Meditation. Letztlich gibt es nicht den einen Pfad, sondern viele verschiedene Pfade, die gewählt werden können. Das Wichtigste ist, den Pfad zu finden, der einem gemäß ist.

Das Erschließen des wahren Selbst verweist darauf, dass alle Phänomene unseres täglichen Lebensvollzugs auf einer tieferen oder höheren Ebene zusammengehören, verbunden mit der Welt, dem Universum, dem ewigen Wellengang der Existenz, mit der Lebensmelodie. »Die Dinge singen hör ich so gern«, schrieb Rilke. Und Tagore: »Ich schlief und träumte, das Leben sei Freude. Ich erwachte und sah, das Leben ist Dienen. Ich diente und siehe: das Dienen war Freude.«[74]

Im Traum, in der Kunst und in der Poesie werden Symbole erschaffen. Symbole (von griech. *symbolon* – Erkennungszeichen; *symballein* – zusammenführen) sind Botschaften, die von der Ganzheit künden, sind elementare Lebenszeichen. »Wer seines Lebens viele Widersinne *versöhnt* und dankbar in ein Sinnbild fasst, der drängt die Lärmenden aus dem Palast« schrieb Rilke in seinem Stundenbuch. Wilber, der in seinen Werken Wissen und Weisheit, Wissenschaft und Spiritualität *versöhnen* will, schreibt über die Stille, die uns Innehalten gewährt, und über die Stimme, die uns dann zuflüstert: »Vergiss niemals das Gute, vergiss niemals das Wahre, vergiss niemals das Schöne, denn dies sind die Antlitze deines eigenen tiefsten Selbst, das sich dir freigebig enthüllt.«[75] Das ist die Überwindung des paranoiden Systems unsere eigenen feindseligen Gefühle und des Bemächtigungsdrangs, sich die Erde und die Menschen untertan zu machen.

Die Frage nach dem inneren Halt, dem inneren Sinn ist eine der großen Fragen unseres Lebens. Diese Frage ist auch immer jene nach der tragenden Hand im Leben, nach etwas, dem viele den Namen Gott, Buddha oder Allah geben. Es gibt andere Namen: innere Heimat, Heimkehr, innere Geborgenheit, Großer Geist, Höheres Selbst. Es sind Bilder für Figuren, die uns mit dem Größeren und Höheren in uns und um uns verbinden und in der Tiefe unserer Seele gründen. Das Erleben des inneren Halts ist nichts Selbstgenügsames, sondern verweist auf andere. Wir fühlen uns in Achtsamkeit und Mitgefühl, in Liebe und Dankbarkeit mit uns, mit den anderen Menschen und dem Universum verbunden.

Exkurs:
Versöhnung in globalen Zusammenhängen

Es ist mir ein Anliegen, in diesem Exkurs den Blick zu weiten, auf Erinnerung, Konflikte, Versöhnungsbedarf und Versöhnungsprozesse in Südafrika und in der Weltgesellschaft hin. Wir sind durch Massenmedien und Transportmittel zu mobilen Mitgliedern einer globalen

Gesellschaft geworden. Wir leben in wechselnden Abhängigkeiten, und zwar im Positiven wie auch im Negativen. Konflikt und Streit finden in den einzelnen Kulturen und im interkulturellen Bereich statt. Es gibt weltweit einen enormen Versöhnungsbedarf. Unterschiedliche Gesellschaften und Kulturen suchen ihre adäquaten Lösungen. Das ist eine Lernchance, die es interkulturell zu nutzen gilt.

Erinnerung und Versöhnung in Südafrika

Ich bin ein Mensch, weil ich dazugehöre, ich nehme teil, ich teile mit anderen.

Desmond Tutu

Südafrika ist ein Land, in dem die Mehrheit der Bevölkerung täglich mit dem Überleben kämpft. Es sind Armut, Arbeitslosigkeit, Kriminalität, Missbrauch, Gewalt und Aids, die jeden Tag in geballter Ladung viele Opfer fordern. Auch mehr als zehn Jahre nach der Abschaffung der Apartheid schmerzen die Wunden der Jahrhunderte dauernden Unterdrückung. Das ist aber nicht alles. In Südafrika gibt es seit der Befreiung im April 1994 ein gesamtgesellschaftliches Versöhnungsprojekt der Rassen und Kulturen. Mandelas damaliger Aufruf, dass die Südafrikaner nicht der Sprache ihres Blutes, das nach Rache ruft, folgen dürfen, sondern kraft ihres Geistes Versöhnung zu üben haben, ist immer noch wirksam. Diese Botschaft durchdringt trotz aller täglichen Schrecken die gesamte Gesellschaft. Wir können von Südafrikas Kampf lernen, was Versöhnung ist. Es ist keine Anpassung an ungerechte Verhältnisse, sondern durchdringt als Botschaft der Hoffnung den Kampf für Gerechtigkeit und Menschenwürde. Ein offenes Geheimnis dieses Durchbruchs war, dass viele Unterdrückte bewusst aus ihrer Opferrolle ausgestiegen sind. Auch Täter sind aus ihrer Täterrolle ausgestiegen. Die folgenden Beispiele zeigen auf, wie sich das Ringen um Versöhnung auf zwischenmenschlicher Ebene manifestiert.

Wenn es um Leben und Tod geht

● Brenda, eine farbige, vierzigjährige Frau, suchte mich im Trauma-Zentrum einer farbigen Community außerhalb der Stadt Pretoria in Südafrika um Hilfe auf.[76] Ihr jüngster Sohn war ein halbes Jahr zuvor bei einem Fest von einem Kollegen erschossen worden. Der Zwanzigjährige verblutete am selben Abend. Der Kollege behauptete, es sei ein Unfall gewesen. Er wurde auf Kaution freigelassen. Es weiß niemand, was wirklich passiert war an jenem Abend. Die Gerichtsverhandlung stand noch aus.

Eine Woche nach der Beerdigung kam dieser Kollege zu Brendas Haus und bat sie um Verzeihung. Brenda erbat sich einige Wochen Bedenkzeit. In dieser Zeit schrieb sie täglich nieder, welche Gefühle der Trauer um ihren erschossenen Sohn sie erlebte, und welche Gefühle sie gegenüber seinem Mörder hatte. Sie verwendete dafür zwei verschiedene Tagebücher. Weiter führte sie imaginäre Gespräche mit ihrem Sohn, ja, ihr Sohn wurde in ihren Imaginationen zum Helfer, der ihr den Weg weisen würde. Diese Gespräche schrieb sie in einem dritten Tagebuch nieder. Das Schreiben brachte ihr Erleichterung. Ihr innerer Helfer (der verstorbene Sohn) riet ihr, dem Kollegen zu verzeihen. Die Auseinandersetzung mit den drei Themen in den drei Tagebüchern wurde immer intensiver. Brenda begann zu fühlen, dass die Gefühle des Hasses auf den Mörder ihre Gefühle der Trauer um ihren Sohn vergifteten. Sie störten auch ihre inneren Gespräche mit ihrem Sohn. Sie fühlte, dass sie sich mit dem Mörder zu versöhnen hatte. Zum einen sich selbst zuliebe, denn sie wollte sich nicht an den Mörder ihres Sohnes binden und sich dadurch selbst schaden. Zum anderen wollte sie in Frieden um ihren Sohn trauern und mit ihm Gespräche führen.

Als der Kollege nach zwei Monaten wieder zu ihr kam, fühlte sie sein Unglück zutiefst. Er tat ihr leid. Sie sagte ihm, dass sie ihm verzeihen könne und sich mit ihm versöhnt fühle. Es sei nicht an ihr, über ihn zu richten, das liege in anderen

Händen. Sie wolle sich auf sich und ihre Trauer konzentrieren; das sei schon mehr als genug für sie und ihre Familie. Sie fühlte noch im Gespräch eine Erleichterung, eine Art Befreiung. Gleichzeitig spürte sie, dass sie diesen Kollegen ihres Sohnes mit ihrem Versöhnungsangebot nicht erlösen konnte. Das war aber nicht mehr ihre Angelegenheit, denn sie hatte ihr Menschenmögliches getan.

Intuitiv hat Brenda in ihrer verzweifelten Situation in einer fast übermenschlichen Weise gehandelt. Sie hat dem Mörder verziehen, um frei zu werden für die Trauer um ihren Sohn. Doch sie kam nicht aus ihrer Trauer heraus. Ihr Sohn war gestorben und erschien ihr immer wieder in Nacht- und Tagträumen. Er signalisierte ihr, dass es ihm gut gehe. In unseren Gesprächen ging es nicht um den Mörder. Brenda hatte dieses Kapitel vorläufig abgeschlossen. Es ging um sie und ihre Trauer, die ihr ganzes Leben zu verschlingen drohte. Sie hatte Angst, den Kontakt zu ihrer Familie zu verlieren, ja alles zu verlieren, auch ihre Besinnung. Sie war froh, dass sie darüber reden konnte. Ich brachte ihr Bücher von Elisabeth Kübler-Ross über das Trauern mit. Sie verschlang sie und war froh zu erfahren, dass der Trauerprozess viel Zeit braucht und durch verschiedene Phasen durchgeht. In den Gesprächen mit mir versuchte sie, sich mit dem Leben zu verbünden. Noch immer führte sie die anderen Gespräche mit ihrem verstorbenen Sohn und erlebte ihn mehr und mehr in Sonnenstrahlen, Wind und Pflanzen. Was sie nicht mehr mit ihm im Leben erfahren konnte, erlebte sie in Träumen und Stimmungen. Die Grenzen verwischten sich und die Realität mischte sich mit Imagination und Traum. In ihrem Herzen lebte er weiter.

Im Rahmen ihrer religiösen Gemeinschaft begann Brenda Trauernachmittage mit Müttern erschossener Söhne zu veranstalten. Es gab Hunderte solcher Frauen in ihrer Gemeinde. Hier konnte sie ihre Erfahrungen teilen und weitergeben. Sie hatte einen neuen Sinn in ihrem Leben gefunden.

Ein Jahr später telefonierte ich mit Brenda anlässlich eines

Südafrikabesuchs. Der Prozess um den Mordfall hatte einige Wochen zuvor stattgefunden und vieles in ihr erneut aufgewühlt. Der Mörder hatte lediglich eine Geldbuße erhalten. Brenda erlitt daraufhin eine Herzattacke. Sie sagte, sie wisse, dass es keine nachträgliche Gerechtigkeit geben könne und ihr Sohn nicht zurückkomme; trotzdem hätte sie einen Schock erlitten.

Zur Zeit unseres Gesprächs war sie immer noch in der Erholungsphase, führte jedoch die Trauernachmittage mit den Frauen ihrer Gemeinschaft weiter. Der Umgang mit Trauer war zu ihrem Lebensinhalt geworden. In dieser Arbeit fühlte sie sich aufgehoben. Zugleich hatte sie erkannt, dass nicht nur sie als einzelne Mutter zu trauern hatte, sondern dass sie Teil einer traumatisierten Community war, die ebenfalls einen Trauerprozess brauchte, um heilen zu können.

Abschieds- und Erinnerungsarbeit

• Smangele ist ein achtjähriges Mädchen in Südafrika. Sie ist Vollwaise. Ihre Mutter starb vor zwei Jahren an Aids und sie lebte danach mit ihren beiden Onkeln, sechzehn und zweiundzwanzig Jahre alt. Sie waren nicht in der Lage, sich um sie zu kümmern, und fingen an, sie zu missbrauchen. Das merkte eine Freundin von Smangeles Mutter, Lindiwe, und sie nahm Smangele zu sich auf. Sie war nun bei ihrer »Tante«, aber sie zog sich zurück, es ging ihr schlecht. Sie sprach kaum in der Schule. Vollwaise zu sein war schon schlimm; noch schlimmer war es, wenn man den Vater nie gekannt hatte und die Mutter an Aids gestorben war. Es war eine Schande und Smangele fühlte Traurigkeit und Wut. Niemand konnte und wollte ihr richtig Auskunft geben über ihre Familie.

Doch Smangele hatte Glück. Ihre Betreuerin von einer Aids-Organisation hatte in einer Weiterbildung gehört, dass es neue Möglichkeiten gebe, Aids-Waisen bei ihrer Wut und Trauer beizustehen. Die Betreuerin kam zu Lindiwe, der Tante, und Smangele nach Hause und ließ sich von Lindiwe alles erzählen, was diese über ihre Freundin wusste. Smangele war glücklich über alles, was sie zu hören bekam. Sie hätte immer mehr über ihre Mutter wissen wollen und auch darüber, wer ihr Vater war. Sie fühlte sich nicht zu jung, um alles von ihrer Mutter zu erfahren. Sie dachte ja die ganze Zeit über ihre verstorbene Mutter nach und litt darunter, wie wenig sie wusste.

Einige Wochen nach diesem Gespräch kam die Betreuerin zurück und brachte eine kleine Kartonschachtel mit. Darin war ein Photo von Smangeles Mutter und deren Lebensgeschichte, die die Betreuerin nach diesem Gespräch aufgezeichnet hatte. Smangele konnte es noch nicht lesen, aber sie wusste, dass auf diesen Blättern das Leben ihrer Mutter aufgeschrieben war. Sie wusste nun auch, wer ihr Vater war und die Tante wusste, wo er lebte, und dass er Smangele gern kennen lernen würde. Damals nach ihrer Geburt hatte er kein Geld und konnte deshalb nicht für sie aufkommen. Und Smangeles Mutter hatte das akzeptiert und beschlossen, ihr Kind selber aufziehen.

Smangele hatte nun ihre Memory Box. Und sie hatte noch ein Kleid von ihrer Mutter, das sie oft anzog. Sie war ohnehin ständig im inneren Gespräch mit ihrer Mutter.

Eine *Memory Box* ist zum einen eine Metapher. Es ist zum anderen eine Methode der Erinnerung und des Gedächtnisses »trotz allem«, trotz Tod und Verlust. Eine *Memory Box* ist eine reelle Schachtel aus Karton oder Blech mit Erinnerungsstücken an Verstorbene: ein Taschentuch, eine Haarnadel, eine Halskette, ein Armring – wenige kleine Dinge. Es gibt auch andere Vermächtnisse von Aidskranken: Frauen haben in *Body Map*-Projekten gegenseitig ihre lebensgroßen Silhouetten auf große Papiere gezeichnet und sehr bunt, vielfältig und symbolisch ihre Körper an- und ausgemalt.

Im südlichen Afrika haben *Memory Boxes* und *Body Maps* im Umfeld von Aids eine ganz besondere Bedeutung, weil vor allem auf dem Land die Kultur noch weitgehend mündlich überliefert wird. Sie sind eine Möglichkeit für die Kranken und Sterbenden, ihrem

Leben und ihrem Abschied Wert und Würde zu verleihen. Sterben ist etwas Schweres, vor allem wenn man noch jung ist und kleine Kinder hat. Noch schwieriger ist es, als Mutter seinem Kind erzählen zu müssen, dass man stirbt. An Aids zu sterben, ist immer noch weitgehend ein Tabu. Jeder sterbende Elternteil weiß, dass er den Kindern viele Aufgaben und Pflichten hinterlässt. Das Älteste muss für seine Geschwister sorgen, es kann vielleicht nicht mehr zur Schule gehen; vielleicht müssen die Kinder eine neue Unterkunft suchen; es ist kein Geld da, alle haben Hunger, es gibt auch kein Geld für Schulkosten und Schuluniformen. Es sind Riesenhypotheken. Die sterbende Mutter bzw. der sterbende Vater fühlt sich dadurch wertlos und hilflos. Der Besitz reduziert sich auf ein Minimum. Erinnerungsstücke sind Glückssache im großen Verschweigen tabuisierter Todesursachen.

Ich erlebte viele Menschen, die keinen Grund mehr sahen weiterzuleben. Nichts mehr hielt sie auf dieser Erde. Die Herstellung einer *Memory Box* gab ihnen, selbst wenn sie schon sehr entkräftet waren, für ein paar Tage und Wochen einen Sinn. Es verlieh ihnen Wert und Würde – vor sich selbst und in den Augen ihrer Familie. Manchmal ließ es sie sich versöhnen mit ihrem schrecklichen Schicksal. Die Versöhnung lag darin, dass sie bis zum Schluss getan hatten, was ihnen möglich war. Auch darin, dass sie, die Ärmsten, doch etwas für ihre Kinder hinterlassen konnten. So konnten sie in Würde Abschied nehmen. Ich glaube, dass es ganz wichtig ist für diese noch jungen Menschen, *versöhnt* sterben zu können.

Wenn Solidarität das Wichtigste ist

● Caroline, eine junge Frau, arbeitete als Verkäuferin in einem Fast Food Shop. An einem Samstagabend hatte sie eine Extra-Schicht in einem Quartier zu leisten, das sie nicht kannte. Um nach Arbeitsschluss heimzukommen, musste sie ein Sammeltaxi nehmen, weil das Firmentaxi, das sie sonst nach Hause brachte, nicht fuhr. Auf dem Heimweg wurde sie verschleppt, ausgeraubt und mehrfach von einer Gruppe von jungen Männern vergewaltigt. Sie kam einige Tage später zu einer Krisenintervention zu mir. Ihre betriebliche Betreuerin hatte sie darum gebeten, weil sie nicht mehr zur Arbeit erschienen war. Die mehrfachen Vergewaltigungen, die sie erlitten hatte, standen nicht im Vordergrund des Gesprächs. Sie war nicht zur Arbeit gegangen, weil sie sich unendlich müde und traurig fühlte und die täglichen Späße ihrer ahnungslosen Kollegen über Vergewaltigung nicht mehr aushielt. Sie fürchtete deren Bemerkungen, wenn sie ihnen erzählen würde, was ihr zugestoßen war. Der Gedanke, von ihnen nun als HIV-Verdächtige ausgeschlossen und diffamiert zu werden, war ihr unerträglich. Sie litt darunter, dass ihre Vorgesetzten sie zur Extra-Schicht ohne den Schutz eines Firmentaxis aufgeboten hatten. Die über ihre Vergewaltigung informierten Vorgesetzten hatten nur ans Geschäft gedacht und sich auch nicht bei ihr entschuldigt. Sie fühlte sich verletzt durch die Erfahrung, dass ihr Betrieb nicht für sie sorgte. Das war ihre schlimmste Erfahrung. Sie sorgte sich darum, dass durch die mangelnde Sorgfalt der Vorgesetzten weitere Kolleginnen dasselbe erleiden könnten wie sie.

Caroline war realistisch. Sie wusste, dass sie wieder zur Arbeit gehen musste, denn sie hatte für ihre zehnjährige Tochter und für ihre Mutter zu sorgen. Sie hatte auch bei der Polizei ausgesagt und im Krankenhaus Medikamente zur HIV+-Prophylaxe erhalten. Sie wusste, was zu tun war nach einem solchen »Unfall«, wie sie es nannte. Wir entwickelten im Gespräch den Plan, dass sie ihre Betreuerin ins Vertrauen zieht über ihre Sorgen und sie bittet, darüber mit den Vorgesetzten wie auch mit den Kollegen zu sprechen. »Dann werde ich wieder zur Arbeit gehen, wohl wissend, dass sich mein Leben grundsätzlich verändert hat und dass ich mit dieser schlimmen Erfahrung leben muss. Sie gehört von jetzt an zu mir. Die anderen müssen etwas lernen davon. So kann ich weiterleben.« Sie lächelte erleichtert, als sie wegging. Ich sah Caroline nie wieder und hoffte, es würde ihr gelungen, mit ihrem Anliegen auf offene Ohren und Herzen zu treffen.

Ubuntu ist in der südafrikanischen Weltanschauung ein zentraler Begriff, der die afrikanische Identität charakterisiert. Ein Mensch wird durch seine Mitmenschen zum Menschen. Ein Mensch ist Mensch, weil er zu den anderen Menschen gehört, an ihrem Leben teilnimmt und das Leben mit ihnen teilt; »Ich bin ein Mensch, weil ich dazugehöre, ich nehme teil, ich teile mit anderen.« (Desmond Tutu) Das afrikanische Selbstbewusstsein nährt sich vom Wissen, zu allen zu gehören und Teil des Universums zu sein. Es wird vermindert, wenn andere entwürdigt und entehrt, unterdrückt und gefoltert werden. In diesem Denken waren auch die Vertreter der Apartheid Opfer ihres menschenverachtenden, gewalttätigen Systems. Menschlichkeit wird als ungeteilt wahrgenommen. Der Unterdrücker wird ebenfalls entmenschlicht. Ubuntu repräsentiert eine Kultur der Gemeinschaft, der Anteilnahme und des Mitgefühls für alle. Auf dieser Basis werden Vergebung und Versöhnung denkbar und möglich, anstatt Rache und Vergeltung zu üben.[77] Die Heilung von Südafrika liegt in der Fähigkeit jedes einzelnen, jedem Mitmenschen einen Platz zu geben im eigenen Herzen. Davon zeugen die Menschen, denen in diesem Kapitel eine Stimme verliehen wird. Von ihnen können wir Ubuntu, Gemeinschaftsgefühl und Solidarität, lernen.

Begegnungsversuche jenseits von Hass und Rache

Eugene de Kock, der südafrikanische Massenmörder der Apartheidszeit, wurde nach der Abschaffung der Apartheid zu mehr als zweihundert Jahren Gefängnis verurteilt für seine jahrelange, konsequente Beseitigung von Apartheid-Gegnern. Nun verbüßt er die Strafe im Hochsicherheitstrakt in Pretoria. Er hatte 1995 vor der Wahrheits- und Versöhnungskommission des südafrikanischen Staates ausgesagt, um Amnestie zu erhalten. Er hat sie nicht erhalten. Bei seiner Anhörung geschah etwas Erstaunliches. Er berichtete unter anderem vom Mord an drei schwarzen Polizisten und gestand, dass er sich bei deren Ehefrauen entschuldigen möchte für seine Untat. Er hat sich dann mit zwei dieser Frauen und den Anwälten getroffen. Pumla Gobodo-Madikizela, eine schwarze Psychologie-

Professorin, hat die beiden Witwen einige Tage später aufgesucht. Die eine der Frauen erzählte, dass sie tief berührt war von dieser Geste. Beide hatten gespürt, dass de Kock bereute, was er getan hatte, und ihre Qual würdigen konnte. »Ich konnte meine Tränen nicht zurückhalten«, berichtete Frau Faku, »ich konnte nur nicken in meinem Schmerz und damit ausdrücken, dass ich ihm verzieh. Ich hoffe, dass er spürte, dass unsere Tränen nicht nur unseren ermordeten Ehemännern galten, sondern auch de Kock. Ich fühlte, dass ich ihm die Hand hätte reichen wollen um ihm zu sagen, dass er eine Zukunft haben werde und dass wir ihm zutrauen, dass er sich ändern könne.«

Pumla Gobodo-Madikizela hat im Anschluss an diese Begegnung beschlossen, Eugene de Kock im Gefängnis aufzusuchen und mit ihm Gespräche zu führen. Sie wollte dem Menschen im Massenmörder begegnen und mit ihm den brennenden Fragen nach Reue und Vergebung nachgehen. Sie wünschte herauszufinden, ob dieser Mann der Vergebung der beiden Polizistenwitwen würdig war. Sie war zutiefst berührt von den Tränen der beiden Frauen um ihren eigenen Verlust und um den Verlust von de Kocks Menschlichkeit. Die Witwen waren sich einig, dass ihnen erst die Begegnung mit de Kock ermöglicht hatte, dem nachgehen zu können, was ihren Männern zugestoßen war, und nun erst um sie trauern konnten.[78]

Können wir uns solche versöhnlichen Begegnungen in Deutschland, im Balkan oder im Nahen Osten vorstellen?

Menschlichkeit

Vergebung konfrontiert Täter mit ihrer Unmenschlichkeit und ruft sie bei ihrem Namen. Durch Vergebung werden sie als Menschen anerkannt, die gefehlt haben – sei es aus Zwang von oben, aus pervertierten Überzeugungen oder aus Angst. Vergebung nimmt den Tätern die Last ihres Vergehens nicht weg. Doch die Opfer befreien sich davon, die destruktive Energie des Täters weiter mit sich und in sich zu tragen. Das Geschehene wird anerkannt. Zwar sind Täter und Opfer durch ein Verbrechen unsichtbar miteinander verbunden.

Doch durch die Vergebung löst sich das Opfer vom Täter und von seinem Opfersein.

Täter müssen aufmerksam betrachtet werden. Vergebung und Versöhnung sollen vorsichtig und zurückhaltend angeboten werden, betont Gobodo-Madikizela. Doch solle eine Gesellschaft wie Südafrika, die sich Versöhnung auf die Fahne geschrieben habe, Menschen wie den reuigen de Kock annehmen, weil er den Weg geebnet habe zum Miteinanderteilen von Menschlichkeit. Die Möglichkeit zur Empathie sei ein kostbares Geschenk in einer brutalen Welt, die überwunden werden wolle. Es soll eine Welt sein, in der Menschen und nicht Rollenträger miteinander verkehren. Der Wille zur kollektiven Versöhnung habe in einem Land wie Südafrika die individuellen Vergebungsversuche unterstützt.

Im April 1998 fand die erste internationale psychoanalytische Konferenz in Kapstadt, Südafrika, statt. Es war vier Jahre nach der Befreiung. Die Frage, wie man mit den Tätern umgehen sollte, wurde kritisch diskutiert. Da erhob Albie Sachs, Richter am südafrikanischen Verfassungsgericht, seinen Armstummel, der von einer Autobombe herrührte, die ihn während der Apartheid in Mozambique hätte töten sollen. Sachs sprach davon, wie wichtig es sei, die Humanität der Täter zu sehen, und wie sehr Südafrikas Hoffnung davon abhänge, solche Funken von Humanität mit einem mitfühlenden Geist zu erkennen und sich nicht Rachegefühlen hinzugeben. Das Auditorium mit den Psychoanalytikern aus aller Welt verstummte und hörte Sachs zu, der immer wieder mit seinem verstümmelten Arm gestikulierte. Sachs hatte den Verbrechern vergeben. Lange bevor man wusste, ob Südafrika überhaupt jemals eines Tages eine Demokratie werde, hat er sich für Versöhnung und gegen Rache ausgesprochen; ebenso wie Mandela es in seiner Autobiografie eindrücklich beschreibt. Schon Ende der achtziger Jahre, in der dunkelsten Apartheidszeit, plädierte Sachs für Frieden. Racherufe würden das Kommen der Freiheit nur verzögern.[79]

- Albie Sachs, heute Richter am Constitutional Court in Südafrika, lebte während der Apartheid in Moçambique im Exil.

Durch eine Autobombe wurde er schwer verletzt. Jahre danach wurde er von dem Mann, der die Autobombe in seinem Wagen platziert hatte, besucht. Sachs erzählt, wie seltsam er sich fühlte, diesen Mann vor sich zu sehen. Henry erzählte, er würde vor der Wahrheits- und Versöhnungskommission aussagen. Sachs antwortete ihm, wenn er alles aussage vor der Kommission und damit etwas leiste für das neue Südafrika, dann könne er ihm möglicherweise eines Tages die Hand schütteln. Heute nicht.

Er traf ihn später zufällig an einer Party. Henry kam auf ihn zu und erzählte, dass er ausgesagt habe und dass er, Sachs, doch gesagt hätte ... Sachs streckte ihm seine noch gesunde Hand entgegen. Henry strahlte und Sachs fiel fast in Ohnmacht. Sachs schrieb später, sein verstümmelter Arm wäre nicht nachgewachsen, wenn Henry ins Gefängnis gekommen wäre. Die Schaffung der Demokratie im Land habe seinem ganzen Leben Wert verliehen. Ihm sei das Wichtigste, dass nun jeder Mensch seine Würde wiederherstellen könne. Nun könne er im gleichen Land leben wie dieser Henry und andere. Die volle Versöhnung sei aber erst erreicht, wenn niemand mehr in diesem Land in Armut und Elend leben müsse.[80]

Es sind fast übermenschlich anmutende Kräfte, die Menschen in solchen existenziellen Situationen mobilisieren. Wir können uns fragen, woher sie die Kraft dazu nehmen. Es ist zum einen die weit verbreitete tiefe Religiosität in den verschiedenen Kulturen der südafrikanischen Bevölkerung, die die Menschen stärkt. Zum anderen gibt es ein intuitives Wissen darum, dass unversöhnte Beziehungen zu Tätern dazu führen, dass man deren destruktive Energie in sich trägt und sie sich früher oder später gegen einen selbst richtet. Ubuntu hat den Weg zur Versöhnung geöffnet.

Die schwarze und farbige Bevölkerung hat mit der Befreiung 1994 einen Sieg errungen. Sie will trotz Armut und Aids nicht im Opferstatus verbleiben, sondern die neue Demokratie aktiv und gemeinsam mit der weißen Bevölkerung mitgestalten. 1994 wurde zu einem Sieg ohne offensichtliche Verlierer. Das hat es ermöglicht, den Verbrechern der Apartheid mit Klarheit und gleichzeitig mit Menschlichkeit zu begegnen und ihnen entweder Amnestie zu gewähren oder sie zu bestrafen; dadurch haben die Täter ihre destruktive Macht über die Bevölkerung verloren. Von diesem Beispiel können wir auch in Europa lernen.

Versöhnung – wir sind Teil der Menschheit

Meine Hand greift nach einem Halt und findet nur eine Rose als Stütze.

Hilde Domin

Interkultureller Dialog statt Hass zwischen den Völkern

● Das heutige Namibia im südlichen Afrika war vor hundert Jahren eine deutsche Kolonie, genannt Deutsch-Südwestafrika. Im Jahre 1904 erließ ein Oberbefehlshaber der deutschen Truppen den Befehl zur vollständigen Vernichtung der dort ansässigen einheimischen Bevölkerung, der Herero. Durch den Krieg, auf der Flucht und in Gefangenenlagern kamen schätzungsweise 80 Prozent der Herero um. Die Überlebenden wurden vertrieben und ihre Lebensgrundlage und Kultur zerstört. Heute sind die Herero eine kleine, verarmte und entmachtete Bevölkerungsgruppe im von einem schwarzen Präsidenten regierten Namibia. Seit hundert Jahren ist der Name Lothar von Trotha für die Herero der Inbegriff von Schrecken und Vernichtung, dessen mit Trauer und Bitterkeit gedacht wird.

Die Nachkommen dieses Oberbefehlshabers trugen seit hundert Jahren an der Last dieses Namens im Zusammenhang mit dem damaligen Vernichtungsbefehls. Es entstand bei ihnen der Wunsch, das hundertste Gedenkjahr zum Anlass einer versöhnlichen Geste zu nutzen. 2004 trafen sich die Nachkommen der Herero und jene des deutschen Generals zu einem ersten Akt der Versöhnung. Beide Seiten bekundeten ein Interesse, ihre schmerzvolle Verstrickung durch die koloniale Vergangenheit aufzulösen. Hören wir die deutsche Seite: »Die Familie von Trotha kann sich weder entschuldigen noch wieder gutmachen, was vor hundert Jahren geschehen ist. Wir Nachkommen stehen heute nicht mehr für Rassismus und Gewalt, sondern für Versöhnung und Anerkennung des Schmerzes der Herero. Es war nicht leicht, sich den Tatsachen zu stellen.« Die namibische Seite: »Wir müssen uns heute ins Gesicht schauen, um zu erkennen, ob Heilung und der Blick nach vorn möglich sind. In unserer Kultur kann man nicht miteinander vorwärts gehen, bevor man einander versteht. Daher wollte ich sie sehen und kennen lernen. Mögen unsere Gespräche künftige Generationen inspirieren, zu Hütern des Friedens und der guten Beziehung zwischen unseren Ländern zu werden. Diese erste Begegnung ist ein Anfang eines Versöhnungsprozesses.« So fasste der Herero-Chief Maharero seine Eindrücke zusammen.[81]

Die täglichen Schreckensnachrichten von Hass und Vergeltung aus dem Nahen Osten übertönen, was dort täglich an interkulturellem Dialog und intensiver Friedensarbeit geschieht. Rache-Akte werden immer wieder Gegenstand umfassender Berichterstattung, während gewaltloser Widerstand und ziviler Ungehorsam palästinensischer Dörfer, Versöhnungsaktionen palästinensischer, israelischer und internationaler FriedensaktivistInnen und gemeinsame Aufbauprojekte von PsychologInnen, MedizinerInnen, LehrerInnen und anderen von den emsigen Medien vernachlässigt werden. »Wir sind Menschen, und als solche wollen wir einen menschlichen Kampf führen. Einen gewaltlosen. Niemand kann uns das Recht auf Widerstand nehmen.«[82] Einen menschlichen Kampf zu führen bedeutet, aus der Opferrolle auszusteigen und sich aktiv für die eigene Befreiung einzusetzen. Es bleibt zu fragen, ob unversöhnliche Kämpfe und Racheakte mit einem – möglicherweise wenig bewussten – Beharren auf der Opferrolle zu tun haben.
   Die heute stattfindenden brutalen Kämpfe auf Leben und Tod in Palästina, Israel, Iran, Irak, Algerien und anderen afrikanischen

Staaten lassen uns Europäer oft vergessen, dass Konflikte ähnlicher Art in früheren Jahrhunderten *innerhalb* von Europa stattgefunden haben. Der Aufbau der öffentlichen Ordnung mit individuellen Grundrechten, Gleichheit vor dem Gesetz, Gewaltentrennung u. a. ist innerhalb von Europa ein schwer errungenes Ergebnis jahrhundertelanger Kämpfe. Grundrechte und Menschenrechte mussten erkämpft werden. Kompromisse waren notwendig. Das moderne westliche Individuum im Sozial- und Rechtsstaat ist das Produkt einer umfassenden und lang dauernden gesellschaftlichen Ausdifferenzierung. Die Errungenschaften sind immer wieder gefährdet.

Heutiger weltweiter interkultureller Dialog – als Alternative zu Hass und Krieg – braucht ein profundes Wissen um die vielfältigen und zeitlich gestaffelten Vor-Geschichten in den verschiedenen Teilen der Welt. Unterschiedliche Kulturen können erst dann in einen Dialog treten, wenn sie Interesse und Neugier füreinander entwickeln. Fremdheit erzeugt meist Distanz und gar Ablehnung. Die Anerkennung von Pluralität erfordert eine eigene konsolidierte Identität. Dann kann Interesse, Respekt und Toleranz für die andere Kultur aufgebracht und ein nachhaltiger Austausch möglich werden.

Was bedeutet eine Kultur des Respekts? Bedeutet Toleranz dulden *(tolerare)* oder anerkennen?[83] Dass es zu Beginn des Jahres 2005, anlässlich der Feierlichkeiten zur Befreiung des Konzentrationslagers Auschwitz, in einem *gesamteuropäischen Konsens* vor der UNO-Generalversammlung möglich wurde, das Nazi-Verbrechen als Teil der eigenen Geschichte anzuerkennen und die Verantwortung dafür zu übernehmen, bedeutet möglicherweise den Beginn eines neuen Kapitels. Mehr und mehr geht es nach der jahrzehntelangen Auseinandersetzung mit der Täterseite in einem neuen Sinn um die Opfer; nicht zuletzt deshalb, weil die Opfer endlich ihren Opferstatus verlassen können sollen. Damit sich die Situation in den Kriegsherden der Welt beruhigen kann, braucht es an allen Orten des globalen Dorfes »Welt« Zeichen des Respekts, der Toleranz und der Verantwortung.

Die Zumutungen des modernen Lebens

Nie war das Leben gerecht und fair. Schicksalsschläge gab es früher und gibt es heute. Noch für unsere Großeltern war es ziemlich absehbar, wie ihr Leben verlaufen würde. Seither haben sich die Arbeits- und Lebensbiografien der meisten Menschen in unserer Gesellschaft entscheidend verändert. Die Angst vor Modernisierungen in der Arbeit und dem Verlust des Arbeitsplatzes hat sich generalisiert und erzeugt Stress. Fleiß und Leistung garantieren nicht mehr für Sicherheit. Viele Menschen haben heute mehr denn je das Gefühl, es wachse ihnen alles über den Kopf und alle bisherigen Verlässlichkeiten würden entschwinden. Die Welt ist unübersichtlicher und irrationaler geworden. Zugleich sind wir weltweit vernetzter denn je. Durch die Massenmedien und Arbeits- und Ferienreisen treffen sich Menschen in allen Erdteilen und kommunizieren weltweit in Sekundenschnelle. Es ist oft schwer auszumachen, ob das ein Gefühl des Ausgeliefertseins bedeutet oder ob das Unvorhersehbare und die Zunahme zufälliger Begegnungen eine Chance beinhalten. Das moderne Leben ist für viele Menschen eine Zumutung geworden.

Wenn das Leben nur bedingt planbar ist, erhalten Unvorhergesehenes und Zufälle einen großen Stellenwert. Der Respekt davor vermag starre Gedankengänge zu lockern, ebenso wie die physischen Lockerungsübungen den Körper beweglich halten. Wer sich sicher glaubt, wird unachtsam und geht Risiken ein. Respekt vor den Unvorhergesehenheiten macht tolerant, gelassen und neugierig. Wir selbst und jeder andere Mensch erhalten eine Chance, Unvorgesehenes zu erleben oder selbst zu tun. Eines Morgens können wir aufstehen und etwas anderes, Kleines oder Größeres, in unserem Alltag versuchen. Manchmal geht es darum, die Gewohnheiten auf den Kopf zu stellen, manchmal einfach darum, innezuhalten. Am Arbeitsplatz sind wir eines Tages »eine andere«, »ein anderer«. Wir geben dem, was uns an Ideen, Mut und Neugier zufällt, eine Chance zur Umsetzung und billigen dasselbe unseren Mitmenschen zu. Das Schwungrad gewohnheitsmäßigen Handelns macht träge.

Vieles ist in Beziehungen in Bewegung geraten. Ob die Eltern und andere Autoritäten mächtig oder ohnmächtig sind, ist immer wieder die Frage. Heute ist sie offener denn je. Sie sind beides. Die alte Weisheit Khalil Gibrans bleibt zentral:

> *»Eure Kinder sind nicht eure Kinder. Sie sind die Söhne und Töchter der Sehnsucht des Lebens nach sich selbst. Sie kommen durch euch, aber nicht von euch. Ihr dürft ihnen eure Liebe geben, aber nicht eure Gedanken. Denn sie haben ihre eigenen Gedanken. Ihr könnt versuchen, wie sie zu sein, doch suchet nicht, sie euch gleich zu machen. Denn das Leben läuft nicht rückwärts, noch verweilet es beim Gestern.«*[84]

Ein Versuch, diese Weisheit von den Kindern her zu formulieren, könnte wie folgt lauten: »Eure Eltern sind nicht eure Eltern. Sie sind die Mütter und Väter der Sehnsucht des Lebens nach sich selbst. Ihr seid durch sie gekommen, aber sie gehören euch nicht noch gehört ihr ihnen. Ihr dürft ihnen Liebe schenken, doch eure Gedanken sind eure eigenen. Sie haben ihre eigenen Gedanken. Ihr seid nicht gleich wie sie, denn ihr seid euer eigen. Das Leben läuft vorwärts und verweilt nicht beim Gestern.«

Unübersehbar ist in diesem Zusammenhang die hohe und nach den Statistiken der WHO steigende Zahl psychisch kranker Menschen. Sie weist darauf hin, dass etwas nicht stimmt mit der großen Freiheit. Möglicherweise hat es etwas zu tun mit dem Wechsel von einer Gesellschaft, deren Verhaltensnormen auf Disziplin und Schuld gründeten, in eine, die auf Selbstverantwortung und Initiative setzt. Depression ist heute eine Kulturkrankheit geworden und ein ernsthaftes Signal für Ungesundes in unserer Lebensweise, das die Aggression gegen das Selbst und nicht dahin führt, wo ein Konflikt ausgetragen werden müsste. Hinter einer Depression versteckt sich meistens ein Konflikt, der nach Aufdeckung und Auflösung ruft. Wir sind nur bedingt Herr und Herrin in unserem eigenen Haus und draußen in der Welt noch viel weniger. Die meisten Menschen sind scheinbar unausweichlich in gesellschaftlichen, beruflichen und familiären Zwängen gefangen und fühlen sich dadurch innerlich und äußerlich eingeschränkt und deprimiert. Die unbewusste und ohnmächtige Flucht in eine Krankheit und deren Therapie bieten keine grundsätzliche Behandlung der zugrunde liegenden Konflikte.

Modernes alltägliches Leben in unseren Breitengraden scheint den Zeichen nach in vielen Belangen diffus unversöhnlich zu stimmen.[85]

Woher kommt ein Umdenken?

Sicherheit und Unsicherheit, Glück und Unglück betreffen die Mächtigen und die Ohnmächtigen. Es gibt im Materiellen, im Geistigen und im Emotionalen nur eine Sicherheit im globalen Zusammenhang. Die Welt ist ein Ganzes. Die wechselseitigen Abhängigkeiten sind unübersehbar. Das kann für die westlichen Kulturen und Gesellschaften, die sich so lange allen anderen überlegen fühlten, eine Chance bedeuten.

Das tiefste Wissen und vielleicht auch Hinweise auf Auswege aus den globalen und persönlichen Abhängigkeiten liegen in der Geschichte der Menschheit bis heute bei den Unterdrückten und Entrechteten. Dafür gibt es Beispiele aus allen Kontinenten. Nehmen wir eine Überlegung angesichts der amerikanischen Kriegsführung gegen den Islam:

»Da fehlt nun die Weisheit eines Mandela, der im Leiden und Mitleiden mit seinem geschundenen Volk begriffen hatte, dass rächende Gewalt nur erniedrigt und entwürdigt, so wie er seinerzeit die Selbstentwürdigung seiner Kerkerwärter mitgefühlt hatte. An der Stelle der Amerikaner hätte er gewiss den islamischen Völkern, wo der terroristische Hass sich forterbt, ein Zeichen der Mitverantwortung für ihr Wohl und des Respekts für ihre Kultur gegeben – und zwischen den strafwürdigen Terroristen und den friedlichen Mehrheiten jener Länder einen klaren Strich gezogen.«[86]

Für den brasilianischen Pädagogen Paolo Freire gab es nur eine mögliche Auflösung des Widerspruchs zwischen Unterdrückern und

Unterdrückten: Befreiung als wechselseitiger Prozess. Seine Pädagogik der Unterdrückten hat zwei unterschiedliche Stufen.

»Auf der ersten Stufe enthüllen die Unterdrückten die Welt der Unterdrückung und widmen sich ihrer Veränderung durch die Praxis. Auf der zweiten Stufe auf der die Wirklichkeit der Unterdrückung bereits verwandelt wurde, hört diese Pädagogik auf, den Unterdrückten zu gehören, und wird zu einer Pädagogik aller Menschen im Prozess permanenter Befreiung.«[87]

Hier werden die alten Mythen vertrieben und die neue, allumfassende Ordnung entwickelt.

Es ist faszinierend zu erkennen, wie Freires Thesen auch den südafrikanischen Befreiungskampf charakterisieren. In seiner Autobiografie betont Mandela eindringlich, dass der Unterdrücker genauso befreit werden müsse wie der Unterdrückte.

»Der Mensch, der einem anderen die Freiheit raubt, ist ein Gefangener seines Hasses, er ist eingesperrt hinter den Gittern von Vorurteil und Engstirnigkeit. Ich bin nicht wahrhaft frei, wenn ich einem anderen die Freiheit nehme, genauso wenig wie ich frei bin, wenn mir meine Freiheit genommen ist. Der Unterdrückte und der Unterdrücker sind gleichermaßen ihrer Menschlichkeit beraubt. Als ich das Gefängnis verließ, war es meine Aufgabe, beide, den Unterdrücker und den Unterdrückten, zu befreien. [...] Um frei zu sein, genügt es nicht, die Ketten abzuwerfen, sondern man muss so leben, dass man die Freiheit des anderen respektiert und fördert.«[88]

Von diesem Geist sind viele Erinnerungsstätten an die Apartheid geprägt. Das Apartheidsmuseum in Johannesburg muss durch zwei separate Pforten, hier oder dort, betreten werden. Familien oder Gruppen werden getrennt. Drinnen werden die Besucher mit den Schrecken der alten Ordnung konfrontiert, doch auf eine Art, die frei ist von Hass, Rache und Vergeltung und zu Besinnung und Anteilnahme einlädt. Am Schluss treten die Besucher durch eine einzige

Türe hinaus auf ein freies Feld und werden gebeten, um sich zu schauen und als freie Menschen gemeinsam wegzugehen.

Wenn Opfer ihren Opferstatus verlassen, geschieht etwas Besonderes. Menschen und Gruppen haben erkannt, dass das Verharren in Rache und Vergeltung sie unfrei macht und ihnen selbst Schaden zufügt. Das Verlassen des Opferstatus beruht auf einer bewussten mutigen Entscheidung. Das Recht auf eigenes Leben wird nicht länger von anderen erwartet, sondern selbst in die Hand genommen – »nur eine Rose als Stütze«.

Wir sind nicht alle Opfer. Und doch leiden wir an Druck, an Zwängen, am Zustand der Welt, an uns selbst. Vielleicht müssen auch wir unseren »Opferstatus« verlassen und etwas Mutiges, Lebendiges tun.

Versöhnen statt strafen und rächen

»Strafe muss sein«, »Wie du mir, so ich dir«, »Unrecht darf sich nicht auszahlen« sind gängige Kurzformeln des Rechtsgefühls unserer Gesellschaft. Mit dem Grundsatz »Auge und Auge, Zahn um Zahn« geht jedoch die Gefahr einher, dass beide Seiten erblinden und Zähne verlieren. Vergeltende Strafen sind der Regelung von Konflikten und dem Heilen von Wunden hinderlich. Die Ordnung des Zusammenlebens erfordert flexible Strategien. Auf Versöhnung statt Strafe setzt der Täter-Opfer-Ausgleich, ein außer- bzw. vorgerichtlicher Regelungs- und Vermittlungsversuch. Dabei wird versucht, aufrichtende, restaurative statt strafende Gerechtigkeit anzuwenden.[89] In der Gegenüberstellung und im Ausgleichsversuch von Opfern und Tätern stehen die Opfer, ihr Erleben, ihre Perspektive und vor allem auch ihre Wünsche an den Täter im Mittelpunkt. Dies kommt in den gängigen Strafverfahren, bei denen die Opfer als Zeugen oder Nebenkläger auftreten, zu kurz. Die Begegnung mit den Opfern und ihren Verletzungen kann den Tätern oder Täterinnen ermöglichen, Mitgefühl für ihre eigenen Verletzungen zu erleben; dies ist eine notwendige Voraussetzung, um sich schuldig fühlen zu können und nicht einfach moralischen Erwartungen nachzugeben.

Aggression ist besser erforscht als Friedfertigkeit und Versöhnung. Das gilt unter anderem für die Primatenforschung und die ethnologische Forschung. Wiedergutmachung und Versöhnung gehören zum biologischen bzw. sozialen Programm von Menschen, Tieren und Ethnien. Versöhnung ist nicht in den Köpfen von Menschen entstanden und kann dementsprechend von keiner Ideologie oder Religion beansprucht werden. Das Wesen der Versöhnung ist Überleben. Ausgleichsversuche sind zu allen Zeiten und in allen Kulturen bekannt. In ihrer Realisierung zeichnen sie sich dadurch aus, dass Opfer und Täter aufeinander angewiesen sind und kooperieren müssen.

In den außergerichtlichen Ausgleichsversuchen hat sich gezeigt, dass Opfer einen hohen Kommunikationsbedarf haben. Sie wollen verstehen und darüber reden, was ihnen zugestoßen ist, sie brauchen emotionale Verarbeitung, vor allem Wiedergutmachung und friedensstiftenden Ausgleich. Rachegedanken und Bestrafungsbedürfnisse seitens der Opfer sind im Rahmen der Alltagskriminalität (meist Gewaltdelikte) eher gering. Ein Ausgleich kann nur eingeleitet werden, wenn der Täter geständig ist. Er kann dann auf eine Einstellung des Verfahrens oder eine Minderung der Strafe hoffen. Der Rechtsfriede ist durch eine Einigung zwischen Opfer und Täter wieder hergestellt.

Der Täter-Opfer-Ausgleich basiert auf Verständnis und Toleranz, und nicht auf Strafe. Diese neue Qualität des Täter-Opferausgleichs im Strafrecht, jenseits von Resozialisierung und Repression, erfordert ein Umdenken aller Beteiligten. Dialog, Kommunikation und Vermittlung sind gefragt und vermittlerisch-mediatorische und ausgleichende Konfliktverfahren notwendig. Trotz Skepsis sind offenbar bisher Opfer, Täter, Rechts- und Staatsanwälte, Richterinnen, Sozialarbeiter und Mediatorinnen von der menschlichen Qualität der Arbeit angetan, wo es um Menschen und ihr Leiden geht und nicht um eine abstrakte Ordnung.[90] Versöhnung wird zu einem Akt der Selbstachtung.

Epilog

Einige sagen, meine Lehren seien Unsinn. Andere nennen sie erhaben, aber unpraktisch. Aber all jenen, die in sich geschaut haben, macht der Unsinn vollkommenen Sinn. Und für jene, die es umsetzen, hat dieses Erhabene Wurzeln, die tief gehen. Ich habe nur drei Dinge zu lehren: Einfachheit, Geduld, Mitgefühl. Diese drei sind unsere größten Schätze. Einfach in Handlungen und Gedanken kehrst du zur Quelle des Seins zurück. Geduldig mit Freunden und Feinden, stimmst du mit den Dingen überein, so wie sie sind. Im Mitgefühl mit dir selbst versöhnst du alle Wesen dieser Welt.

Lao Tse[91]

Es gehört zum Thema der Versöhnung in unserer friedlosen Welt, dass am Schluss dieses Buches mehr Fragen da sind als Antworten. Gleichzeitig machen Paradoxe ratlos: Versöhnung ist lernbar und sie ist ein Geschenk. Sie kann angestrebt und vorbereitet werden, dennoch ereignet sie sich oder eben nicht. Eine versöhnliche Haltung kann geübt werden, doch tauchen Fragen auf, was sie in einem Umfeld von Unrecht und Gewalt bedeuten kann.

Lao Tses Lehre von Einfachheit, Geduld und Mitgefühl ist die Botschaft eines Menschen, der sich zu seiner Zeit zutiefst um das Wohl der Menschen und der Welt sorgte. Sein Tao Te King wurde vielfach übersetzt. So kennt die oben erwähnte letzte Passage »Im Mitgefühl mit dir selbst versöhnst du alle Wesen dieser Welt« andere Versionen: »Wer im Kampf Mitgefühl zeigt, wird siegen. Wer in der Verteidigung Mitgefühl zeigt, wird unüberwindlich sein. Der Himmel hilft und beschützt jene, die Mitgefühl haben.«

Die Arbeit am Thema Versöhnung hat mir aufgezeigt, dass Mitgefühl zentral und unabdingbar ist. Wenn wir Mitgefühl haben, öffnen sich Herz und Geist. Darum geht es. In Mitgefühl wissen wir immer auch um die eigenen Zerbrechlichkeiten, Schwächen und Ängste und die der anderen. Nicht nur. Wir wissen auch um den versöhnlichen Umgang damit. Versöhnung fühlt sich immer leicht und ganz gegenwärtig an. Sich versöhnen bedeutet denn auch, immer wieder für das Gegenwärtige frei zu werden.

Versöhnung muss vor Verharmlosung und Vereinnahmung geschützt werden. Versöhnung gehört allen, ist allen zugänglich und für alle Menschen überlebenswichtig. Sie beginnt bei der eigenen Person, geht weiter zur Versöhnung mit den Eltern und Geschwistern und setzt sich fort zur Versöhnung im Alltag. Wir sind alle auch Weltbürger und Weltbürgerinnen. Es ist sinnvoll, unser Mitgefühl zu erweitern und uns mit jedem einzelnen Menschen verbunden zu fühlen, der der Versöhnung bedarf und der Versöhnung leistet. Wir können alle voneinander Versöhnung lernen. Jeden Tag ein bisschen.

Anhang

Anmerkungen

Einleitung

1 Ich habe im *Centre for the Study of Violence and Reconciliation (CSVR)* in Johannesburg, South Africa (www.csvr.org.za) gearbeitet, einer Institution, die sich der Erforschung von Gewalt und ihrer Prävention sowie der Therapie von traumatisierten Menschen widmet. Das CSVR wurde als unabhängige Nonprofit-Organisation 1989 in Johannesburg gegründet. Die heute internationale Forschungs-, Umsetzungs- und Therapiearbeit gilt der Prävention von Gewalt in allen Formen, der Heilung von Gewalt und der Errichtung und Einhaltung von Menschenrechten, Frieden und Versöhnung in Südafrika und international.

Teil I
Kapitel 1

2 Dieser Satz wird dem Buddha zugesprochen. Er entspricht u. a. auch der weltweit diskutierten Theorie der Radikalen Konstruktivisten. Wichtige Vertreter von ihnen sind die Chilenen Humberto Maturana und Francisco Varela (letzterer früh verstorben). Sie beschreiben wahrnehmungstheoretisch, wie das Gehirn die Umgebung nicht einfach abbildet, sondern konstruiert, und somit konstruiert der Mensch seine eigene Wirklichkeit. Überdies gilt ihr Hauptinteresse der »Biologie des Erkennens« und der »Biologie der Liebe«. Vgl. Maturana/Pörksen (2002).

3 Becker (1992). Vgl. auch Ley (2001), 177 ff.

4 Vgl. Wiederkehr (1998) und Riedel (2004).

5 Onken (1993), 173.

6 Dies ist ein Zitat aus dem tibetischen Kadampa-Buddhismus, verfasst von Geshe Kelsang Gyatso (1988): Universal Compassion, Tharpa, London.

7 Thich (1989), 166.

8 Vgl. Glasl (2004 a, 2004 b).

9 Vgl. dazu die hervorragende, äußerst differenzierte Studie von Herman Lewis (2001). Die englischsprachige Neuausgabe erhält ein neues, die Traumaforschung weiterführendes Nachwort.

10 Arendt (2002), 301.

11 Das Zitat wird überliefert von William Jovanovich in: Gleichauf (2000), 147.

12 C. G. Jung, zitiert nach: Wirtz/Zöbeli (1995), 175.

13 Versöhnung kommt als expliziter Begriff bis heute bei bestimmten Autorinnen und Autoren und in gewissen Therapierichtungen vor, die hier ohne Vollständigkeitsanspruch erwähnt werden. Filliozat zeigt am Beispiel der Arbeit mit Erwachsenen, wie schmerz- und konfliktvolle oder oberflächliche, vermeidende Beziehungen zu den Eltern in zärtliche, liebevolle und nahe Bande verwandelt werden können. Versöhnung als »Liebesbewegung« ist für sie ein hohes Ziel, für das sich ein Einsatz unbedingt lohnt. Vgl. auch Petri (1991).

Sowohl Nauder als auch Mathias Jung sind Psychologen, die sich explizit und mit viel konkretem Material dem Thema Versöhnung mit sich, den Eltern, der Familie zugewandt haben.

Wirtz und Zöbeli erläutern, wie Psychotherapie in eine letzte Tiefe hinabreichen kann, »an die Schwelle des Unsagbaren und Geheimnisvollen, wo Sinn, Religiosität und Liebe beheimatet sind. Wenn in einer therapeutischen Beziehung diese Ebene berührt wird und sein darf, ist Heil und Heilung möglich« (1995, 340). Insbesondere Psychotherapie-Richtungen, die sich zum Spirituellen öffnen, betonen das Heilwerden als Ganzwerden in einem versöhnlichen Sinne. Die moderne mechanistische Machbarkeitsideologie, die gewissen verhaltenstherapeutischen Richtungen unterstellt werden kann, ist den erwähnten psychologischen Richtungen fremd. Es geht nicht um Eingreifen und Machen, sondern um Einsicht und Versöhnung mit dem eigenen Leben und mit der Welt.

Fromm war einer der ersten westlichen Soziologen und Psychoanalytiker, die zwischen Psychoanalyse und Zen-Buddhismus einen Dialog hergestellt haben. Im Gespräch mit Suzuki arbeitet er die ähnlichen Anliegen beider Strömungen heraus, mit dem inneren Wirken unseres Wesens in Berührung zu kommen und die Wirklichkeit als unverzerrte wahrzunehmen (1976).

Goleman hat weitreichende Dialoge zwischen westlicher Psychologie und tibetischem Buddhismus aufgezeichnet. Spiritualität und Wissenschaft ergänzen sich darin zu einem Bild des Menschen, in dem Möglichkeiten angelegt sind, destruktive Emotionen nachhaltig zu überwinden.

Kleiter verdanke ich den Begriff Versöhnungsbereitschaft und das Wissen, dass es auch in Schulen und Zivilgesellschaft Kräfte gibt, die für die Versöhnung arbeiten.

Becker danke ich für den Nachweis, dass es ohne Hass keine Versöhnung gibt.

Die Naikan-Methode zur Selbsterkenntnis, die meditative und psychologische Aspekte verbindet, stellt einen sanften Weg zur Versöhnung mit der Vergangenheit dar. Die Naikan-Methode kommt aus Japan und ist frei von religiösen Formen und Inhalten, vgl. Krech (2003).

In den sogenannten Problem- und Familienaufstellungen der systemischen Therapie spielen Verzeihen und Versöhnen eine zentrale Rolle. Im »wissenden Feld«, das die Stellvertreter von Problem- und Familienteilnehmern kreieren, geht es um Liebe, Ordnung und die Verantwortung für das eigene Leben. Versöhnung als wichtiges Ingrediens hat dabei mit einer Anerkennung von Schuld und der Notwendigkeit von Vergebung zu tun. Die heute teilweise heftige Kritik an Familienaufstellungen gilt mehr der Person Bert Hellingers und seinen autoritär-arroganten Selbstinszenierungen als seiner Methode.

14 Vgl. Becker (1992); Herman Lewis (2001).
15 Vgl. Reddemann (2001); Reddemann (2004b); Hermann Lewis (2001).

Kapitel 2

16 Der Verweis auf geschwisterlich-horizontales Üben und Lernen zieht sich durch das ganze Buch. Mit dem geschwisterlichen Lernen ist Folgendes angesprochen: Das Lernen von Gleichwertigen, das Anerkennen ohne zu werten, das gemeinsame Trauern und das solidarische Kraftschöpfen und Aufbrechen. Im englischen Sprachgebrauch sprechen wir hier von *empowerment* – ein äußerst wichtiger Begriff. Vgl. Ley (2001); Sohni (2004).

17 Der Körper erinnert sich meist besser an frühere Schrecken als das Gedächtnis. Der Körper ist aber auch oft der Ort der Traumatisierung. Wie ein Körper auf physischen oder anderen Missbrauch reagiert, bedarf sorgsamer Abklärung.

18 Vgl. Reddemann (2004), 186.

19 Vgl. dazu den Abschnitt im 4. Kapitel »Wenn Eltern wirklich Täter waren«, S. 96/97.

Kapitel 3

20 Vgl. Stings Memoiren: Sting (2003 a).

21 Vgl. Herman Lewis (2001), Reddemann (2001, 2004 b).

22 Als Psychoanalytikerin mit Freud'scher Ausbildung fühle ich mich Freud und seinem Werk nach wie vor dankbar verpflichtet. Seine Konzepte vom Unbewussten, Traum und Trauma, von Assoziation und freischwebender Aufmerksamkeit, von Übertragung und Gegenübertragung sind mir besonders wichtig in meiner Arbeit. Seine Nachfahren und insbesondere Frauen haben wertvolle Arbeit geleistet, sodass ich heute von »Freud 2005« sprechen möchte.

   Das psychoanalytische Verstehen ist für mich zentral. Allerdings gehe ich im Denken und Intervenieren teilweise neue Wege. Vgl. dazu: Fürstenau (2002).

23 Vgl. Chopich/Paul (2004), 20 f.

24 Vgl. dazu: Schellenbaum (1996). Schellenbaum wirft darin einen interessanten Blick auf einige Aspekte der Psychoanalyse, gesehen mit den Augen des Kindes (135–150).

Kapitel 4

25 Reddemann spricht von einem stabilen erwachsenen Ich, das unabdingbar notwendig ist für die Arbeit mit dem inneren Kind. Ich möchte hier auf ihre Hör-CD zu diesem Thema hinweisen: Reddemann (2004 a). Auch sehr empfehlenswert für Einzelarbeit: Chopich/Paul (2004).

26 An dieser Stelle möchte ich auf »Dr. Phil« verweisen. In Südafrika, einem therapeutisch unterversorgten Land, habe ich seine täglich ausgestrahlte »Psychotherapiestunde« (aufgenommen im US-Fernsehstudio vor vollen Reihen) miterlebt. In Europa rümpft unsereins die Nase über diese US-Talkshows, sei es Oprah Winfrey oder eben der Psychologe und Psychotherapeut Phillip McGraw, genannt Dr. Phil. Heute ziehe ich den Hut vor diesen beiden, was sie das Publikum zu lehren haben über den hochkompetenten, ernsten und humorvollen Umgang mit den heiklen Themen Trauma, Missbrauch, Vernachlässigung u.a. darüber, wie Heilung und Versöhnung zustande kommen können. Solche hochprofessionelle Sendungen leisten in einem Land wie Südafrika wichtige Bildungs- und Aufklärungsarbeit.

27 Ich verdanke die Grundidee zu diesem Beispiel Filliozat (2004).

28 Das Zitat stammt aus dem Vortrag *Bomben, Flucht, Hunger – und die schwarze Pädagogik. Die Folgen von Krieg plus Nazierziehung für die Kriegskindergeneration* in Bergisch Gladbach, 21.02.2002. Als Schweizerin kann ich nicht aus eigener Erfahrung und Anschauung reden. Dieser Vortragstext hat mir die Notwendigkeit aufgezeigt, den Tätereltern im deutschsprachigen Raum eine besondere Bedeutung zu geben. Vgl. dazu Heinl (1994), vgl. auch den Exkurs, S. 178 ff. Auch wenn Südafrika eine andere Geschichte aufweist und vor allem das Ende des Regimes anders eingeleitet hat, so lassen sich doch die Erfahrungen in beiden Kontexten durchaus vergleichen. Vgl. Orr (2000).

29 Filliozat (2004) bringt in ihrem Buch viele Beispiele, in welcher Art nicht wertende Briefe geschrieben werden. Sie bezeichnet sie als die einzig möglichen, die Chancen auf eine ebensolche, nicht wertende Antwort haben.

30 Reddemann betont, dass sich unangenehme Gefühle auf diese Art zu wichtigen Ressourcen wandeln können. Die Gestaltgebung (z. B. Drache) führt zu einer inneren Distanzierung von Gefühlen von Angst, Bedrohung und Ohnmacht, und damit kann das Potenzial, die Kraft, die Macht der Gestalt genutzt werden (vgl. 2001, 63).

31 Reddemann zitiert eine Patientin, die zu dieser Übung sagte, man denke doch immer, dass einen die Gefühle beherrschen, aber so erhalte sie selbst Kontrolle darüber (vgl. 2001, 65).

32 Zum inneren Beobachter gehören auch die inneren Helfer, gehört der innere sichere Ort. Für die Vertiefung in diese hilfreichen Übungen möchte ich auf Reddemann (2001) verweisen.

33 Vgl. Reddemann (2001), 67 ff.

34 Stephen Levine (früher in Zusammenarbeit mit Ram Dass und Elisabeth Kübler-Ross) arbeitet heute als spiritueller Psychotherapeut und Heiler mit Patienten, die an einer tödlichen Krankheit leiden, und mit Trauernden. In seinem Buch zeigt er auf eindrückliche Weise, wie er mit Widerstand, Angst, Schmerz, Ungeduld umgeht und in sanften Meditationen Loslassen und Hingabe anleitet (vgl. Levine 1993, 62). »Wärme und Geduld atmen« ist ebenfalls eine seiner Meditationen (vgl. ebd., 105).

35 Vgl. Herman Lewis (2001), 188 ff.; Kübler-Ross (2004); Levine (1993); Kast (2002); www.canacakis.de.

36 Vgl. Oz (2004).

37 Vgl. Forster (2000).

Kapitel 5

38 Vgl. Ley (2001), vor allem die Seiten 48–51.

39 Vgl. Ley (2001), 75–78: unter der Überschrift »Zum Ringen um Trauma und Ebenbürtigkeit in Gruppen« wird Manfreds Geschichte ausführlich dargestellt. Erwähnenswert ist der dort beschriebene Gruppenprozess. Das Leiden Manfreds wurde zum Geschenk an die ganze Gruppe und sie hat sich dem Geschenk als würdig erwiesen.

40 Vgl. Sohni (2004), 113 ff.; Ley (2001), Kapitel 8–10.

41 Vgl. Ley (2001), 155 ff.; Ley in: Sohni (2004), 59 ff.

42 Die Wiederannäherung der Geschwister im mittleren Erwachsenenalter wird in der Geschwisterforschung ausführlich beschrieben. Vgl. Petri (1994); Sohni (2004); Ley (2001). Die Wiederannäherung wird dadurch wesentlich begünstigt, dass die einzelnen Geschwister ihren eigenen guten Platz im Leben gefunden. Dann kann im besten Fall die würdigende Anerkennung der Unterschiede und Ähnlichkeiten an die frühere Stelle von Neid, Missgunst und Benachteiligung treten.

43 Vgl. Mandela (1994), Schlusskapitel.

Kapitel 6

44 An dieser Stelle ist eine Bemerkung zu Paaren nötig. Was Konflikt und Versöhnung zwischen *Liebes- und Ehepaaren* bedeutet, ist ein eigenes Buch wert. Das intime Zusammenleben bringt unweigerlich Konflikte mit sich und der Versöhnungsbedarf ist enorm. Es ist es ein Thema, das die meisten erwachsenen Menschen ein Leben lang beschäftigt. Deshalb soll es hier nicht einfach in einem Abschnitt behandelt werden, denn das würde der Tragweite des Themas nicht gerecht werden. Es gibt ausgezeichnete Literatur zum Thema. Vgl. Petri (1991); Cöllen (2003); Schmid-Fahrner (1997); Dechmann/Ryffel-Gericke (2004).

45 Vgl. Kast (1998), 173.

46 Vgl. Pöhlmann / Roethe (2004), 31.

47 Über faires Streiten und guten, konstruktiven Umgang mit Konflikten kann man aus dem Büchlein von Moosig (2003) einiges lernen.

48 Vgl. Ley (2001), 158 ff.

49 Wesentliche Ideen zu diesem Abschnitt verdanke ich Pöhlmann/ Roethe (2004).

50 Ich verdanke die Idee zu diesem Abschnitt über die »Erweiterung der Wahrnehmung« einem sonntäglichen Gespräch mit meiner Freundin Anette Voigt.

51 Zu fragen, was eine Person für uns getan hat, und gerade nicht, was sie uns schuldig geblieben ist, verdanke ich Naikan, vgl.

Krech (2003). In unserer Kultur fragen wir uns eher, was uns eine Person schuldig geblieben ist. Umso erhellender kann es sein, sich der Frage zuzuwenden, was eine Person für uns getan hat. Es kommt dadurch eine Vervollständigung der Wahrnehmung zustande, die das ganze Situations- und Beziehungsbild verblüffend verändern kann.

Teil II
Kapitel 1

52 Vgl. Reddemann (2004 c).

53 Vgl. Senghaas (2001; 2004).

54 Bei Wahrnehmen und Auskosten kleinster Dinge unter grauenvollen Umständen denke ich an Rosa Luxemburg, Dieter Bonhoeffer, Nelson Mandela und seine Mitkämpfer u.a. Vgl. Internationale Filmfestspiele in Berlin, Februar 2005: Die südafrikanische Filmproduktion *U-Carmen in eKhayelitsha* gewinnt den ersten Preis: Carmen, die in einem südafrikanischen Township in Armut und Straßenlärm, in der schwarzen Sprache Xhosa, gesungen und aufgeführt. In Brasilien gibt es das »Teatro de los oprimidos« von Augusto Boal; in Harlem/New York das Play-back Theater von Jonathan Fox.

55 Vgl. Servan-Schreiber (2004); Ornish (1992).

56 Vgl. Reddemann (2001; 2004 b).

57 Diese Atemübung stammt von meiner Freundin Beatrice Stoffel, der ich für ihr Einverständnis danke, sie hier wiederzugeben.

58 Dazu gibt es mittlerweile viel Literatur und Übungsmaterial. Ich empfehle als Einstieg Röcker (2003).

59 Vgl. Thich (1989), 13–18.

60 Es gibt heute viele gute Anleitungen zu Imaginationen und Visualisierungen. Zur Imagination in Selbstarbeit, auch in der Traumatherapie, vgl. Reddemann (2001; 2004 a, 2004 b); Wetzel (2002); Kabat-Zinn (2001) (Kabat-Zinn hat die »Mindful based Stress Reduction Programmes« entwickelt, die mittlerweilen in großem Stil auch in Industrie/Dienstleistungsbereichen angewandt werden); Röcker (2003). Zur Imagination in der Psy-

chotherapie vgl. Leuner (1994); Kottje-Birnbacher/Sachsse/
Wilke (1997). Zur Imagination in der Krebstherapie vgl. Hartmann (1991); Simonton et al. (1982).

61 Vgl. Servan-Schreiber (2004), 49 ff.; Ornish (1992).

62 Als Beispiel seien Meditationen wie »Loving Kindness« und
»Universal Compassion« erwähnt, in denen Herzenskraft in die
Welt hinaus und zu anderen Menschen geschickt wird. Vgl.
Gyatso (1988). Levine ist als erfahrener Heiler überzeugt, dass
Heilungskraft aus dem Herzen kommt. Das Herz ist für ihn
unmittelbar mit dem Großen Mitgefühl verbunden. Vgl. Levine
(1993).

63 Vgl. van der Hart (1982).

64 Freud beschreibt in *Totem und Tabu* an den Versöhnungszeremonien sogenannter primitiver Völker, wie notwendig die Versöhnung als psychische Leistung zur Schaffung und Erhaltung der
inneren Harmonie und der sozialen Gesetze einer sozialen
Gemeinschaft ist. Vgl. Freud (1982).

Kapitel 2

65 Brüder Grimm (1975), 206.

66 Vgl. Rorty (2003; 1991); Wilber (1998); Richter (2002); Levine
(1993); Sontag (2004).

67 Vgl. Sontag (2004); Ritter (2004).

68 Goleman (2003), 407.

69 Thich (1998), 23. Es gibt sehr viele schöne Bücher und Übungen
zur Achtsamkeit. Siehe auch Reddemann (2001; 2004b); Wetzel
(2002).

70 Tutu (1999, 34 f.) weist darauf hin, dass »Ubuntu«, ein zutiefst
afrikanisches Wort über die Essenz menschlichen Seins, sehr
schwer in westliche Sprache und in westliches Denken zu über-
setzen sei. Ubuntu bedeutet »I belong« – ich gehöre dazu; ich bin
Mensch durch die anderen; ich bin großzügig, freundlich, gast-
freundlich, sorgend und mitfühlend. Ich mache mit, ich teile, ich
bin. Ich gehöre zu einem größeren Ganzen, das mich größer
macht. Ich werde reduziert, wenn andere Menschen gedemütigt

und gefoltert werden. Vergebung und Versöhnung sind nicht altruistisch; sie sind die beste Form von Selbstinteresse, denn was dich entmenschlicht, tut dasselbe bei mir.«Vergebung und Versöhnung stärken die Menschen und befähigen sie zu überleben und Mensch zu bleiben, trotz aller Versuche, sie zu entmenschlichen.« Tutu (1999), 34 f. [Übersetzung K. L.].

Goleman berichtet in seinem Buch von einem Kongress von Wissenschaftlern mit dem Dalai Lama in Dharamsala. Im interdisziplinären und interkulturellen Rahmen wurde der Frage nachgegangen, ob destruktive Emotionen überwunden werden können. Hinsichtlich Mitgefühl wurden Unterschiede im westlichen und östlichen Verständnis debattiert: die Relevanz von Mitgefühl überhaupt und die unverbrüchliche Einheit von Mitgefühl für sich selbst und für andere entsprechen zutiefst der buddhistischen Tradition. Vgl. Goleman (2003), 107 ff. In der westlichen Kultur ist Mitleid ein gängigerer Begriff als Mitgefühl.

71 Während der Befreiung Südafrikas von der Apartheid hat Mandela eindringlich die »Kraft des Geistes« beschworen, die stärker sein müsse als die »Kraft des Blutes«, denn das Blut schreie nach Rache und der Geist plädiere für Versöhnung.

72 Dalai Lama in: Goleman (2003), 139 f.

73 Vgl. Mitchell (2003), 105 f.; Ley (2001), 181; Wiederkehr (1998).

74 Obwohl ich diesen Satz von Tagore seit Jahren liebe, habe ich lange gezögert, bevor ich ihn in diesen Text aufnahm. Seitdem ich in Südafrika hautnah mit den Schattenseiten von Dienen, der kolonialistischen Unterdrückung und Ausbeutung von dienendem Personal in Berührung kam, blieb mir das Wort »dienen« im Hals stecken.

75 Wilber (1998), 256.

Exkurs

76 Die Apartheidregierung reservierte die Stadtzentren für die Weißen. Die Farbigen und Schwarzen wurden gezwungen, in Townships teilweise weit außerhalb der Städte zu leben. Die

Schwarzen, die Farbigen und die Inder erhielten je separate, streng getrennte Townships. Mit der Befreiung 1994 wurden die Townships zu Communities, um die Selbstverantwortung und das Empowerment (die Ermächtigung) zu betonen. Heute, elf Jahre danach, lebt noch die Mehrheit der farbigen und schwarzen Bevölkerung in den mehrheitlich sehr armen, getrennten Communities. Die Regierung versucht mit großen Anstrengungen, die Communities mit Strom, Wasser und neuen Häusern (mit zwei bis drei Räumen) zu versorgen. Bis 2008 soll es in allen Haushalten fließendes Wasser geben, bis 2010 sollen alle ans Abwassernetz angeschlossen und bis 2012 ans Stromnetz angeschlossen sein. Es wird noch Jahrzehnte dauern bis eine Mehrheit der Schwarzen in würdigen Umständen leben kann und bis kein Kind mehr unter einem Baum (statt in einem Klassenzimmer) zur Schule gehen muss.

77 Vgl. Tutu (1999); Mandela (1994); Ley/Karrer (2004).

78 Vgl. Gobodo-Madikikizela (2003). Dieses Buch hat in Südafrika großes Aufsehen erregt. Ich halte es als einen der bahnbrechendsten Texte, die je über Versöhnung geschrieben wurden.

79 Vgl. Gobodo-Madikizela (2003), 45; 153.

80 Zu Beginn dieses Buches (S. 16) wird das Beispiel von Albie Sachs zusammenfassend dargestellt. Nach 1994 sagte Sachs, er wisse nicht, ob er weiterhin schreiben könne. Bis jetzt habe er ausschließlich über Katastrophen, Einzelhaft, Folter und Bomben schreiben müssen. Er sei nicht überzeugt, dass er über Glück schreiben könne. Er versuchte es und es wurde überzeugend. Für ihn sei es heute eine Herausforderung, nicht über erlebtes Unglück, sondern über erlebtes Glück, über Freude schreiben zu dürfen (vgl. Sachs 2004).

81 Vgl. Neue Zürcher Zeitung, 6.12.2004, 24, Bericht von Erika von Wietersheim.

82 Neue Zürcher Zeitung, 24.12.2004, 5.

83 Vgl. Forst (2003). Forst betont, dass Toleranz zwingend zu Anerkennung führen muss, soll es nicht beim Dulden belassen werden. Anerkennung ist für ihn die Respekt-Konzeption der

Toleranz als moralisch begründete Form der wechselseitigen Achtung der sich tolerierenden Individuen bzw. Gruppen. Eine tolerante Person hat nach Forst ein starkes Selbst, das die innere Freiheit zur Selbstüberwindung aufbringt, das aber auch die Fähigkeit kultiviert, sich selbst und seinen eigenen im Konflikt liegenden Wünschen und Trieben gegenüber tolerant zu sein. Vgl. dazu auch Kleiter (2003).

84 Gibran (1984), 16 f.

85 Die zunehmende Gewalt bei jungen Männern und Frauen gehört zur Spitze des Eisbergs. Oft sind es verzweifelt Rufe, um auf sich, seine Bedürfnisse, Ängste und Hoffnungen aufmerksam zu machen. Auch die zunehmenden psychischen Erkrankungen, insbesondere Depression, gehören zu dieser Spitze. »Unter dem Wasser« verbergen sich die Angst und Unsicherheit vor Arbeitsplatzverlust, Krankheit, Einsamkeit und Armut. Viele fühlen sich in den Mühlen des Alltags zermahlen, freudlos, ohne Neugier und ideenlos. Es mag auch entscheidend mit dem heutigen (zu) hohen Anspruchsniveau, der zunehmenden Vereinzelung und der Verortung von Problemen im Außen zu tun haben.

86 Richter (2002), 155 f.

87 Freire (1973), 41.

88 Mandela (1994), 835 f.

89 Vgl. Rössner (1999). Im Englischen wird von »Restaurative Justice« gesprochen (in Südafrika seit der Arbeit der Truth-and-Reconciliation-Arbeit generell angewandt).

90 Vgl. Rössner (1999). Anders als in Deutschland gibt es den Täter-Opfer-Ausgleich in der Schweiz noch nicht. Im Kanton Zürich lief in den letzten zwei Jahren ein erfolgreiches Pilotprojekt, doch die geplante Umsetzung droht an finanziellen Engpässen zu scheitern. Auch hier basiert das Verfahren auf dem Gedanken, dass die Beteiligten mithilfe eines Mediators, einer Mediatorin ihren Konflikt selbst bearbeiten. Für Opfer bzw. Geschädigte ergeben die Erfahrungen, dass sie damit schnell und unbürokratisch eine Wiedergutmachung erhalten. Für die Täter gilt die »tätige Reue« als strafmildernder Umstand.

91 Es handelt sich um die Passage 67 aus dem Tao Te King in der von mir ins Deutsche übertragenen Übersetzung von Stephen Mitchell (2000). (Auch alle anderen Übersetzungen aus dem Englischen stammen von mir.)

Literatur

Arendt, Hannah (2002): Vita Activa oder Vom tätigen Leben. Piper, München.

Becker, David (1992): Ohne Hass keine Versöhnung. Das Trauma der Verfolgten. Kore, Freiburg im Breisgau.

Böschemeyer, Uwe (1996): Dein Unbewusstes weiß mehr, als du denkst. Imagination als Weg zum Sinn. Herder, Freiburg im Breisgau.

Braun, Joachim (Hg.) (1999): Versöhnung braucht Wahrheit. Der Bericht der südafrikanischen Wahrheitskommission. Gütersloher Verlagshaus, Gütersloh.

Brüder Grimm (1975): Kinder- und Hausmärchen. Beltz, München.

Chödrön, Pema (2001): Wenn alles zusammenbricht. Goldmann, München.

Chopich, Erika J. / Paul, Margaret (2004): Aussöhnung mit dem inneren Kind. Ullstein, Ulm.

Cöllen, Michael (2003): Lieben, Streiten und Versöhnen. Rituale für Paare. Kreuz, Zürich.

Dechmann, Birgit / Ryffel-Gericke, Christiane (2004): Vom Ende zum Anfang der Liebe. Ein Leitfaden für die systemische Beratung und für Paare, die zusammenbleiben wollen. Beltz, Weinheim.

Doxtader, Erik / Villa-Vicenzio, Charles (eds.) (2004): To Repair the Irreparable. Reparation and Reconstruction in South Africa. Spearhead, Claremont, South Africa.

Filliozat, Isabelle (2001): Sei wie du fühlst. Mit Emotionen besser leben. Ein Praxisbuch. Walter, Düsseldorf/Zürich.

Filliozat, Isabelle (2004): Je t'en veux, je t'aime. Ou comment réparer la relation à vos parents. JC Lattès, Paris.

Fischer, Gottfried (2003): Neue Wege aus dem Trauma. Erste Hilfe bei schweren seelischen Belastungen. Walter, Düsseldorf/ Zürich.

Forst, Rainer (2003): Toleranz im Konflikt. Geschichte, Gehalt und Gegenwart eines umstrittenen Begriffs. Suhrkamp, Frankfurt am Main.

Forster, Margaret (2000): The Memory Box. Penguin, London.

Freire, Paolo (1973): Pädagogik der Unterdrückten. Bildung als Praxis der Freiheit. Rowohlt, Reinbek bei Hamburg.

Freud, Sigmund (1982): Studienausgabe. Bände I-XI. Hg. v. Mitscherlich, Alexander / Richards, Angela / Strachey, James. S. Fischer, Frankfurt am Main.

Fromm, Erich / Martino, Richard de / Suzuki, Daisetz T. (1976): Zen-Buddhismus und Psychoanalyse. Suhrkamp, Frankfurt am Main.

Fürstenau, Peter (2002): Psychoanalytisch verstehen, systemisch denken, suggestiv intervenieren. Pfeiffer bei Klett-Cotta, Stuttgart.

Gibran, Khalil (1984): Der Prophet. Wegweiser zu einem sinnvollen Leben. Walter, Olten.

Glasl, Friedrich (2004 a): Konfliktmanagement. 8. Auflage. Huber, Bern/Stuttgart/Wien.

Glasl, Friedrich (2004 b): Selbsthilfe in Konflikten. Huber, Bern/ Stuttgart/Wien.

Gleichauf, Ingeborg (2000): Hannah Arendt. dtv, München.

Gobodo-Madikizela, Pumla (2003): A Human Being Died that Night. A Story of Forgiveness. David Philip, Clarement, South Africa.

Goleman, Daniel (2003): Dialog mit dem Dalai Lama. Wie wir destruktive Emotionen überwinden können. Hanser, München / Wien.

Gyatso, Geshe Kelsang (1988): Universal Compassion. Tharpa, London.

Hart, Onno van der (1982): Abschiednehmen. Abschiedsrituale in der Psychotherapie. Klett-Cotta, München.

Hartmann, Matthias S. (1991): Praktische Psycho-Onkologie. Psychologische Therapiekonzepte und Anleitungen für Patienten zur psycho-sozialen Selbsthilfe bei Krebserkrankungen Pfeiffer, München.

Heinl (1994): Maikäfer flieg, dein Vater ist im Krieg .... Seelische Wunden aus der Kriegskindheit. Kösel, München.

Herman Lewis, Judith (2001): Trauma and Recovery. From Domestic Abuse to Political Terror. With a new afterword. Pandora, London; (deutsch 1993): Die Narben der Gewalt. Traumatische Erfahrungen verstehen und überwinden. Kindler, München.

Hohl, Ludwig (1984): Die Notizen oder Von der unvoreiligen Versöhnung. Suhrkamp, Frankfurt am Main.

Jung, Mathias (2000): Versöhnung. Töchter – Söhne – Eltern. Emu Verlag, Lahnstein.

Kabat-Zinn, Jon (2001): Im Alltag Ruhe finden. Herder Spektrum, Freiburg im Breisgau.

Karen, Robert (2003): The Forgiving Self: The Road from Resentment to Connection. Doubleday, New York.

Kast, Verena (1998): Vom Sinn des Ärgers. Anreiz zur Selbstbehauptung und Selbstentfaltung. Kreuz, Stuttgart.

Kast, Verena (2002): Trauern. Phasen und Chancen des psychischen Prozesses. 25. Aufl. Kreuz, Zürich.

Klein, Stefan (2004): Alles Zufall. Die Kraft, die unser Leben bestimmt. Rowohlt, Reinbek bei Hamburg.

Kleiter, Ekkehard F. (2003): Konflikt und Versöhnung. Über den empirischen Zusammenhang von Konflikt und Versöhnungsbereitschaft bei Kindern, Jugendlichen und Erwachsenen. Papst Science Publishers, Berlin/Wien/Miami.

Kottje-Birnbacher, Leonore / Sachsse, Ulrich / Wilke, Eberhard (Hg.) (1997): Imagination in der Psychotherapie. Huber, Bern.

Krech, Gregg (2003): Die Kraft der Dankbarkeit. Die spirituelle Praxis des Naikan im Alltag. Theseus, Berlin.

Kübler-Ross, Elisabeth (2004): Verstehen was Sterbende sagen wollen. Einführung in ihre symbolische Sprache. Droemer Knaur, München.

Lao-Tzu (Lao Tse) (2000): Tao Te Ching. The Book of the Way. Translated by Stephen Mitchell. Kyle Cathie, London.

Leuner, Hanscarl (1994): Katathym-imaginative Psychotherapie (KiP). Thieme, Stuttgart.

Levine, Stephen (1993): Meetings at the Edge. Dialogues with the Grieving and the Dying, the Healing and the Healed. Gateway, Dublin.

Ley, Katharina (2001): Geschwisterbande. Liebe, Hass und Solidarität. Walter, Düsseldorf/Zürich.

Ley, Katharina / Karrer, Cristina (2004): Über-Lebenskünstlerinnen. Frauen in Südafrika. eFeF Verlag, Bern.

Liebertz, Charmaine (2004): Das Schatzbuch der Herzensbildung. Grundlagen, Methoden und Spiele zur Emotionalen Intelligenz für Kinder. Don Bosco, München.

Mandela, Nelson (1994): Der lange Weg zur Freiheit. Autobiographie. S. Fischer, Frankfurt am Main.

Maturana, Humberto / Pörksen, Bernhard (2002): Vom Sein zum Tun. Die Ursprünge der Biologie des Erkennens. Carl Auer, Heidelberg.

McCall Smith, Alexander (2000): Ein Krokodil für Mma Ramotswe. Der erste Fall der »No.1 Ladies' Detective Agency«. Nymphenburger Verlagsanstalt, München.

McGraw, Phillip (Dr. Phil) (2002): Self Matters. Creating your life from the inside out. Vermilion, London.

Mitchell, Stephen A. (2003) : Bindung und Beziehung. Auf dem Weg zu einer relationalen Psychoanalyse. Psychosozial, Gießen.

Moosig, Karlheinz (2003): Streiten – aber fair. Konflikte gut und konstruktiv lösen. Herder, Freiburg im Breisgau.

Nack, Cornelia (2004): Zwischen Liebe, Wut und Pflichtgefühl. Frieden schließen mit den älter werdenden Eltern. Kösel, München.

Nerin, William F. (1994): Versöhnung mit den Eltern. Frei werden für das eigene Leben. Kösel, München.

Neuen, Christiane (Hg.) (2004): Gelassenheit. Vom Umgang mit Angst und Krisen. Walter, Düsseldorf/Zürich.

Onken, Julia (1993): Vatermänner. Vater-Tochter-Beziehung und ihr Einfluss auf die Partnerschaft. Beck, München.

Ornish, Dean (1992): Revolution in der Herztherapie. Kreuz, Stuttgart.

Orr, Wendy (2000): From Biko to Basson. Search for the Soul of South Africa as a Commissioner of the Truth & Reconciliation Commission. Contra Press, Saxonwold, South Africa.

Oz, Amos (2004): Eine Geschichte von Liebe und Finsternis. Suhrkamp, Frankfurt am Main.

Petri, Horst (1991): Verlassen und verlassen werden. Angst, Wut, Trauer und Neubeginn bei gescheiterten Beziehungen. Kreuz, Stuttgart.

Petri, Horst (1994): Geschwister. Liebe und Rivalität. Die längste Beziehung unseres Lebens. Kreuz, Zürich .

Pöhlmann, Simone / Roethe, Angela (2004): Streiten will gelernt sein. Die kleine Schule der fairen Kommunikation. Herder Spektrum, Freiburg im Breisgau.

Reddemann, Luise (2001): Imagination als heilsame Kraft. Zur Behandlung von Traumafolgen mit ressourcenorientierten Verfahren. Pfeiffer bei Klett-Cotta, Stuttgart.

Reddemann, Luise (2004 a): Dem inneren Kind begegnen. Hör-CD mit ressourcenorientierten Übungen. Pfeiffer bei Klett-Cotta, Stuttgart.

Reddemann, Luise (2004 b): Psychodynamisch imaginative Traumatherapie. PITT – Das Manual. Pfeiffer bei Klett-Cotta, Stuttgart.

Reddemann, Luise (2004 c): Vom Herzeleid zur Herzensfreud. Die Verarbeitung von traumatischen Erfahrungen am Beispiel von Johannes Sebastian Bach. 5 Hör-CDs. Auditorium, Müllheim.

Richter, Horst-Eberhard (2002): Das Ende der Egomanie. Die Krise des westlichen Bewusstseins. Kiepenheuer & Witsch, Köln.

Riedel, Ingrid (2004): Vom Lassen und Sich-Lassen-Können. In: Neuen (2004), 53–71.

Ritter, Henning (2004): Nahes und fernes Unglück. Versuch über das Mitleid. Beck, München.

Röcker, Anna Elisabeth (2003): Das Geheimnis der Selbstheilungs-kräfte. Wie Sie Gedanken, Gefühle und innere Heilkräfte nutzen können. Ullstein/Heine/List, München.

Rorty, Richard (1991): Kontingenz, Ironie und Solidarität. Suhr-kamp, Frankfurt am Main.

Rorty, Richard (2003): Wahrheit und Fortschritt. Suhrkamp, Frank-furt am Main.

Rössner, Dieter (1999): Versöhnung im Strafrecht. Täter-Opfer-Aus-gleich in Deutschland. In: Marburger UniJournal, 1/1999, 18–21.

Sachs, Albie (2004): The Free Diary of Albie Sachs. Random House, Johannesburg, South Africa.

Schellenbaum, Peter (1996): Die Spur des verborgenen Kindes. Heilung aus dem Ursprung. Hoffmann & Campe, Hamburg.

Schmid-Fahrner, Christine (1997): Spielregeln der Liebe. Integrativ-systemische Paartherapie. dtv, München.

Senghaas, Dieter (2001): Klänge des Friedens. Ein Hörbericht. Suhr-kamp, Frankfurt am Main.

Senghaas, Dieter (2004): Zum irdischen Frieden. Erkenntnisse und Vermutungen. Suhrkamp, Frankfurt am Main.

Servan-Schreiber, David (2004): Die neue Medizin der Emotionen. Stress, Angst, Depression: Gesund werden ohne Medikamente. Kunstmann, München.

Simonton, O. Carl / Simonton, Stephanie Matthews / Creighton, James (2005): Wieder gesund werden. Eine Anleitung zur Akti-vierung der Selbstheilungskräfte für Krebspatienten und ihre Angehörigen. Übungen zur Entspannung und Visualisierung nach der Simonton-Methode. 5. Aufl. Neuausg. Rowohlt, Reinbek bei Hamburg.

Sohni, Hans (2004): Geschwisterbeziehungen in Familien, Grup-pen und in der Familientherapie. Vandenhoeck & Ruprecht, Göttingen.

Sontag, Susan (2004): Das Leiden anderer betrachten. Hanser, München.

Spezzano, Chuck (2000): Von ganzem Herzen lieben. Die innerste

Kraft des Lebens geben und empfangen. Econ/Ullstein/List, München.

Sting (2003 a): Broken Music. A Memoir. Simon & Schuster, London/Sydney.

Sting (2003 b): Sacred Love. CD. A&M Records.

Thich, Nhat Hanh (1989): Die Sonne, mein Herz. Theseus, Zürich/München/Berlin.

Tutu, Desmond Mpilo (1999): No Future without Forgiveness. Rider, London/Johannesburg; (deutsch 2001): Keine Zukunft ohne Versöhnung. Patmos, Düsseldorf.

Wetzel, Silvia (2002): Leichter leben. Praktische Meditationen zum Umgang mit Gefühlen. Theseus, Berlin.

Wiederkehr, Katrin (1998): Wer loslässt, hat die Hände frei. Eine Frauengeneration wird fünfzig. Scherz, Bern/München/Wien.

Wilber, Ken (1998): Naturwissenschaft und Religion. Die Versöhnung von Wissen und Weisheit. Krüger, Frankfurt am Main.

Wirtz, Ursula / Zöbeli, Jürg (1995): Hunger nach Sinn. Menschen in Grenzsituationen. Grenzen der Psychotherapie. Kreuz, Stuttgart.

Weitere Literatur und Hinweise bei der Autorin.
E-Mail: katharina.ley@bluemail.ch